THE MIRACLE OF DUNKIRK

敦克爾克大行動

著名歷史敘事作家
華特・勞德 Walter Lord —— 著　　黃佳瑜 —— 譯

目錄

THE MIRACLE OF DUNKIRK

前言

似乎逃不掉了。一九四〇年五月二十四日，四十多萬盟軍被逼退到法國敦克爾克港附近的佛蘭德斯（Flanders）海岸。希特勒的坦克先遣部隊只在十哩之外，兩軍之間幾乎毫無屏障。

然而，被圍困的部隊終究獲救了。到了僅僅十一天之後的六月四日，超過三十三萬八千名士兵在史上最偉大的拯救行動中，安全撤回了英國。這是第二次世界大戰的關鍵轉捩點。

「只要英語綿延不絕，」《紐約時報》宣告，「『敦克爾克』一詞將被人們以崇敬之心永遠傳誦。」這句話或許稍嫌誇張，但是這個詞彙、這起事件，確實已活在人們心中。對英國人而言，敦克爾克象徵願意為群體利益犧牲奉獻的偉大情操；在美國人眼中，它已經跟電影《忠勇之家》（*Mrs. Miniver*）、小型船隻、小說《雪雁》（*The Snow Goose*）以及海上逃亡畫上等號；對法國人而言，它意味著痛苦的挫敗；而對德國人來說，則代表一去不返的良機。

以上種種形象各自存在某部分真實性，但都未能直指事件核心。人們習慣以一連串的日子來看待敦克爾克；事實上，應該把它視為一連串的危機。一場危機剛剛化解，就迎來另一場危機；同樣的模式反覆發生。真正重要的，是人們同仇敵愾，拒絕被接踵而來的無情打擊摧毀信心。

由此看來，敦克爾克最首要的意義是一份鼓舞人心的力量，提醒我們不要忘記人類臨危不亂、隨機應變、克服逆境的能力。簡而言之，它是一塊永垂不朽的紀念碑，象徵著人類身上不可消滅的堅定意志。

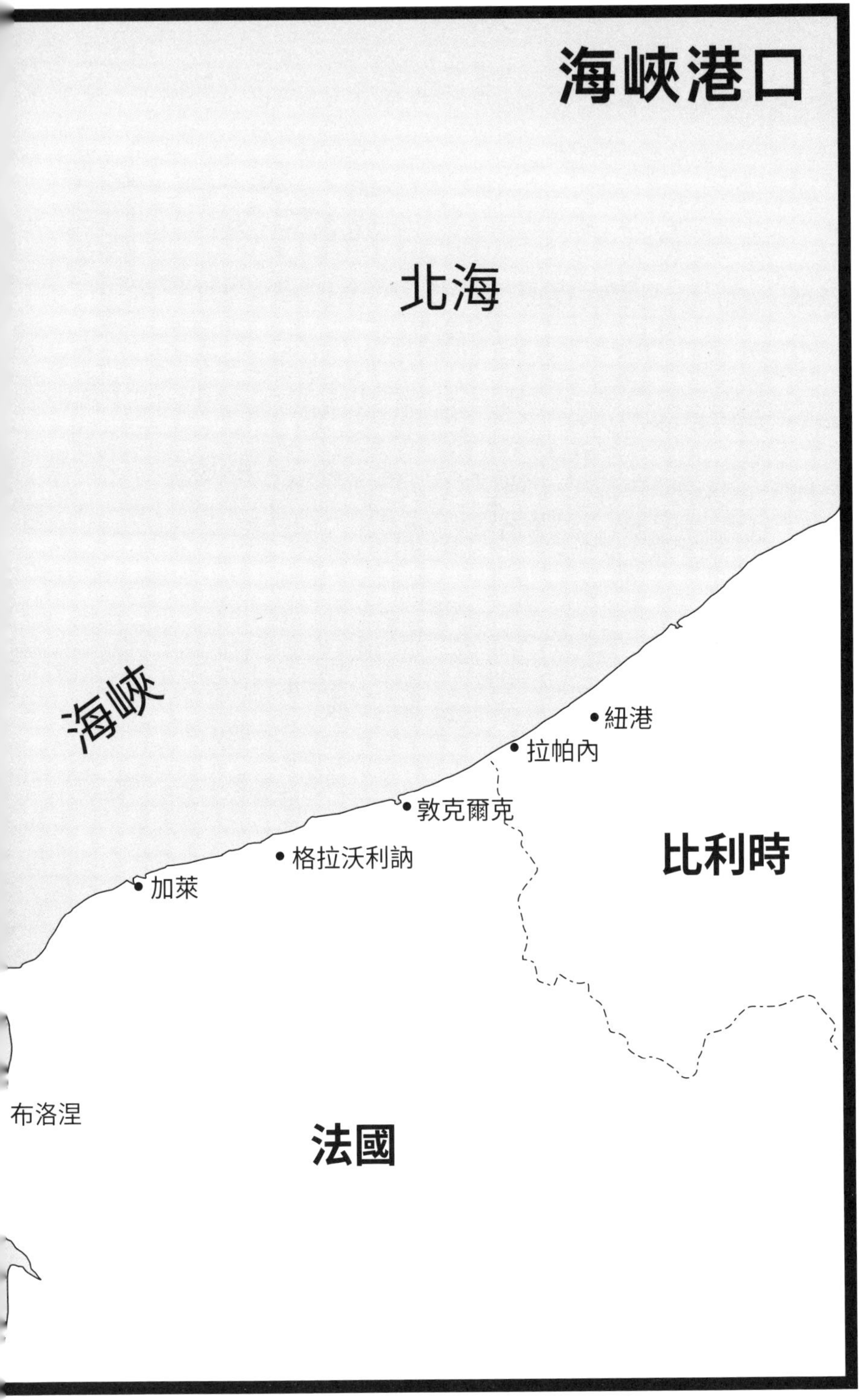
海峽港口
北海
海峽
紐港
拉帕內
敦克爾克
格拉沃利訥
加萊
比利時
布洛涅
法國

哈維奇
倫敦
泰晤士河
濱海利
紹森德
蒂爾伯里
希爾尼斯
查塔姆
馬蓋特
迪爾
英國
多佛
福克斯通
海斯
紐黑文
義本
往樸茨茅斯
0
20 英里

敦克爾克
大行動

1 THE MIRACLE OF DUNKIRK 陷入重圍

每個人都有屬於自己的、驚覺事情不對勁的特殊時刻。對英國皇家空軍柯勒德上校來說，那是一九四〇年五月十四日，在法國東北部一個叫做韋爾萬（Vervins）的集市小鎮。

自從大戰爆發（the balloon went up）以來——英國人喜歡如此指稱德軍的西線突襲——五天過去了，情況混沌不明。柯勒德從位於阿拉斯（Arras）的英國總司令部出發，前來跟科艾普（André-Georges Corap）將軍的參謀商議局勢。科艾普將軍的法國第九軍團，此刻正負責鎮守南方的默茲河（River Meuse）。

兩國盟軍之間像這樣開會商議，是再尋常不過的事，不過今晚的情景卻大有蹊蹺：科艾普的總部莫名其妙消失了，將軍和他的部下全都不見蹤影。只有兩名精疲力竭的法國軍官留在大樓裡，圍著一盞防風燈屈膝而坐……據他們說，他們等著被俘。

工兵葛林姆的覺醒時刻發生於皇家第二一六野戰工兵連在法國鄉間行軍、想來是往前線挺進的時候。當時，他察覺軍隊正準備炸毀一座橋樑。「前進的軍隊，」他沉思著，「不會炸橋。」上等兵萊特的覺醒來得更加猛烈：他前往阿拉斯替所屬無線通訊分隊收取當周郵件，一輛附邊斗的摩托車從他身旁呼嘯而過。萊特一開始不以為意，仔細看才嚇出一身冷汗。他倏忽明白那是一輛德國摩托車。

對剛上任的英國首相邱吉爾來說，那是五月十五日上午七點半。他正在海軍部大樓的寢室睡覺，床邊電話響了，法國總理雷諾來電。「我們被擊潰了，」雷諾不假思索地用英語脫口而出。

一陣尷尬的沉默。邱吉爾想辦法讓自己鎮定下來。

「我們被打敗了，」雷諾繼續說道，「我們輸了這場戰役。」

「想必不可能輸得這麼快吧？」邱吉爾終於勉強說出話來。

「色當（Sedan）附近的前線被突破了，湧入大批德軍坦克和裝甲車。」

邱吉爾想盡辦法安撫雷諾——提醒他別忘了一九一八年的黑暗時期，到最後終究苦盡甘來——不過雷諾依然心慌意亂，從頭到尾重複同一句話：「我們被打敗了，我們輸了這場戰役。」

危機如此兇險，而透過電話所能掌握的訊息如此薄弱，邱吉爾決定在十六日親自飛往巴黎視察局勢。在奧賽碼頭（Quai d'Orsay），他發現人人露出萬念俱灰的神色，年長的辦事員已開始在花園裡焚燒檔案。

這簡直令人難以置信。一九一八年以來，法軍普遍被視為全世界最強大的軍隊之一。雖然德國在希特勒重整軍備之後，儼然在歐洲形成一股新的軍事力量，但是德軍的將領還未經考驗，德國的武器似乎只是騙人的玩意兒，一般認為第三帝國接連併吞中歐國家，靠的不過是威脅與恫嚇罷了。而當戰爭終於在一九三九年爆發、波蘭於三周後淪陷，人們還是不當一回事，認為這種事情只會發生在波蘭——不會發生在西方。至於丹麥和挪威在一九四〇年四月相繼失守，似乎只是個卑劣的詭計，遲早會導正回來。

然後歷經八個月的平靜——所謂的「假戰」（the phony war）後——希特勒突然對荷蘭、比利時及盧森堡發動攻擊。盟軍最高司令毛利斯·甘末林將軍（Maurice Gamelin）認定這次攻擊是一九一四年的舊事重演，緊急調遣北方的部隊（包括英國遠征軍）前來救援。

不過甘末林誤判情勢。這次戰役並非一九一四年老調重彈。德軍主力並未大舉橫掃佛蘭德斯，反而往南突襲，穿越「不可穿越」的阿登森林（Ardennes Forest）。照理這片山區不適合坦克作戰，法國甚至懶得拉長據說不可逾越的馬其諾防線來防禦這塊地區。

另一項誤判是當德國波克上將（Fedor von Bock）的B集團軍把盟軍牽制於比利時之際，倫德施泰特上將（Gerd von Rundstedt）的A集團軍衝破了阿登天險。在一千八百零六輛坦克打頭陣、三百二十五架斯圖卡（Stuka）俯衝轟炸機的護航之下，倫德施泰特的縱隊強行渡過默茲河，像尖刀似地劃過法國鄉間而來。

科艾普將軍倒楣的第九軍團首當其衝，這個軍團主要由二流部隊構成，一下子就被打得潰不成軍。幾支零星的強硬部隊力圖奮戰，到頭來卻只發現他們的反坦克砲毫無用處。一名初級軍官最後在利曼火車站結束自己的生命，用明信片留下遺言給雷諾總理：「我在此自戕，總理先生，好讓您明白我們是一群英勇的士兵，但是您不可派弟兄拿步槍來對抗坦克。」

在往南五十英里的色當，查爾斯・亨茨格將軍（Charles Huntziger）的第二軍團也出現類似狀況。當德國坦克步步逼近，第七十一師的士兵倒轉了鋼盔——這是共產黨的召集信號——朝後方逃竄。法軍的三個坦克旅企圖挽救頹勢，卻毫無機會。其中一支坦克旅耗盡油料；另一支在火車調度場卸載時被逮；第三支則沿著前線零星作戰，遭到各個擊破。

此刻，德國裝甲部隊的前方已完全淨空，毫無阻礙。五月二十日剛過上午七點，在海因茲・古德里安將軍（Heinz Guderian）精良的第十九軍當中，兩個師的兵力開始朝佩羅納（Péronne）西進。十

五月十日至二十日，德軍直撲海岸

五月二十四日，盟軍圍困圈
比利時
法國
阿登山區
盧森堡
奧斯坦德
紐港
呂德福爾德
安特衛普
格拉沃利訥
敦克爾克
貝爾格
布爾堡
加萊
沃爾穆
吉納
聖皮爾埃布魯克
伊普雷斯
歐德雷塞勒
蘭克桑
波佩林格
卡塞爾
布洛涅
聖奧美爾
巴約勒
代夫勒
阿茲布魯克
阿爾芒蒂耶爾
費斯蒂貝爾
里爾
拉巴塞
貝蒂納
卡爾萬
瓦阿涅
奧爾希
聖波爾
塞爾萬
阿拉斯
康布雷
阿布維爾
阿伊
阿爾伯特
佩羅納
亞眠
韋爾萬
色當
列日
布魯塞爾
魯汶
科特賴克
圖爾寬
魯貝
圖爾奈
尤爾河
利斯河
埃斯科河
登德爾河
代勒河
默茲河
拉巴塞運河
索姆河
0 10 20 30 英里

點鐘，他們鏗然踏過阿爾伯特（Albert）小鎮，一群缺乏訓練的英國國土軍（English Territorials）試圖以紙箱設置的路障阻擋他們前進……十一點，德軍抵達埃多維爾（Hédauville），繳獲一組僅配備訓練彈藥的砲台……中午，第一裝甲師攻占亞眠（Amiens），古德里安在此暫歇，細細欣賞優美的教堂塔樓。

德軍第二裝甲師浩浩蕩蕩前進。下午四點，他們占領了博凱納（Beauquesne），繳獲一倉庫的戰備，包括英國遠征軍的所有地圖。最後，到了晚上九點十分，他們抵達阿布維爾（Abbeville），直逼海濱。德軍這次在十四小時內長驅直入，挺進四十英里，將盟軍一分為二。如今，英國遠征軍、兩支法國軍隊以及全部的比利時軍隊，總共將近百萬名士兵全被困在佛蘭德斯，背抵大海，隨時可能被一舉殲滅。

然而，深入比利時境內的英國前線部隊對其側翼及後方的局勢一無所悉，他們只知道自己在代勒河（River Dyle）成功阻擋德軍前進。五月十四日（倫德施泰特痛擊科艾普那一天），皇家砲兵團上等兵華金聽到盟軍大勝的傳聞，他當天晚上偷偷摸摸在日記裡寫下的全都是好消息：

> 敵軍撤退六又二分之一英里。入夜以前平靜無事。我們對緊急求救線開火，阻擋了野蠻人橫渡代勒河。許多德國佬陣亡或被俘，共有兩萬七千名德軍喪命（官方數字）。

隔天情勢丕變。法軍在南方瓦解，德軍從缺口大量湧入。沒多久，密密麻麻的砲火攻向英軍側翼。這天晚上，一頭霧水的華金只能寫道：

什麼鬼日子啊！我們訂於晚上十點半撤退，過程中遭遇猛烈砲火攻擊。感謝上帝，所有人平安無事……除了震驚之外，我安然無恙。

絕大多數英國遠征軍同樣對驟然改變的情勢大惑不解。十六日到十七日之間，部隊開始沿線撤退，越來越多砲口轉向南方及西南方。十八日，艾塞克斯軍團第二營受命面朝南方鎮守拉巴塞運河（La Bassée Canal）。營長威爾森少校心中存疑——敵軍不是應該在東面嗎？「長官，我也不明白，」剛剛從旅部回來的普萊斯上尉想法一致，「但那就是我們收到的命令。」

有一個人非常明白，那就是為這些權宜措施布局的操盤手：英國遠征軍總司令高特勛爵（Viscount Gort）。五十三歲的高特勛爵身材高大魁梧，他並非一位軍事策略家（這類議題他樂得聽從法國人指揮），不過，他具備軍人的特定美德，此刻正好派上用場。他是個偉大的戰士，曾經在一九一八年成功突襲興登堡防線，贏得維多利亞十字勳章，性格沉著冷靜，即便泰山崩於前也面不改色。

他的法國上級阿方斯．約瑟夫．喬治將軍（Alphonse-Joseph Georges）此刻或許潸然淚下，但是高特絕不會流淚。他有條不紊地將任務轉變成掩護已暴露的側翼，並且撤離他的部隊。他訓練有素的戰鬥師在東面與德軍纏鬥，為了應付南面與西面的新威脅，他東拼西湊出一支雜牌軍，指派他的軍情部首長諾爾・梅森麥克法倫少將（Noel Mason-MacFarlane）擔任指揮官，並且為這支軍隊取了一個貼切的名稱：麥克軍（MACFORCE）。梅森麥克法倫是個卓越的將領，但是他的行動最大的效果反而嚴重破壞了阿拉斯總司令部的情報網。高特對此似乎不以為意：身為永遠的戰士，他反正也用不著那些參謀人員。

在此同時，他配合法國人制定的時程表，在五月十六日晚間開始將前線部隊撤離代勒河。新的防線退後六十英里，設於埃斯科河（River Escaut）[1]。這次撤退將分三階段進行。

像冷溪衛隊第二營這類的精銳部隊，幾世代來擁有使命必達的優良傳統，他們無懈可擊地完成了命令。對其他單位而言，紙面上的精確指令實際上卻未必可行。負責傳遞命令的摩托通信員並非總能找對地方：有幾個團出發得晚了、有幾個團在黑暗中迷失方向、還有幾個團轉錯了彎。其他軍團堵在車陣之中，無法動彈，更有一些軍團從頭到尾就沒接到命令。

皇家野戰砲兵團第三十二營就對撤退計畫一無所悉。他們朝代勒河疾行，消息傳來，指示他們在離河幾英里處的陣地待命。砲手夏塔克奉命開一輛卡車去領取軍糧，他完成任務，但是一回到原處卻發現整個軍團消失無蹤。擔心了一整夜後，他決定朝大馬路出發，希望至少能找到同袍的一絲足跡。

他立刻被一波奔跑的人群淹沒。「快啊！快跑！」他們喊著，「德國佬已經衝破防線，現在只能各自逃命了。」他們湧上夏塔克的卡車，連車頂、引擎蓋和保險桿上都擠滿了人。

夏塔克隨著人潮往西前進。開頭幾英里行車順暢，但是路途逐漸變成了一場夢魘。斯圖卡俯衝轟炸機在烈日下傾巢而出，他們之前讓英國縱隊毫無阻礙地深入比利時境內，但是回程就另當別論了。

斯圖卡的機身和炸彈都安裝了音哨（德國人稱之為「耶利哥的號角」），在大肆屠殺與恫嚇之際發出刺耳的尖嘯聲。他們俯衝後回升，沿著車頂低空飛行，拿機槍瘋狂掃射。

又熱又悶的空氣瀰漫著硝煙和燃燒橡膠的氣味，車輛速度越來越慢，終至變成了爬行。哭泣的難民蜂擁而來，夾雜在茫然失措的部隊當中。路邊橫七豎八地堆滿了廢棄的手推車、腳踏車、嬰兒車和被焚毀的私家汽車。

車潮最後終於完全停滯不前。夏塔克的乘客發現用走的還比較快，決定棄他而去。沒多久，他便孤零零坐在這輛停轉的卡車裡。他爬上車頂，但是看不到任何出路。後方的車龍跟前方一樣長，而馬路兩旁的深溝則排除了越野脫逃的機會。在這個熾熱而硝煙滾滾的五月下午，他只能陷在這個地方，動彈不得。他從來沒有如此孤獨與無助，以前總會有人來下命令，現在沒有半個人了。

事實上，他不可能跟前一天離奇消失的軍團離得太遠。當時，一名爬上電線杆的觀測員報告：「在一兩片田野之外，有許多頭戴煤簍的士兵，」軍團立即撤退。

對上等兵金特里來說，這彷彿重演了電影《賓漢》裡的戰車比賽一幕。整個軍團持槍上陣……呼嘯著衝過草原……然後朝大馬路狂奔，循原路回去。

當他們暫時停下腳步、射光了所有彈藥時——他們彷彿沒有特定目標，距離也很遙遠——天已經黑了。入夜之後繼續前行。金特里完全不知道軍隊要走去哪裡，只知道服從領袖。

午夜，他們再度歇腳。開始下雨了，疲憊的士兵圍著微弱的營火擠成一團，一邊嚼著大鍋菜，一邊交換各自經歷過的恐怖故事。

天亮的同時雨也停了，他們再度踏上另一個晴朗的日子。一架德國費斯勒大鸛鳥（Fieseler

Storch）偵察機出現，在他們頭頂低空盤旋，顯然不怕任何截擊。第三十二營的士兵明白：自從戰役開打以來，他們就沒見到英國皇家空軍的蹤影。根據過去經驗，他們知道來福槍毫無用處。不過金特里在盛怒之下還是瘋狂地開火，但是他心知肚明等到大鸛鳥飛走才是真正該擔心的時候。

當大鸛鳥終於轉向離去，十幾架轟炸機從右方現身。第三十二營在一座村莊邊緣緊急停下腳步，喊叫聲四起：「散開！找掩護！」飛機開始轟炸時，金特里跑進一個滿是泥濘的農家院落，躲進乾草堆裡。四周亂哄哄的，然後一聲轟然巨響，地面像果凍一般晃動。接著一片死寂。

金特里爬出來。一顆巨大的未爆彈卡在幾呎之外的泥濘裡。它的尺寸如同一座家用冰箱，形狀像雪茄，尾翼豎起。一頭大肥豬搖搖擺擺踱過院埕，開始舔起它來。

眾人繼續上路。在金特里看來，第三十二營似乎一直在兜圈子，永遠摸不清方向，不知道該往哪裡去，也不知道自己正往哪裡去。他們偶爾停下來發射幾輪砲火（金特里從來不知道目標是什麼），再接著行軍。他的心思飄回去年冬天的里爾（Lille），他跟幾個朋友會去他們最愛的咖啡館，一起高唱〈跑啊，兔子快跑〉（Run Rabbit Run）。此刻，他悲哀地想著，我們就是一群跑來跑去的兔子。

到了登德爾河（River Dendre），第三十二營再度準備行動。這裡的交通特別糟糕，只有寥寥幾個渡口，而且每個人都想過河。金特里發現好幾輛三輪摩托車駛入左邊的原野，士兵跳下摩托車的邊斗，開始拿機關槍掃射第三十二砲兵營。

德國佬來了！英國砲兵趕忙展開行動，瞄準可見的目標開火。雙方激戰了五分鐘，摩托車隊終於被趕跑，不過沒有時間慶祝：一支德國戰鬥機中隊從晴空中俯衝而下，開始對地面進行掃射。

彷彿這樣還不夠刺激似的，傳聞有一種新的危險出現。據說敵軍喬裝成難民，滲透了盟軍的防線。

命令傳來，從現在起，每一個女人都必須在槍口下接受盤查。下一步是什麼？上等兵金特里納悶：居然有男扮女裝的德軍！

對德軍第五縱隊的恐懼像傳染病般散播開來。關於德國傘兵打扮成神父和修女的情節，每個人都有一套精彩的故事可說。一名隸屬於皇家通信連的士兵表示就在大轟炸之前，有兩位「修道士」造訪了他們的駐紮地。也有人說敵方情報員偽裝成憲兵，故意將車隊引導到錯誤方向。還有無數的故事，描述才華洋溢的「農夫」在玉米田和麥田中切割標誌，指向特定目標。指標的形狀通常是箭頭，有時是一顆心，還有一次是第三軍團的無花果葉徽記。

隸屬第二軍團總部的通信小隊收到預警，得知德國已派遣出多名打扮成修女、神職人員和學生的間諜。所以在撤退期間的一個闃黑夜晚，當他們退離幹道稍事休息時，特別加強了警戒。第二天拂曉，他們被哨兵的喊叫聲驚醒。哨兵報告說有個拖著降落傘的人影蟄伏樹叢之間。接連兩次出聲盤問卻毫無反應之後，班長命令該名哨兵及通信兵薩利伯瑞朝對方開火。人影倒下，兩名士兵衝去查看他們擊中的目標。結果是一個穿著灰色絲絨西裝的平民，手上緊握的不是降落傘，而是一張平常的白色毛毯。他被當場擊斃，身上沒有任何證件。

班長咕噥著說世上又少了一個德國兵，部隊很快再度上路。薩利伯瑞後來才得知真相：魯汶（Louvain）一家精神病院剛剛釋放出全部病友，被擊斃的男子就是其中一人。這起事件讓薩利伯瑞心情沮喪，四十年後依然良心不安。

當然，第五縱隊的行動確有其事。舉例來說，冷溪衛隊第一營和格洛斯特衛隊第二營都曾遭受狙擊手襲擊。不過在大部分情況下，「修女」就是真正的修女，而神父就是真正的神職人員，他們的怪異行為純粹是因為害怕。指錯方向的憲兵通常也貨真價實，只不過是做事有點糊里糊塗罷了。

但是當時有誰分辨得清？每個人都形跡可疑，人人自危。砲兵亞瑟梅發現，脫隊很可能引來致命的危險，他和兩名弟兄跟所屬的榴彈砲兵連走散了。他們聽說隊伍退回了埃斯科河畔的比利時小鎮圖爾奈（Tournai），因此正駕著連隊卡車行駛於各式各樣的鄉間小路設法歸隊，卻一再被英軍後衛部隊攔下來盤問，每個人似乎都按耐不住扣板機的衝動。

終於抵達了圖爾奈，但是他們的麻煩還沒結束。一名中士和兩名大兵手持刺刀，強迫他們摧毀卡車。然後他們被押著穿過埃斯科河上的最後一座橋樑，交給三名口氣更兇惡的步槍兵，帶往小鎮邊緣的一座農莊，再度接受分別盤查。

最後終於排除嫌疑，不過這三個男人又花了兩個小時才找到部隊。沒有人願意為他們指點方向，而他們挖出來的一點消息全都是刻意誤導。亞瑟梅很難相信這群充滿敵意的傢伙竟是自己的袍澤。

但是事實就是事實。不僅如此，這幾個陰沉而多疑的後防單位，是困惑的撤退大軍和進犯德軍之間的唯一阻隔。有些部隊（例如冷溪衛隊和擲彈兵衛隊）是紀律森嚴的近衛軍團；有些部隊（例如北安普頓第五營和漢普夏第二營）名氣沒那麼響亮，專業度卻毫不遜色。標準程序是在運河或河川後方深掘壕溝（通常在夜間進行），白天以大砲和機關槍阻擋德軍前進，然後撤退到下一條運河或河川，重複同一套公式。

他們的效率有如機器，但是沒有機器會像他們那般疲憊。深掘、戰鬥、後退，日復一日，永遠沒時間睡覺。東薩里軍團第一營終於發明出一邊行軍一邊打盹的方法。只要手挽著手，兩端的人可以拖著中間的弟兄往前走，讓他小睡片刻。大家輪流休息。

在佩克（Pecq）一帶，當冷溪衛隊第二營的藍里中尉受命負責埃斯科河的橋樑時，連長麥克科戴爾少校命令一名軍士站在一旁待命，倘若藍里試圖坐下或躺下，格殺勿論。藍里的任務是在德軍抵達時炸毀橋樑，麥克科戴爾向他解釋：「你只要一坐下或躺下，就會立刻睡著，那是絕不允許的事。」

敵軍的先遣部隊通常只在十到十五分鐘的路程之外。不過到了五月二十三日，絕大多數盟軍部隊都已設法回到法國邊境。短短兩周前，他們才鬥志昂揚地從這裡出發，朝比利時進擊，迎接他們的歡呼聲、鮮花和美酒都還歷歷在目；然而此刻，當他們倉皇撤退，穿越每片焦土的瓦礫堆時，實在無顏面對鎮民的斥責眼神。

東薩里軍團第一營撤回法國後，泰勒少尉受命前往里爾領取物資。里爾位於軍營所在地的大後方，泰勒料想：比起他在比利時的恐怖經歷，這次任務正好可以換換心情，輕鬆一下。但出乎意料之外，車子越接近後方，戰爭的喧鬧聲就越大。泰勒恍然大悟，德軍不僅位於英國遠征軍的東面，也出現在南面和西面。他們實際上已被敵軍包圍。

高特將軍為了掩護側翼與後方而倉促湊成的雜牌軍，此刻正死命支撐：在阿拉斯南部，欠缺作戰經驗的二十三師面對德國隆美爾將軍（Erwin Rommel）的坦克部隊，手上連一支反坦克砲都付之闕如；在聖波爾（Saint Pol），一個流動沐浴小組掙扎著阻擋德軍第六裝甲師；在斯泰貝克（Steenbecque），皇家諾森伯蘭燧槍兵團第九營嚴陣以待。這是一支缺乏訓練的英國國土軍，「大戰爆發」時，他們負責在里爾附近興建空軍基地；如今，他們被歸入稱為「波爾軍」的臨時防衛部隊。他們未接到任何指令，只知道他們的指揮官突然不見了。

此時，營中唯一的正規軍官畢米慎上尉接掌指揮任務。他設法集結士兵，在有利的地點挖掘壕溝、架好槍枝，成功阻擋德軍前進，爭取到重要的四十八小時。

情況難得如此井井有條。服役於運兵分隊的二等兵史特拉頓，就覺得自己在法國東北部到處遊蕩，漫無目的。一天晚上，運兵車停在聖奧美爾（Saint-Omer）鎮外的樹林間，突然有幾名法國人衝到馬路上，激動地大喊「德國大兵！德國大兵！」（*Les Boches! Les Boches!*）。偵查隊在倉促間帶回令人不安的消息，德國坦克正逐漸迫近，距離只有十分鐘路程。

士兵準備好戰鬥，然而他們的裝備只有幾支博斯（Boyes）反坦克步槍。這種武器面對坦克毫無用處，但是後座力強大，據說曾導致發明者肩膀脫臼。他們收到的指示是：未聽到號令之前，所有人不得開火。

緊張時刻到來，接著是隆隆作響的引擎聲和腳步聲，清晰可聞。聲音越來越大，直到一支坦克車與摩托化步兵縱隊浩浩蕩蕩從史特拉頓蜷伏的林間小路旁走過，簡直不可思議。樹叢顯然掩護了卡車，因為坦克並未發現他們，而英軍也從未開火來吸引注意。他們終於走了，隆隆聲漸行漸遠。運兵營指揮官開始研究地圖，試圖尋找安全的回程路線，避免另一次如此膽戰心驚的經驗。

部隊被切斷補給、迷失方向、或者被完全遺忘，全都是家常便飯。平常負責操作混凝土攪拌機的工兵柯爾斯，如今被編入阿拉斯以東的麥克軍。他們沒有食物也沒有水，因此柯爾斯與另一名上士打算趁著到奧爾希（Orchies）附近修復抽水站時，想辦法擠些牛奶回來。

隔天傍晚，兩名士兵修好抽水機之後，決定走進奧爾希鎮，畢竟他們依舊沒有食物，甚至沒有毛毯。而如今這地方竟然成了一座鬼城——不論百姓或駐軍，所有人全都無影無蹤。

不過他們確實發現了海陸空三軍合作社的供應倉。英國阿兵哥向來把三軍合作社視為滿足一切需求的救星，柯爾斯作夢也想不到這樣的好事，工作人員也全跑光了，貨架上擺滿了珍饈佳餚，應有盡有。

他們找來一張擔架，在上面堆滿香菸、威士忌、琴酒和兩張摺疊椅。柯爾斯和上士回到抽水站，為自己調製幾杯美酒，窩在椅子上睡了幾天來最安穩的一覺。

隔天早晨還是沒接到命令，馬路上依舊杳無人跡。他們顯然已被拋下，受人遺忘。當天稍晚，他們見到四名同樣跟部隊走散的法國大兵在隔壁農場遊蕩。同是天涯淪落人，柯爾斯從他偷藏的三軍合作社存糧中挖出五十包香菸送給他們。這幾名法國兵大受感動，拿出一小隻烤雞作為回禮。這是柯爾斯和上士幾天來的第一頓正餐，不過他們還不知道，這也將是他們在法國的最後一餐。

此時，他們一心只想離開抽水站。此地空無一人，這只能表示他們身處於兩軍交戰之前無人敢闖入的真空地區。柯爾斯同意走到大馬路上，心裡想著或許能碰上恰好經過的後衛部隊車輛。雖然機會不大，但是當一名形單影隻的英國大兵騎著摩托車奔馳而來時，一切都有了回報。柯爾斯招呼他停下來，英國大兵答應跟附近一個同樣迷了路、被遺忘的工兵隊尋求協助。不到二十分鐘後，一輛卡車突然轉進抽水站前院，接了柯爾斯及他的同伴，加速朝北方相對安全的地方出發，但願至少能獲得較清楚的訊息。

通訊故障的情況在西部最為嚴重（這是防禦部隊倉促成軍無可避免的結果），不過其他地方的問題也很棘手。戰爭一開始，法軍高層便拋棄了無線通訊，他們說隨便哪一個人都可以截取空中信號，電話線比較安全。這意味著得架設綿延數英里的電纜線，而且往往必須仰賴超載的民用電路——不過起碼德國大兵不會偷聽。

高特勛爵欣然同意。同樣的，法國人是作戰專家，而且他們已經研究清楚了。既然他們說電話線最好，那麼英國遠征軍照辦便是。況且，法軍有九十個師的兵力，他只有十個師。

五月緊接著來臨，戰情進入嚴重考驗。有些電話線很快被倫德施泰特的坦克車損毀，有些線路則被不斷移動的盟軍部隊不小心切斷。其他線路則在各個總部進行搬遷時斷裂。光是高特勛爵的指揮部就在十天之內遷移了七次；筋疲力盡的通信兵根本來不及架設線路。

五月十七日以後，高特勛爵已無法跟左方的比利時總部、右方的法國第一軍團，以及後方的直屬上級喬治將軍直接連線。命令也無法通達他麾下的指揮官。在阿拉斯，他的代理作戰官陸軍中校布里奇曼子爵很快認定無法仰賴總司令部。他依靠巧克力和威士忌維生，只能照自己的判斷行事。

唯一可靠的通訊方式是親身拜訪，或者派遣摩托通信員。個性活潑的第三師指揮官蒙哥馬利少將（Bernard Montgomery）經常駕車穿越鄉間，把訊息塞在手杖尾端，伸出車窗外。這時，他的隨扈埃爾金上士會騎在摩托車上，取下訊息。

接著，埃爾金會立刻出發尋找收件人。但是騎車在陌生的道路上尋找不斷移動的部隊，不是一件容易的事。他曾經為了問路，朝坐在路邊的三名士兵騎去，而在他靠近的時候，一名士兵戴上頭盔，埃爾金及時發現他們是德軍。

高特勛爵對法國軍方的不滿越來越深，通訊故障只是另一項抱怨。甘末林是個心灰意懶、無足輕重的人；喬治將軍似乎茫然失措；而法國第一軍團司令加斯頓．比約特將軍（Gaston Billotte）身負聯絡協調的重責大任，卻有辱使命。戰役開打至今，高特從未收到他的任何書面指令。沿海及南方的法軍似乎徹底喪失鬥志。靠馬匹拖曳的大砲和運輸隊伍塞在馬路上，導致交通嚴重堵塞，引發激烈口角……不只一次爭執在槍口下解決。也許因為高特長久以來對法軍忠心耿耿，所以如今加倍失望。

很難說他是什麼時候突然冒出撤退念頭的，不過那一刻很可能出現在五月十八日的午夜左右。當時，比約特將軍終於初次拜訪高特如今位於瓦阿涅（Wahagnies；里爾南方的一座法國小鎮）的指揮部。比約特原本是個高大威武、精神飽滿的男人，此刻，當他展開地圖顯示法軍對情勢的最新評估時，卻顯得既疲憊又洩氣。目前已知有九個德軍裝甲師正往西橫掃亞眠和阿布維爾，但期間卻沒有任何法國部隊來攔阻他們的攻勢。

比約特談到反擊對策，卻顯然心不在焉，主人不由得相信法軍的反抗行動正逐漸瓦解。既然敵軍已切斷西邊和南邊的退路，唯一的機會，似乎是往北朝英吉利海峽的方向撤退。

五月十九日上午六點，高特召集六名高級軍官開會，開始籌畫撤退事宜。擔任副參謀長的李斯准將（Sir Oliver Leese）原來早就開始動腦筋；他草擬一套計畫，讓全體英國遠征軍形成中空的四邊形隊伍，同步朝最近的法國港口——敦克爾克前進。

這是假設軍隊已遭徹底包圍的狀況，不過情況還沒到那個地步。英軍所需的是一般性的撤退，第一步是關閉位於阿拉斯的總司令部，部分人員轉往沿海城市布洛涅（Boulogne），其餘人員前往距離海岸更近三十三英里的阿茲布魯克（Hazebrouck）。指揮部則暫且留在瓦阿涅。

十一點三十分，參謀長波納爾中將（H. R. Pownall）致電倫敦的陸軍總部，向軍事行動與計畫部主任德尤恩少將（R.H. Dewing）報告壞消息。倘若法軍無法鞏固英國遠征軍的南方前線——波納爾警告——高特將決定朝敦克爾克撤退。

在倫敦，那是個寧靜美麗的周日。當優雅的陸軍大臣（Secretary of State for War）安東尼・艾登（Anthony Eden）接到帝國總參謀長（Chief of the Imperial General Staff）埃德蒙・艾恩賽德爵士（Sir Edmund Ironside）的緊急召見電話時，正準備跟外交大臣哈利法克斯勳爵（Lord Halifax）共進一頓安靜的午餐。身軀巨大笨重的艾恩賽德（無可避免地取了「小不點」的小名）對高特撤軍敦克爾克的提議大為震驚。那會是個陷阱，他如此聲明。

下午一點十五分，當波納爾再度來電，艾恩賽德的驚惶已溢於言表。倫敦這頭依然是由德尤恩負責接電話，他暗指高特過於悲觀，法軍也許不像他擔心的那樣不堪。無論如何，為什麼不捨棄敦克爾克，改朝空中掩護較佳的布洛涅或加萊前進？「就像龜兔賽跑的故事，」波納爾冷冰冰地回答，「誰都以為兔子會贏得最後勝利。」

德尤恩這時提出艾恩賽德屬意的方案：英國遠征軍應該調轉方向，往南殺到索姆（Somme）。這個理論完全忽略英軍絕大部分兵力在東面與德軍陷入苦戰、無法抽身的事實，但是波納爾並未在這一點上多加著墨。他只是平靜地對德尤恩再三保證，敦克爾克行動「純粹只是總司令心中的想法」……任何決策將取決於法軍能否修復前線。不過由於他已公開宣稱法軍正「逐漸瓦解」，可以想見，波納爾的這番話無法平息倫敦心中的疑慮。

德尤恩改採另一套策略：波納爾是否明白從敦克爾克撤退是一項不可能的任務，而留在那裡的兵力勢必陷入險境？是的，波納爾回答，他非常明白，但是往南前進無異於自尋死路。兩人最終不歡而散，波納爾覺得德尤恩「格外愚蠢、毫無幫助」，陸軍總部則深信高特即將陷入敵人圈套。

艾恩賽德要求立即召開戰時內閣，召回各自到鄉下度過寧靜周日的邱吉爾和張伯倫。下午四點半，內閣在海軍總部、邱吉爾喜歡稱作「魚廳」的房間（一間以歡騰跳躍的海豚木雕為裝飾的會議廳）集合。

邱吉爾跟艾恩賽德的看法完全一致：唯一的希望是往南驅進，在索姆與法軍會合。其他與會人士紛紛附和。他們決定由艾恩賽德親自跑一趟，當面把戰時內閣的指令交給高特，當天晚上即刻動身。

晚上九點，艾恩賽德從維多利亞車站搭上一班特別列車，二十日凌晨兩點抵達布洛涅。到了上午六點，他便直闖高特位於瓦阿涅的指揮部。有戰時內閣的指示做後盾，他告訴高特，唯一的機會是率領大軍調頭，朝南方的亞眠前進。如果高特同意，他會立即發布必要的命令。

但是高特不同意。他不發一語地思索片刻，然後解釋，英國遠征軍此刻跟東面的德軍打得難分難解，根本不可能調頭朝另一個方向前進。要是這麼做，敵軍會立刻突襲後方，把他殺個片甲不留。

那麼，艾恩賽德問，高特能否至少調動兩個後備師往南推進，或許有機會跟北上的法軍會合？高特認為或許可行，但他們首先必須跟戰區總指揮比約特將軍做好協調。

艾恩賽德立即帶著波納爾趕往位於朗斯（Lens）的法軍總部。他找到比約特和第一軍團的布蘭查德將軍（Blanchard）——兩人都瀕臨崩潰狀態，渾身顫抖、彼此叫囂，毫無任何計畫。脾氣火爆的艾恩賽德受不了了，他抓住比約特的外套鈕扣，試圖搖醒這個男人。

雙方最終達成共識。法軍的幾個輕機械化小隊隔天與高特的兩個預備師並肩在阿拉斯南方發動攻擊，然後與其他往北推進的法軍會合。換上新的最高指揮官應該也會有幫助：溫和的甘末林終於被馬克西姆．魏剛將軍（Maxime Weygand）取代。魏剛將軍高齡七十三歲，但是據說渾身充滿熱情與幹勁。

艾恩賽德回到倫敦，深信一旦兩軍會師，就能打開英國遠征軍調頭南下的路線——這仍是他最屬意的方案。高特還是沒被說服，但他是個好軍人，願意姑且一試。

五月二十一日下午兩點，富蘭克林少將（H. E. Franklyn）率領一支臨時拼湊的部隊，開始由阿拉斯南下。如果一切順利，他應該會在兩天之內跟北上的法軍在康布雷（Cambrai）會合。可惜諸事不順。富蘭克林紙面上擁有的步兵兵力，大多陷在別的地方無法抽身。左面的法國援軍遲了一天抵達。照理應該從索姆北上的法軍從未付諸行動。德軍比預期的更難對付。當天晚上，富蘭克林的攻勢便漸漸熄火。

高特將軍毫不意外，他從頭到尾就不相信這套南向計畫。下午三點左右，甚至在富蘭克林遇上麻煩之前，高特就針對整體局勢對麾下的指揮官勾勒出一幅悲觀的前景。富蘭克林的進攻被視為「替法軍打氣的非常手段」，不值一提。

同時，在另一場參謀會議中，高特的行政官：陸軍中將道格拉斯．布朗里格爵士（Sir Douglas Brownrigg），下令將後方總司令部由布洛涅搬到敦克爾克；醫療人員、運輸部隊、工程營及其他「米蟲」即刻遷移。後來在另一場會議中，則對這些部隊頒布了一套精密詳盡的撤退指令：「車輛抵達各個撤退港時，駕駛員及軍用卡車必須留下，當地運輸人員必須做好停車安排……」

然而，在這慌亂的下午所舉辦的一場重大會議，高特和他的參謀全都缺席。新上任的盟軍最高司令魏剛將軍從巴黎飛抵伊普雷斯（Ypres），對困軍的指揮官（包括比利時國王利奧波德三世）說明他的計畫。不過沒人找得到高特。他再度遷移他的指揮部——這次是搬到里爾以西的普雷梅克（Prémesques）。等到他和波納爾抵達伊普雷斯，已經太遲了；魏剛已打道回府。

這表示高特必須間接從比約特口中聽到魏剛的計畫。這真是糟糕，因為英軍在這套計畫中扮演了關鍵角色。英國遠征軍將擔任先頭部隊再次南擊，設法與另一股北上的法軍會合。如果法國和比利時部隊願意協助作戰，高特同意調遣三個師的兵力——不過要等到五月二十六日以後。

儘管高特同意計畫，卻無法衷心信服。回到普雷梅克之後，波納爾立刻召見代理作戰官布里奇曼中校。然而召見的目的並非要布里奇曼揮軍南下，相反的，布里奇曼奉命擬定往北的撤退計畫，將全體英國遠征軍退到海岸邊等候撤離。

布里奇曼殫精竭慮，徹夜籌謀。最初的前提是，軍隊可以在加萊到奧斯坦德（Ostend）之間的任何地點撤退，他必須找到英國遠征軍三個軍團最容易抵達與防禦的一段海岸。哪裡有最佳的聯外道路？哪裡有最好的港口設施？哪裡最可能得到空中掩護？哪裡的地形最適合防守？有可以保護側翼的運河嗎？有可以作為據點的城鎮嗎？有可以洩洪的水閘來阻擋德軍的戰車嗎？

他凝視地圖，構想漸漸成形。最好的選擇是敦克爾克到比利時奧斯坦德之間的二十七英里海岸。到了五月二十二日上午，他已籌畫周全，沒有遺漏任何細節。各軍團的撤退路線與部署的海灘都已分配完成。

同一天早晨，邱吉爾再度飛抵巴黎，希望能更清楚掌握軍事情勢。雷諾到機場迎接，然後急如星火地趕往位於凡森（Vincennes）的帝國大兵團總部（Grand Quartier Général）。這裡的東方地毯和摩洛哥哨兵營造出一股不真實的味道，讓邱吉爾的軍事顧問哈斯汀・伊斯梅爵士（Sir Hastings Ismay）想起了電影《萬世流芳》（*Beau Geste*）的場景。

首相和魏剛在此初次見面。跟其他人一樣，邱吉爾也對這位新司令的幹勁和活力（伊斯梅心想，就像皮球一樣）印象深刻。最棒的是，他的軍事思維似乎跟邱吉爾相去不遠。據邱吉爾所知，魏剛的最新計畫是要英國遠征軍的八個師和法國第一軍團在隔天朝西南方進擊，比利時騎兵隊在右翼策應。這批部隊將和另一股從亞眠北上的法軍「聯手合作」。當天晚上，邱吉爾發電報給高特，熱烈支持這項計畫。

「那傢伙瘋了，」隔天早晨（二十三日）電報抵達高特指揮部時，波納爾如此反應。軍事情勢前所未有的險峻：在西面，倫德施泰特的A集團軍正朝布洛涅、加萊和阿拉斯逼近；在東面，波克的B集團軍迫使法軍前線節節敗退。而所有人，包括邱吉爾與艾恩賽德等顯然對真實情況一無所悉。有八個師陷入纏鬥，根本無法抽身；法國第一軍團潰不成軍；比利時騎兵隊根本不存在——或者看似如此。

雪上加霜的是，比約特在車禍中喪生了，而他是掌握魏剛計畫第一手資料的唯一一人。他的繼任者布蘭查德將軍似乎是個無可救藥的書呆子，毫無指揮大軍的雄圖與能力。橫向溝通全面斷線之後，絕無可能在短短幾小時之內集結三個不同國家的軍力投入作戰。

倫敦和巴黎繼續做著美夢。魏剛與邱吉爾會面之後，發布了「第一道作戰命令」，要求北部軍隊阻擋德軍抵達海岸——完全無視德軍已到達海岸的事實。五月二十四日，他聲稱剛剛成立的法國第七軍團已揮軍北上，收復了佩羅納、阿爾伯特及亞眠。一切只是幻想。

邱吉爾同樣活在幻想世界中。二十四日，他對伊斯梅將軍發出連珠砲的叩問。為什麼孤立在加萊的英軍不乾脆突破德軍戰線，跟高特會合？為什麼高特不去找他們？為什麼英國的坦克打不過德國的槍砲，而英國的槍砲卻不敵德國的坦克？首相仍然堅信魏剛的計畫，艾登發出電報敦促高特全力配合。將軍竭盡所能地配合。他在魏剛計畫中擔任的南向攻擊任務仍依計畫進行，不過英國遠征軍提供的兵力由三個師縮減為兩個師。德軍在東面的壓力讓他們別無選擇。為防萬一，將軍也命令布里奇曼上校隨時更新撤退計畫。二十四日早晨，上校制定了「第二版」的計畫。最後，高特要求倫敦派遣帝國副參謀長約翰・狄爾中將（John Dill）前來。狄爾原是高特麾下的第一軍軍長，四月以後才轉調總參謀部。他比較可能理解狀況。如果他能親眼看看情勢有多壞，或許能讓倫敦稍微恢復清醒。

「北部地區戰情危急，不可輕忽，」五月二十五日早上，狄爾在抵達的一小時十分鐘後報告。他的電報接著描述德軍的最新攻勢。他向倫敦保證盟軍的南下計畫依舊沒變，不過補充說道，「鑑於前述情況，上述的攻擊恐怕無關痛癢。」

此時，布蘭查德將軍現身了。他用罕見的樂觀態度表示法軍可以投入二到三個師的兵力以及兩百輛坦克參與作戰。狄爾滿懷希望地回到倫敦——對於法軍的實力，他比高特更有信心。

這是當天的最後一道好消息。上午七點左右，東邊開始傳來科特賴克（Courtrai）附近的比利時防線即將破裂的消息；而英軍和比利時軍隊計畫在科特賴克會合。如果真的被突破，波克的B集團軍很快就能跟西邊的倫德施泰特A集團軍連成一線，徹底切斷英國遠征軍通往海岸的退路。

比利時沒有後備兵力。若要阻擋德軍，只有靠英國人了。不過英軍也已幾乎不堪負荷。當負責鎮守這塊危急地區的艾倫・布魯克中將（Alan Brooke）向總部求援，高特頂多只能撥出一個旅的兵力。

那根本不夠。消息越來越糟，平時很可靠的第十二槍騎兵隊表示敵軍已在利斯河（River Lys）一帶衝破比利時防線；第四師的聯絡官報告，在他前面的比利時軍已完全放棄作戰，只是坐在咖啡館裡閒晃。

到了下午五點，高特聽不下去了。他獨自躲進位於普雷梅克的辦公室，思索他從軍以來最重大的決策。他手上僅剩的兵力，就是預計參與明天南向攻擊的兩個師。如果派他們北上填補比利時防線缺口，就是抗命；他將破壞與布蘭查德之間的默契；他背棄的不僅是魏剛的計畫，還包括邱吉爾、艾恩賽德與其餘人等的見解；他將率領英國遠征軍踏上一條只能往海岸前進的不歸路，冒險撤退。

另一方面，如果他信守承諾，派遣這兩師的兵力南下，那麼將被切斷往海岸的退路，被徹底包圍。唯一的機會是等待索姆以南的法軍在最後一刻馳援；對此，他不抱什麼指望。

決策已定：派兵北上。下午六點，他取消了南攻計畫，發布新的命令：一個師即刻與布魯克會合，另一個師隨後趕到。鑑於高特對法軍信心全無，他本該可以更快做出決策。但由於他骨子裡有著服從、負責和盡忠的性格，如此違抗命令是一次驚人的冒險。

一個塞滿文件與一支小型脫靴器的皮夾子，幫助他更加堅定決心。這是英軍偵查隊炸毀一輛德國指揮車所繳獲的。高特做出重大決策後不久，布魯克帶著這只皮夾前來指揮部開會。兩名將領磋商之際，情報幕僚檢查皮夾裡的文件。其中包括了對伊普雷斯進行猛攻的作戰計畫——這證實了高特取消南攻、轉而北上的決定非常明智。

只有一件事要擔心。萬一這些文件是誘敵的圈套呢？不，布魯克拿定主意，從脫靴器可以看出文件是真的。就連希特勒最精明的情報員都不可能如此神來一筆。比較可能的情況是，這只皮夾屬於一個真正的幕僚人員所有，而這個人的靴子太緊。

要是高特得知倫敦也在深切反省，他的決策恐怕不會如此困難。狄爾回到倫敦，他的評估終於讓陸軍總部相信高特正面臨極為兇險的局勢。聯絡官傳回來的消息指出，索姆一帶的法軍絕無可能馳援；新成立的軍隊才剛剛開始集結。五月二十六日，陸軍大臣艾登發電報給高特，表明英國遠征軍的安全是當前第一要務。

根據目前局勢，你的唯一選項，或許是爭取向西，退到格拉沃利訥（Gravelines）以東所有可以登船的海灘與港口。海軍會提供艦隊與小型船隻，皇家空軍也將全力支援……首相將在明天下午會見雷諾總理，屆時，情況會更加明朗，包括法軍對此計畫的態度。在此同時，切莫跟法軍或比利時軍討論這項未定的行動。

高特不需要被提醒。當他收到艾登的電報時，才剛剛跟布蘭查德將軍開完晨會。他在會中表明取消南攻計畫的決定，法軍贊成聯合向北撤退。他跟布蘭查德擬定了退後路線、時間表，以及沿著利斯河的新防線——不過撤軍的事，他隻字未提。事實上，在布蘭查德眼中，盟軍不會進一步撤退。利斯河將是掩護敦克爾克的新防線，讓盟軍在佛蘭德斯占有一個永久據點。

對高特來說，敦克爾克並非據點，而是幫助英國遠征軍回家的跳板。艾登在當天下午發來的另一封電報，證實了他的觀點。電報中表示，「除了退回海岸，你已別無選擇……你如今受命即刻聯合法國與比利時軍隊朝海岸撤退。」

撤退已成定局，但是出現一個新的問題：他們有辦法撤離嗎？五月二十六日，英國遠征軍和法國第一軍團擠在內陸和大海之間的一道狹長走廊——縱深六十英里，寬僅十五到二十五英里。英軍大部分集中在距離敦克爾克四十三英里的里爾附近，法軍的位置還要更南。

在走廊的東面，被圍困的盟軍將面對波克龐大的B集團軍；西面則面對倫德施泰特A集團軍的坦克和摩托化步兵師。倫德施泰特的裝甲部隊已抵達西邊的布爾堡（Bourbourg），距離敦克爾克僅十英里。德軍率先搶占敦克爾克，似乎已是十拿九穩的事。

「如今只有奇蹟才能挽救英國遠征軍，」五月二十三日，德軍逐漸形成合圍之勢時，布魯克將軍在日記中寫道。

「接下來幾天，我軍訓練有素的士兵將被全數殲滅——除非奇蹟出現，」艾恩賽德將軍二十五日寫道。

「我不能隱瞞您，」高特在二十六日發電報給艾登，「即便在最好的情況下，我們將無可避免地折損絕大部分的戰士及裝備。」

邱吉爾認為只能救出兩萬到三萬名士兵，不過首相的個性好鬥而樂觀。以前和平時期，他曾經跟艾登同遊坎城。他押注十七號，結果贏了俄羅斯輪盤。如今，在戰時內閣氣氛特別低迷的場合，他突然轉身對艾登說，「也該是出現十七號的時候了，是吧？」

1 本書採用的是當時通用的地名。如今，埃斯科河一般被稱作斯海爾德河（Scheldt），拉帕內（Le Panne）鎮變成了德帕內（De Panne）。

2 THE MIRACLE OF DUNKIRK

十七號乍現

德軍的第一及第二裝甲師部隊會率先同意英國對情勢的評估——唯有奇蹟才能挽救英國遠征軍。他們迅雷不及掩耳地抵達阿布維爾，沿途的法國村民還一頭霧水，以為這群風塵僕僕的金髮戰士肯定是荷蘭人或英國人。他們的速度如此之快，就連德軍最高統帥部都還沒計畫好下一步該怎麼做：該往南奪取塞納河與巴黎，或是往北殲滅受困於佛蘭德斯的盟軍。

最後決定北上。五月二十二日上午八點，德軍最高統帥部以密碼發出信號：「往北出發」。倫德施泰特麾下的A集團軍坦克及摩托化步兵再度動身。

第一、第二以及隨後加入的第十裝甲師，形成此次進攻的左翼。這三個師組成古德里安將軍的第十九軍，他們的使命就是維持古德里安身為德國最偉大坦克戰專家的名聲。他們將奪取海峽港口，封鎖盟軍的一切脫逃機會。第二裝甲師朝布洛涅出發；第十師的目標是加萊；第一師則鎖定敦克爾克——這三個港口中最遠，但卻最繁忙也最重要的一個。第一天，他們挺進了四十英里。

二十三日上午十點五十分，基希納中將（Friedrich Kirchner）的第一師坦克部隊從古老的要塞小鎮代夫勒（Desvres）出發。敦克爾克位於東北方，距離三十八英里。照情勢來看，他們明天或後天應該就能抵達。

中午，坦克部隊到了蘭克桑（Rinxent），距離目標還有三十三英里；下午一點十五分抵達吉納

（Guînes），只剩二十五英里了；下午六點左右，他們轟隆隆地開進萊阿塔克（Les Attaques），距離再縮短到二十英里。

在這裡，他們必須度過加萊－聖奧美爾運河。基希納將軍料想盟軍應該已經炸毀橋樑，因此召來一連工兵。連隊沒派上用場，有人忘了炸橋，橋樑依舊挺立。坦克順利渡河，當晚即進入佛蘭德斯，準備往東行進。

晚上八點，基希納的先遣部隊抵達阿河（Aa Canal）——這條河的河口距離敦克爾克僅十二英里。在英軍用來保護右邊側翼的「運河防線」中，阿河扮演了重要角色，不過還沒有幾支盟軍部隊抵達這裡。午夜左右，第一裝甲師強力渡河，在聖皮爾埃布魯克（Saint Pierre-Brouck）建立了橋頭堡。二十四日早晨再拿下三座橋頭堡，一支作戰隊伍繼續前進到布爾堡郊區，此地距離敦克爾克只剩十英里。

德軍士氣如虹，戰俘大量湧入，戰利品堆積如山。師部在戰鬥日記中得意洋洋地寫著：「戰俘和戰利品得來容易，擺脫他們還比較困難！」

不過高層就沒有如此歡欣鼓舞了。裝甲軍司令克萊斯特將軍（Ewald von Kleist）為坦克的折損憂心忡忡——這些坦克無法修復，他估計損失了五成戰力。第四軍司令克魯格上將（Guenther Hans von Kluge）覺得坦克車距離後援部隊太遠了。大家都擔心這條側翼拉得太長，缺乏掩護；他們走得越快、越遠，就顯得越加暴露。阿拉斯的英軍突襲部隊雖然被擊退了，卻讓德軍飽受驚嚇。

沒有人理解盟軍為什麼不繼續攻擊這些側翼。對於出身一次世界大戰的將領來說，這實在令人費解——一次大戰期間，勝利往往在幾碼之間，不像如今行軍動輒好幾英里。希特勒和邱吉爾毫無共通之處，但在這一點上，兩人殊無二致。他們都不欣賞古德里安及其信徒設計的新戰術造成的癱瘓效果。

軍團各級將領也有同樣看法。二十三日下午四點四十分，當第一裝甲師朝敦克爾克的方向長驅直入，第四軍指揮官克魯格將軍致電位於夏維爾（Charleville）的A集團軍司令部，找到坐鎮總部的倫德施泰特將軍。作為老派軍人，克魯格表示他擔心坦克已走得太遠，「部隊希望明天有機會拉近距離。」倫德施泰特同意，於是下達命令，裝甲車於二十四日暫停前進。所有人都認為這次停頓不過是個暫時的措施，只是一個喘息的機會。

而在藏匿於德法邊境樹林中的行動總部列車上，戈林元帥（Herman Göring）也因為裝甲部隊不斷挺進的消息而越來越焦慮。不過，他擔心的倒不是側翼曝露或機械故障。虛榮心極強的戈林是德國空軍元帥，他擔心這些引人注目的戰術，剝奪了他的空軍在即將到來的勝利中分享的榮耀。

五月二十三日下午，當一名副官傳來裝甲部隊的最新戰績時，他正在列車旁的一張大橡木桌上工作。看來，敦克爾克跟整個海岸可以在一兩天內拿下。戈林重捶桌面，咆哮著說，「這是空軍的大好機會！我必須馬上跟元首通話，立刻接線！」

電話立即接通希特勒在德國西北部艾弗爾（Münstereifel）村附近的森林總部。戈林滔滔不絕地陳述己見：德國空軍展現身手的時候到了。如果元首能命令地面部隊退後，賦予他行動空間，他保證他的戰機能獨力殲滅敵軍……這會是一次低成本的勝利，功勞將屬於跟新國家社會主義帝國站在同一邊的空軍，而不是那些陸軍將領和保守的普魯士貴族。

「戈林那張大嘴又在胡說八道了，」最高統帥部作戰局局長約德爾少將（Alfred Jodl）說。戈林打電話來時，約德爾和其他幾名參謀官正好圍在希特勒身旁。

事實上，戈林對希特勒知之甚詳，每句話都打在他的心坎上。而且，他正好趕上希特勒耳根子最軟的時候。幾天來，元首越來越擔心裝甲部隊的安全。在最高統帥部，凱特爾（Keitel）和約德爾少將向他提出警告，表示佛蘭德斯的地形不利於坦克作戰。另外，一九一四年的往事也不時縈繞他的心頭：當時顯然已潰敗的法軍上演了一齣「馬恩河奇蹟」（the miracle of the Marne）。

一次大戰還在他的心頭罩另一層陰影：法國是真正的敵人，巴黎是真正的目標。上一回，整整四年時間，這座偉大的法國城市始終在咫尺之外可望而不可及——而這次絕對不可重蹈覆轍。是要運用坦克把英軍筋疲力盡的九個師逼到海裡？還是保留坦克戰力，用來對付法軍為了防衛巴黎及法國南部而剛剛集結的六十五個師？面對這樣的抉擇，誰不會選擇戈林提供的這條好走的路？

在這種心態下，希特勒隔天早晨（二十四日）飛到夏維爾跟倫德施泰特將軍商議。這是一次最稱心如意的會議。保守的倫德施泰特說明他已經下令裝甲部隊停止前進，好讓其餘兵力趕上隊伍。他接著建議下一步行動。步兵團應繼續攻擊阿拉斯以東，不過裝甲部隊應堅守阿河陣線，輕鬆收割被B集團軍從包圍圈另一端逼退至此的英國遠征軍。

這項計畫與希特勒的心意不謀而合。他立刻批准，並且強調必須保留坦克戰力，以便投入未來的作戰計畫。除此之外，他表示繼續縮小包圍圈只會對戈林的轟炸機造成阻礙——這個考量恐怕會讓斯圖卡飛行員大吃一驚，因為他們莫不以精準的轟炸能力而自豪。

中午十二點四十一分，元首授意下達新的命令。這些指令不僅確認了倫德施泰特於前一天發布的「休止令」（halt order），更讓暫停命令變得具體而明確。將軍前一天並未明白指出部隊應該在哪裡暫停，幾名裝甲師指揮官偷偷前進了幾英里。希特勒糾正這項疏忽，詳細說明坦克應據守的明確地點：

往阿拉斯西北方前進的部隊，不得越過朗斯（Lens）—貝蒂納（Béthune）—艾爾（Aire）—聖奧美爾—格拉沃利訥的整體陣線。在西側，所有機動部隊原地集結，等待敵軍自行落入上述的有利防線。

「我們完全無言以對，」古德里安後來回想休止令對坦克部隊全體弟兄造成的影響時說道。此時，四個裝甲師和兩個摩托化步兵師已抵達了阿河，並在河對岸建立了六個橋頭堡；先遣偵查隊暢行無阻，如入無人之境……敦克爾克已在視線範圍內。最前鋒部隊的參謀官托馬上校甚至可以認出聖埃魯瓦（Saint Eloi）教堂壯麗的方形鐘塔。現在為什麼要停下來？

德國陸軍最高司令，陸軍元帥布勞希奇上將（Walther von Brauchitsch）也存著同樣的疑惑。他一直到下午三點左右才接到命令，這項行動實在太匪夷所思。更令人費解的是，這樣的重大決策居然沒有事先跟陸軍的最高司令商量。當天晚上，他被召喚到希特勒的總部。他打算據理力爭。

他毫無開口機會，反而慘遭痛罵。希特勒得知布勞希奇下令將第四軍從A集團軍轉調到B集團軍，以便合併指揮，終結這場戰役。元首覺得這是一項錯誤，並且為了布勞希奇沒有事先徵詢他的意見而大為震怒。

他一邊對這位倒楣的將軍咆哮，一邊取消調軍計畫並且重申休止令。晚上八點二十分，布勞希奇抱著憤怒與屈辱回到陸軍總部。他的參謀長哈爾德將軍（Franz Halder）心情更糟。他前所未見地遲了將近一小時才去參加陸軍總部的夜間會議，情報官利斯上校從沒看過他如此生氣。他透露休止令的消息，大聲嚷嚷著：「總參謀部沒做錯事！」

不過他也沒打算逆來順受。會後，稍微冷靜之後，他召來作戰官格賴芬貝格上校，商討如何規避這項命令。他們不可以做得太明顯，不過陸軍總部——陸軍下達命令的正常消息來源——確實提供了一條管道。午夜剛過，他們就想好了計謀：陸軍總部發布休止令的補充指令，允許（而不是命令）A集團軍越過運河防線。在正常的指揮系統下，倫德施泰特會將命令傳到第四軍，後者再傳給古德里安的第十九軍，到時候，「飛毛腿海因茨」[2]應該能聽懂弦外之音。

不過正常的指揮系統失靈。謹慎的倫德施泰特並未轉達命令，他說希特勒授權他制定作戰決策，而他覺得取消休止令並不安全。除此之外，倫德施泰特說，他們沒有足夠時間通知空軍調整早晨的轟炸目標。

當然，倫德施泰特隸屬於陸軍總部，而軍團團長不理會陸軍總部的命令，在德國陸軍史上是聞所未聞的事。不過哈爾德跟布勞希奇也拿他沒轍；他們的唯一辦法是找希特勒裁奪，而誰都知道元首心裡是怎麼想的。

儘管如此，五月二十五日上午，兩位將軍再度晉見元首做最後努力。布勞希奇表示，延長休止令無異於冒險讓煮熟的鴨子飛了。照原本的計畫，A集團軍是鐵鎚、B集團軍是鐵砧，盟軍腹背受敵——如今鐵鎚揮了一半停在半空中。哈爾德緊接著敲邊鼓。他訴諸元首的歷史意識，說明陸軍總部原本的計畫有點神似「坎尼會戰」[3]。

希特勒完全聽不進去。坦克必須留待日後使用。討論過程中浮現了一項新的因素：希特勒不希望戰役的最高潮發生在佛蘭德斯地區。他打算在那裡煽動獨立運動，倘若德軍造成的破壞太大，恐怕引發惡劣的政治觀感。要避免如此，最好的辦法就是由B集團軍把英軍逼回法國境內。

布勞希奇與哈爾德悻悻然回到陸軍總部之際，其他人也試著動用人脈來達成同一目的。克萊斯特將軍原本支持休止令，但是已改變心意。二十五日早上，他打電話給好友：第八航空軍軍長里奇特霍芬少將（Wolfram von Richthofen）；後者再打電話給他的好友、戈林的參謀長，耶匈尼克少將（Hans Jeschonnek）。他可以說動戈林請求希特勒取消休止令嗎？耶匈尼克沒興趣碰這顆燙手山芋；一切努力告吹。

當天，第四軍指揮官克魯格將軍、第二航空隊的凱瑟林將軍（Albert Kesselring），甚至B集團軍總司令波克將軍都曾分別籲請元首改變心意，但全都遭到斷然拒絕。

二十五日晚上，就連平時對元首唯命是從的最高統帥部都出現質疑的聲音。年輕的參謀官洛斯伯格中校拉住約德爾將軍，提醒他別忘了一句古老的軍事格言：「切莫對敗軍放鬆警戒。」約德爾對這句忠告一笑置之，委婉地解釋：「這場仗已經贏了，只剩收尾而已。如果空軍能以更小的代價結束戰爭，那就不值得犧牲任何一輛坦克。」

在總部外頭，洛斯伯格找到坐在綠草如茵的河堤上抽雪茄的最高統帥部部長凱特爾將軍，不過同樣碰了一鼻子灰。凱特爾十分認同休止令。他在一次大戰期間便對佛蘭德斯有所認識：那是一塊沼澤地，坦克很容易陷在泥濘中。就讓戈林自己去完成任務吧！

到了二十六日，甚至連倫德施泰特也開始對這項命令心存疑慮。空軍並未兌現戈林的承諾，從東面過來的波克B集團軍也被擋了下來。更多通電話在幕後密集往來：A集團軍的作戰參謀特雷斯科中校打電話給他的密友、希特勒的副官施蒙特上校，懇請他想想辦法讓裝甲部隊再度開始行進。

第一個轉折出現在中午左右。最高統帥部打電話告知哈爾德，元首如今允許裝甲部隊與摩托化步兵部隊前進到敦克爾克的射程範圍，「以便從地面切斷源源不絕而來的船隻（包括撤離與抵達的）。」

另一項命令隨後在一點三十分發出，徹底解除休止令。陸軍總司令部設立了全新的目標，並且在三點三十分前完成新命令的制定與布達。A集團軍無法透過無線電或電話與第四軍總部取得聯繫，因此四點十五分，一架特別的傳令飛機把好消息帶給克魯格將軍：古德里安的坦克車可以再度前進了。

裝甲隊員接到通知，油箱也加滿了，彈藥補充完畢，縱隊重新集結。這一切又花了十六個小時，一直到五月二十七日拂曉，第十九軍才終於重新踏上征途。

德國國防軍喪失了整整三天。而對邱吉爾來說，俄羅斯輪盤終於出現了十七號——一次僥倖且全然意外的收穫。英國能否趁這一波好手氣得利，大體上取決於高特將軍如何運用時間。

說來奇怪，儘管德軍敞明地發送休止令訊息，英軍也確實竊聽到了，但是高特和他的參謀人員並未多加重視。波納爾將軍高興片刻（他在日記中問道：「這是扭轉局勢的契機嗎？」），不過很快就轉移心思。有太多事情要憂慮了：布洛涅恐怕已經淪陷；加萊被隔絕；比利時軍心潰散；魏剛和倫敦仍在嚷嚷著反擊。煩心的事沒完沒了。

運河防線一帶情勢特別危急。五月二十二日前，可靠的綠霍華步兵團第六營協助法軍鎮守格拉沃利訥，不過南邊幾乎毫不設防。五十英里長的戰線只有一萬名兵力，而這些人多半是炊事兵、駕駛兵和連隊的內勤事務員。他們是高特東拼西湊出來的雜牌軍。

唯一足堪告慰的是，當走廊東面的壁壘受波克大軍的壓迫而往後倒退時，調動部隊去增援西面就變得容易些了。二十三日晚上，高特開始從東面七個師的兵力當中調離三個師。

第二師在五月二十四日至二十五日的夜間轉移陣地，多塞特兵團第二營搭乘卡車往西移動了二十五英里，抵達拉巴塞運河畔的一座清冷小鎮——費斯蒂貝爾（Festubert）。當雷姆西少尉的C中隊在落腳處準備就寢時，四周靜謐無事。住在隔壁的老太太甚至過來看看小夥子們過得好不好。傳言營隊被撤下前線，以便稍作休息。

第二師的其他部隊正在他們的左右兩面深掘壕溝。這些部隊也感受到周圍的平靜，不過卡麥隆高地兵團第一營不安地發現，運河對岸集結了大量的敵軍坦克與運輸部隊。北面的第四十四與四十八師也同樣往此處匯集。在此同時，法軍第六十師掌握了沿海地區。期間另有幾個兵團與總部單位、後備砲兵、一支比利時機槍連及幾輛法國坦克散布四處，增強防備。

儘管如此，盟軍的兵力仍然不足以在整條運河戰線上布防。高特希望把兵力集中在緊鄰運河東面的幾座城鎮與村莊，以便降低短缺。這些據點（或者所謂的「阻攔點」）的任務，就是盡可能拖延德軍的坦克部隊。

五月二十五日傍晚，格洛斯特衛隊第二營抵達了卡塞爾（Cassel）。這是座顯眼的城鎮，因為它坐落在周圍幾英里內唯一的山丘上。費恩少尉每每想起當時把居民趕出家中、在他們的屋牆上鑿洞架槍時，心中依然覺得歉疚。當外出搜尋糧食的弟兄帶回來一箱酩悅香檳（Moët & Chandon）、十瓶白蘭地和各式各樣的美酒時，生命再度出現生機。

五月二十六日下午（大約是希特勒終於撤銷休止令的時候）驍勇善戰的部隊進駐了撤退走廊西面的每一座重要城鎮。在東面，從取消的南攻計畫調過來的兩個師，與原本駐紮於此的四個師會合；而在最南端，法國第一軍團在里爾阻擋了德軍的行進。

其餘被圍困的部隊（總共超過十五萬名士兵），沿著這道狹長走廊湧向北方的海岸。由東面與西面分別撤退的計畫已經取消，從兩邊湧入的部隊匯聚成一條洶湧而混亂的人龍。

在此同時，斯圖卡轟炸機持續攻擊。「勇敢奮戰！架起肩上的勃倫槍（Bren gun）把它們打下來，就像打高山雞一樣……」這是史密斯准將訴諸帝國光榮時代而給予的勉勵。不過，就連聽懂他的話的人也很難領會這個比喻。斯圖卡自有一股獨特的兇猛無情。

再小的目標也不放過。當一架斯圖卡發現第四十八師通信員哈內特中士時，他正在一條毫無掩蔽的馬路上騎著摩托車。機槍猛烈攻擊，斯圖卡兩次俯衝，哈內特在馬路上瘋狂地迂迴穿梭，斯圖卡兩次都沒擊中目標。緊追不放的斯圖卡往上爬升，然後脫隊，再度對準他俯衝，卻還是沒能擊中目標。這回，飛行員錯估了俯衝力道。他太晚拉抬機身，最後撞進前方道路，轟然爆炸，化成一團火球。哈內特轉進一片曠野，抽了根菸，然後繼續上路。

絕大多數士兵無法如此泰然自若。第二野戰砲兵團的駕駛兵每次遇到攻擊，就會不由自主地急忙找掩護，但是長官認為這樣只會招引注意。「你們哪個混帳東西下次還敢再跑，」他發誓，「老子一槍斃了他。」在那之後，弟兄們乖乖躺平，不過李吉蒙下士萌生一種新的恐懼。每當機關槍子彈掃過身旁的地面，他就幾乎無法壓抑把腿縮起來的衝動。他總是很肯定他的雙腿會被打斷。

弟兄們因為斯圖卡的攻擊而變得麻木、因為缺乏睡眠而疲憊不堪，漸漸失去了一切時間感與方向感。各個城鎮失去了自己的風貌，在士兵心裡，波佩林格（Poperinge）是電車線纏繞在一起的地方；阿爾芒蒂耶爾（Armentières）是整夜嚎叫的野貓；卡爾萬（Carvin）則是慘遭炸彈炸死的六十名修道院女孩在月光下整整齊齊排列成行。圖爾奈是巡迴馬戲團遭擊的地方——受傷的大象、不省人事的女騎士被四匹亂竄的白馬拖著跑，簡直是噩夢一場。

沒有幾個人知道自己正往哪裡行進。第六十重高射砲團的總部勤務兵華納在黑夜中跟部隊走散，完全不知道該何去何從。他只能隨著人群移動，跟著其他人行事。一輛卡車莫名其妙地跟部隊失散，第二探照燈營的二等兵史蒂芬是車上的七名士兵之一。為了找路，他們偶爾下車檢查塵土上的胎痕，宛如古時候西部荒野中的印地安戰士。

「當官的」通常也同樣缺乏訊息。第四師軍務長副助理李察森少校，慢慢地察覺部隊是在往海岸移動，但是他壓根沒想過撤軍。他模模糊糊地認為盟軍在某個地方建立了橋頭堡，將在歐陸維持一個永久據點。

在普雷梅克的總部裡，高特將軍完全沒有這樣的念頭。當代理作戰官布里奇曼上校在五月二十六日清早報到時，波納爾將軍告訴他，撤退已勢在必行。

布里奇曼毫不意外。他已經連續五天在他和埃利斯上校共用的小辦公室中，斷斷續續地籌策他的撤退計畫。其餘時間則專注於加強走廊西面的防禦，而埃利斯上校則負責東面。忙中偷閒的時候，兩人會爭論誰的差事比較倒楣：是面對軍心渙散的比利時軍隊的埃利斯，還是根本不知道他的部隊身在何處或者有什麼能耐的布里奇曼。

不過今天不是待在辦公室的日子。由於通訊幾近癱瘓，布里奇曼決定親訪西線，看看還需要做些什麼。那是漫長的一天，他的行程包括鋼筋混凝土掩體地第三十二號稜堡，是法軍在敦克爾克的總部所在地。他在這裡遇見法軍負責指揮阿河沿岸的法加爾德將軍（Marie B.A. Fagalde）。將軍曾任法國駐倫敦的軍事隨員，說得一口流利的英語。這是個充滿希望的起點：盟軍之間至少可以溝通了。

布里奇曼在敦克爾克以南五英里的一座中世紀城池貝爾格（Bergues）休息吃午餐。他登上人工土墩（這地區唯一突起的地勢），跟他的駕駛兵坐在一起，一邊嚼著口糧、一邊思索如何防禦這片鄉間平疇。南邊較少需要跨越的運河，似乎最有利於坦克作戰。他判斷德軍裝甲部隊應該會從那裡進來；假若真的如此，卡塞爾將是德軍行進路線上的主要城市。那是英國遠征軍順著走廊匆忙奔向敦克爾克時，盟軍必須固守的地方。

布里奇曼當天很晚才回到普雷梅克，立刻得知他有一項新的任務。如今，他將擔任亞當中將（Sir Ronald Adam）的作戰官，將軍剛剛受命指揮敦克爾克的周邊防禦。截至目前為止，周邊防線及其駐守部隊都只是紙上談兵，但是布里奇曼本人早已擬定防禦計畫，現在他有機會看看這些計畫成效如何了。奏效的話，盟軍將能堅守敦克爾克及周邊地區，足以讓英國遠征軍抵達海岸。在那之後，就要靠海軍帶他們回家。

但是海軍或倫敦的任何人，是否真的明白這項任務的規模？高特至今仍沒有理由相信他們真的理解狀況。邱吉爾的號角聲、與陸軍總部徒勞無益的電話往來、艾恩賽德二十日的視察、甚至狄爾在二十五日的拜訪，全叫人無法安心。平常為人最圓融的狄爾甚至暗示，倫敦認為英國遠征軍沒有使出全力。如今高特得到消息，顯示海軍只打算派遣四艘驅逐艦參與撤退任務。

二十六日當天下午，他在普雷梅克指揮部召見皇家空軍的戈達德上校。戈達德平時是高特的空軍顧問，但是此時已無任何空軍行動需要他給予意見。事實上，皇家空軍只剩一架飛機留在法國北部。那是特地運送一批反坦克砲彈過來的恩賽恩運輸機（Ensign transport）。它在即將抵達時被手癢的英軍砲手擊中，但是幸運地迫降在一片馬鈴薯田裡，正好是這批彈藥所需的目的地。

高特得知這架飛機可以修復，便要求戈達德當晚搭順風機回倫敦，隔天早上代表高特參加參謀長會議。他們必須想辦法說服海軍投入更多兵力。戈達德不適合跟海軍總部的任何人直接對話，光跟艾恩賽德談話也無濟於事；不過，倘若他當著海軍總參謀長兼海軍元帥龐德爵士（Sir Dudley Pound）面前與艾恩賽德對談，或許能達到些許效果。

「你必須當著龐德的面說話，他必須在場。」高特強調，「他肯定會參加每天例行的參謀長會議，而必須有人讓他直視這項任務。或許你無法指示海軍元帥怎麼做，但你可以告訴艾恩賽德我希望他說服海軍元帥做些什麼！」

戈達德立刻收拾好行囊，晚上十一點半搭乘指揮車抵達受損飛機迫降的馬鈴薯田。同行的還有六名空軍人員、隸屬於高特總部的最後幾名皇家空軍參謀；他們也一樣沒有任何用武之地了。一行人在黑暗中搜尋片刻後找到了飛機，機組人員還在進行整修，不過飛行員說一個小時後應該就能準備就緒。這片田野長四百碼，足以起飛，他只需要燈光指引他踏上「跑道」。皇家空軍車輛的車頭燈就很好用。

凌晨一點出發。他們呼嘯著越過田野，低空掠過樹叢，留下還未熄火、車頭燈仍然亮著的車輛。那是一輛全新的雪佛蘭；戈達德不禁感嘆戰爭造成的浪費。

凌晨三點，他們穿越英吉利海峽，四點半在曼森（Mansion）短暫停留，七點抵達倫敦外圍的亨頓（Hendon）。一輛指揮車急忙送戈達德進城，他在八點十分左右進入白廳。

戈達德巧遇幾位老友，發動幾番說服，再加上渾身流露出一名軍官「剛剛自前線歸來」的氛圍；拜這些組合之賜，剛過九點，戈達德就被護送到地下樓，穿越一扇警備森嚴、寫著「僅限參謀長，閒人勿入」的大門，進入一間寬敞的長形密閉室。

他們就在那兒，大英帝國的軍事將領，全圍坐在排列成口字形的幾張桌子旁。紙張凌亂地散落在深藍色桌布上。唯一意想不到的轉折是，艾恩賽德並未赴會。狄爾將軍剛剛取代他成為帝國總參謀長。

龐德將軍主持會議，大談他能用於敦克爾克的幾艘有限的驅逐艦——這正是高特極其沮喪的地方。遺憾的是，狄爾已經發表完意見，戈達德沒機會向他轉述高特希望龐德聽到的訊息。戈達德心知肚明，身為一名相對低階的空軍軍官直接向海軍總參謀長陳情，嚴重違反規矩，不容原諒。

龐德說完話，問道，「還有任何意見嗎？」現場一片靜默，戈達德眼睜睜看著機會溜走，他的使命即將以悲慘的失敗收場。「好吧，那麼，」龐德說道，「進入下一個議題。」

戈達德突然聽見自己的聲音直接對海軍元帥說話：「我奉高特勛爵之命前來陳述，海軍預備提供的設備根本遠遠不夠……」龐德極為震驚地看了他一眼，屋內一片譁然，所有眼神射到他身上。對桌的空軍副參謀長皮爾斯爵士（Sir Richard Peirse）猛地坐挺身子，目瞪口呆。

此刻喊停已經太遲了。戈達德滔滔不絕地陳述當前所需，遠超過高特指示他表達的內容。「您不僅必須調派海峽郵船，也要徵召觀光船、貿易商船、漁船、救生艇、遊艇、汽艇……任何能橫渡海峽的船隻！」

他一再重複論點：「任何能橫渡英吉利海峽的船隻都必須調遣……任何船隻！即便划艇也不例外！」

這時皮爾斯站起來，悄悄走過去對他耳語：「你太緊張了，你必須立刻起身離開。」

戈達德非常明白。他起立，朝著龐德的方向微微鞠躬，設法合理從容地走出房間。但是他深為自己的失控而無地自容，也為無法贏得任何同情或反應而沮喪不已。

要是他知道此刻有許多人的行動跟他的提議殊途同歸，或許就不會覺得如此挫敗。他們是海洋子民——是組成不列顛的要素——這些人不是參謀長或知名將領，或甚至船上的水手。他們在英格蘭南部各地的辦公桌前工作；正是他們未事先通知也未公開表達的意圖，打敗了軍方與政治家對未來的悲觀預測。

2 Fast Heinz：古德里安的綽號。

3 發生於西元前二一六年的第二次布匿戰爭，在這場會戰中，漢尼拔以完美的包圍圈殲滅羅馬大軍。

3 THE MIRACLE OF DUNKIRK

發電機行動

史丹利・貝瑞在五月十七日到海軍上將普雷斯頓爵士（Sir Lionel Preston）的倫敦辦公室報到時，不太清楚該對未來抱著怎樣的期待。這名四十三歲的政府文官剛剛被指派為海軍上將的助理祕書；這是他到任的頭一天。

普雷斯頓上將主掌海軍的小型船隻局僅是組織上的一顆小棋子，負責供應及維修各個海軍基地的港用艇，有用而毫不起眼。事實上，這個單位甚至不夠格進駐海軍總部大樓，只能在附近的格蘭米爾斯銀行區租間辦公室使用。貝瑞毫無理由假定他所要面對的，將會超出尋常文書工作的範圍。

貝瑞正巧趕上驚喜。六大袋郵件等著拆封、分類。英國國家廣播電台在五月十四日公開呼籲，「凡擁有長度在三十到一百呎間的機動式觀光船的船東，請於十四天內向海軍總部報告船隻的詳盡資料……」這幾袋郵件便是首批回應。但這項呼籲並非基於佛蘭德斯的情勢，而是出於磁性水雷的威脅。為了因應威脅，英國各造船廠正全力趕製木造的掃雷艦。然而正常管道產能不足，小型船隻局因此開始徵用私人遊艇和汽艇來滿足不斷擴大的需求。

貝瑞立刻著手處理堆積如山的回覆信函，他跟上將祕書、也是軍需長的蓋瑞特少校一起根據船隻的種類及船籍港口進行分類。出身紐芬蘭島的蓋瑞特，發現自己被惡補了一堂英國地理課。

同一天，邱吉爾首次開始思考大撤退的可能性。沒有人比邱吉爾更勇於戰鬥，也沒有人比他更努力驅策高特，但是各種可能性都必須納入考量，而他十六日的巴黎之行是一次發人深省的經驗。此刻，他要求前首相、現任樞密院議長張伯倫研究，「假如有必要從法國撤回英國遠征軍，可能會出現哪些問題。」

在較低的層級，其他人員開始採取具體措施。五月十九日，瑞德韋伯斯特將軍（Riddell-Webster）在陸軍總部主持會議，首次將撤軍的可能性列入討論。由於沒有迫在眉睫的急迫感，船務部代表相信有足夠時間徵集一切所需船隻。

會議中決定加萊、布洛涅和敦克爾克都可用於撤退。基本計畫分為三階段：二十日起，以每天兩千人的速度載回所有「米蟲」，接下來從二十二日開始，大約一萬五千名基地人員會撤離，最後才是「大批軍隊冒險撤退」的可能性；不過與會人員認為這種情況機率太低，不值得浪費時間討論。

海軍總部指派拉姆齊中將（Bertram Ramsay）負責這項行動。他是駐多佛（Dover）的將領——正好處於風口浪尖——是合理地點的合理人選。他有三十六艘船舶可以調遣，絕大多數是跨海渡輪。

但當拉姆齊隔天（二十日）在多佛召開會議，局勢已完全改變。德國裝甲部隊直撲海岸而來、英國遠征軍幾乎被包夾，高特本人主張撤軍。「大批部隊冒險撤退」不再是議程的最後一項，如今，「非常龐大的部隊橫越英吉利海峽緊急撤離」，已成了最首要的議題。

同一群人二十一日再度到倫敦開會時，戰局仍持續惡化。他們推敲出另一套計畫，提出更精確的數字：三個港口（仍然是布洛涅、加萊和敦克爾克）每二十四小時撤出一萬名官兵；船隻兩兩入港，任一港口同時不得有超過兩艘船停泊。為了完成任務，拉姆齊如今調派三十艘跨海渡輪、十二艘蒸汽漁船以及六艘近海商船——數量比前一天多一點點。

到了隔天（二十二日），情況再度出現變化。德國裝甲部隊對布洛涅和加萊展開攻擊；如今僅剩敦克爾克可用。拉姆齊個性極為務實，他深知開會的應變速度遠遠比不上戰場的瞬息萬變。他不再花時間籌畫精心設計的方案，也不再召開由所有相關人員組成的一般會議。事到如今，每個人都知道最終任務是什麼，重要的是做得快又靈活。正常管道、標準作業程序以及其他種種繁文縟節都被拋棄，見機行事成了首要原則；電話正好能發揮作用。

拉姆齊本人在這種環境下最如魚得水。他有卓越的組織才能，喜歡獨當一面。一九三五年，這種性格幾乎斷送了他的軍旅生涯。他當時擔任本土艦隊司令、海軍上將貝克豪斯爵士（Sir Roger Backhouse）的參謀長，覺得將軍沒有賦予他足夠的責任。向來有話直說的他要求解職，結果上了退役名單。他因此被冷凍了三年，盡情享受騎馬以及跟妻子瑪格和三名子女共渡的樸素鄉間生活。

然後二次大戰爆發前夕，海軍用人孔急，他再度奉召入伍，負責指揮多佛基地。他熟知這塊區域；一次大戰期間，他便在歷史悠久的多佛巡邏軍擔任驅逐艦艦長。一開始，這項新工作輕鬆愉快：主要任務不外乎反潛搜尋、布雷，並且想辦法對付敵軍的新型磁性水雷。但德軍的突破改變了一切，多佛離法國海岸僅僅二十英里，幾乎就落在前線上。

他的幕僚人數不多，但很優秀。拉姆齊「受不了蠢貨」（從來沒有一句俗語可以如此貼切），他的手下必須展現出積極進取的一面。拉姆齊擅長下放權力，他的部下也勇於任事。好比說，他的副官史托普福德上尉為了爭取連結布洛涅、加萊與敦克爾克的電話線路，就曾單槍匹馬挑起一場艱鉅的任務。海軍總部抱怨，這條電話線每年要花五百英鎊，但是史托普福德不屈不撓，最後終於如願以償。如今英國遠征軍被逼退到法國海岸，這條電話線成了無價之寶。

身為多佛海軍軍區司令，拉姆齊的生活與工作都在多佛城堡裡。但是他的辦公室並不屬於那片巍然聳立於港口之上的壯觀城牆或城堡主樓，而是在城堡的底下，藏在名聞遐邇的白堊峭壁裡。拿破崙戰爭期間，法國囚犯在柔軟的白堊岩層挖出連結各個砲塔的隧道迷宮，作為英國海岸的部分防禦。如今，隧道被用來對付新的、屬於二十世紀的戰爭威脅。

城牆內的一個隱密入口，通往一條漫長而陡峭的斜坡道，然後連接有如蜂巢般的多條岔路。訪客沿著一條通往大海的岔路前進，首先來到一片寬敞的大廳，然後是許多夾板隔間，最後才抵達將軍辦公室以及一座直接切出崖面的陽台。

這並非堂堂海軍中將平常該有的辦公室規格。水泥地上鋪了一小塊磨損的地毯、粉白的牆面只有幾幅鑲框的航海圖做裝飾，一張書桌、幾把椅子、一張會議桌以及角落的一張小床，構成了全部的家具。但是這個房間的確擁有一項福利：陽台讓這裡成了整座地下指揮部唯一看得到日光的地方。除此之外，就只有女廁的一面小窗還能見到天日。鷦鷯們（WRENS）——皇家海軍女性的暱稱——能在如廁時將英吉利海峽的美景盡收眼底，絲毫不遜於將軍的待遇。

而最大的空間，無疑是前往拉姆齊辦公室所必經的大廳，最主要的家具是一張鋪著綠布的大桌子。拉姆齊的參謀便聚集在這裡籌畫撤退行動。作風強硬的丹尼上校主持大局，負責管理一個由十六名成員及七支電話組成的小班底。一次大戰期間，這個洞穴般的空間存放城堡的輔助供電系統，大家叫它「發電機室」。透過同樣的聯想，海軍總部在五月二十二日將撤退計畫定名為「發電機行動」。

船隻與人員是基本需求。海軍總部原本分派的三十到四十艘船艦，顯然遠遠不足，比較接近現實的評估，是讓所有可以漂浮的東西都能派上用場。此刻，拉姆齊手上等於握著一張空白支票，可以照他的意思提領。於是發電機室內的參謀開始到處打電話——打給船務部徵用東部及南部沿海的所有船隻、打給北方司令部調遣更多艘驅逐艦、打給南方鐵路公司要求安排特別班車、打給海軍總部要求派遣拖船支援、醫療用品、彈藥、口糧、引擎零件、輔助繩索、柴油、空白的IT124表格、還有最重要的是，要求加派人力。

五月二十三日清晨四點，敲門聲吵醒了在查塔姆海軍供應站（Chatham Naval Depot）寢室睡覺的克里克上尉。傳令兵捎來訊息，要求克里克準備好接受「緊急任命」，但指令也只說了這幾個字而已。六點三十分，消息傳來，要他立刻到軍營報到。抵達後，克里克發現自己是受命前往南漢普頓操作幾艘荷蘭駁船的三十名軍官之一。為什麼？因為要「運送彈藥及補給品給英國遠征軍」。

這些駁船原來是寬闊的機動式船隻，重量介於兩百噸到五百噸之間，平常在荷蘭的運河與水道網路上運送貨物。德國入侵後，五十幾艘駁船載著船員亡命越過英吉利海峽，如今閒置在普爾（Poole）及泰晤士河的入海口。

在船務部，精明的沿海及近海運輸處主任費希爾上校，靠著平常業務而得知荷蘭人口中的這些「schuitjes」。他突然想到這些吃水不深的駁船，最適合用於敦克爾克的海灘，其中四十艘可以立刻被「發電機」徵調。荷蘭的三色國旗降了下來，皇家海軍的白色軍旗取而代之；荷蘭船員下船，英國水兵接替他們的位置。既然換下旗幟與工作人員，船隻也難逃更名的命運。英國人絕對唸不出拗口的schuitjes，這些船從此被稱作「斯固特」（skoot）駁船。

船務部繼續尋找噸位合適的船隻，責任落在費希爾上校的辦事處以及海納德的海洋運輸處身上（後者主掌軍方的一切海外運輸）。要徵用額外的渡輪和私人船隻問題不大，船務部掌握了所有客船的訊息，當初就是靠這些客船把英國遠征軍運送到法國的。

但是全英國沒有足夠渡輪來完成任務。還可以動用哪些船隻？哪些船有合適的吃水量、載運量和速度？船務部通知從北海的哈維奇（Harwich）到英吉利海峽的韋茅斯（Weymouth）等各港口的海運處人員：調查地方船運公司、列出一千噸以下的所有適合船隻。

而在伯克利廣場的船務部辦公室，幕僚人員貝勒米和里格斯日以繼夜工作，累了就在辦公室的小床打盹，餓了就到轉角的「兩主席」酒吧抓點東西填肚子。地毯式的搜索過程中，生活成了無止無盡的電話聯絡。「清風號」漂網漁船派得上用場嗎？「杜恩號」拖網漁船如何？還是「海斯號」近海商船？「約翰娜號」捕鰻船？「索斯伯勒夫人號」疏濬船？

此刻，索斯伯勒夫人號的代理二副塔瑞，渾然不知他的船隻受到如此仔細的審核。這艘船除了替樸茨茅斯港疏濬之外，看起來一無是處。毫無理由相信它有朝一日會航向大海。它甚至沒有塗上戰艦的灰色，鏽痕斑斑的煙囪仍然昭示著蒂爾伯里疏濬公司的紅黃條紋。

一天晚上，當公司代理人桑默斯來到船上召集九名船員開會時，塔瑞著實嚇了一大跳。桑默斯解釋道，海峽對岸有麻煩了，國家需要索斯伯勒夫人號。有誰願意替國家效命？沒有人知道會發生什麼事，但他們全都自願參加，無一例外。

整個樸茨茅斯港動了起來。除了索斯伯勒夫人號以外，蒂爾伯里公司的其他四艘疏濬船也受到徵召。往海靈島的渡輪、皮克福德公司的小型沿海船隊、海軍的巡邏艇、尼爾遜戰艦的工作艇，全都熱火朝天地忙著裝填油料和補給品。

如果部隊最後必須從海岸本身撤離，這些小船就會格外重要，因為較大型的船艦無法靠近傾斜角度很小的佛蘭德斯海灘。在過去一周，拉姆齊對小型船隻的徵集令廣泛且低調地傳開，然而在五月二十六日拂曉，他仍然只有四艘比利時遊艇、數艘來自拉姆斯蓋特（Ramsgate）的緝私船，以及幾艘多佛的港口工作艇。當天一大早，海軍副參謀長菲利普斯少將（Sir Tom Phillips）在海軍總部召開會議，企圖加快進度。與會人士包括小型船隻局的普雷斯頓上將。

當普雷斯頓上將的助理祕書貝瑞當天早晨去上班時，會議已經結束，上將也已回到辦事處。那是個周日，大部分的幕僚都放假。貝瑞期待度過寧靜的一天，但是值勤官伯里上尉打招呼時透露出不祥：「謝天謝地，你來了。就算給我再多錢，我也不肯跟你交換位置！」

「怎麼了？」貝瑞問。

「我不知道發生什麼事，但是老頭子來了。」無論什麼情況，肯定非常嚴重。和平時期的慣例正漸漸死去——海軍上將平常不會在周日進辦公室。

普雷斯頓本人沒說什麼來解開謎團。他只是跟貝瑞打聲招呼，然後問正牌祕書蓋瑞特中校跑哪兒去了？貝瑞解釋蓋瑞特休假，不過依照約定，他每隔兩個鐘頭會打電話進來。

「叫他立刻來報到。」然後上將也命令貝瑞打電話召回其餘所有參謀。

這不是一件簡單的事。比如負責漂網與拖網漁船的皮克寧少校，這會兒正在布萊頓（Brighton）。貝瑞試圖打電話找他時，對方回話說他去看電影了。哪一家電影院？沒人知道。於是貝瑞聯繫城裡的每一家電影院，直到終於找到他為止。

訊息如今在英國各地滿天飛舞，打斷了所有船隻與人員的正常作息。在駐紮於泰恩河的薄紗號掃雷艦（Gossamer）上，船醫道伊上尉正享受著一場愉悅的戰爭。工作時數輕鬆、陸上假期很長、當地的女孩很可愛。然而五月二十五日，海軍總部突如其來的信號打破一切：「朝哈維奇全速前進。不等休假人員，他們稍後會前往哈維奇集合。」船上充斥各種流言蜚語，但是沒有人真正清楚狀況。

索馬利號驅逐艦（Somali）在挪威海域遭受重擊之後，剛剛回到利物浦的碼頭靠岸。迪耿斯中尉正指望休息一下，但是索馬利號都還沒停穩，他就接到海軍總部的訊息：立刻前往查塔姆營區報到。這意味著要遠赴英國的另一端，為什麼？

查塔姆營區本身也亂成一團，或者說，陷入了皇家海軍訓練基地前所未有的混亂。二等水兵尼克森正在接受砲擊訓練，他的部隊接獲命令在二十六日清晨四點集合完畢。上午七點，他們搭乘巴士前往多佛時高唱著：「我們會把洗好的衣褲晾在齊格菲防線上。」沒有人知道究竟發生了什麼事。

多佛的白色峭壁深處，發電機室人員持續工作著。「大夥兒昨晚都沒睡，而且恐怕好幾天不能闔眼了。我好睏，眼睛都快睜不開，」二十三日，拉姆齊將軍寫信給妻子瑪格時說道。他在辦公室工作時，會趁沒有訪客的空檔草草寫下一兩句話，然後一出現新的危機，就趕緊把信塞進辦公桌抽屜裡。瑪格的回應則是不斷送來薑餅、後院種的蘆筍以及溫柔的打氣。

「白天與黑夜全都一樣，」他在二十五日的信中對她這麼說。的確，發電機室裡的人員全都失去了時間概念。他們在白堊懸崖的深處埋首工作，根本不可能分辨白天或是黑夜。他們的三餐不定時——總是匆匆忙忙隨便抓份三明治和一杯茶。他們的工作失去了步調，無時無刻不在全力衝刺。生活毫無變化，只有一股無止盡的危機意識讓他們終於變得麻木。

由渡輪、開底駁船、疏濬船、遊艇、近海商船和斯固特駁船組成的奇特艦隊如今在多佛匯聚，引發了一連串新問題。首先，它們必須有地方停靠。位於泰晤士河出海口的希爾尼斯（Sheerness）漸漸成了主要的聚集地，小船在這裡整理裝備，準備出海；拉姆斯蓋特則是最後的裝配點，船隻在這裡加油、裝填補給品、編入船隊。

一個問題剛剛解決，便引來一些同樣緊迫的問題：必須找到內行的技工對付讓海軍束手無策的頑固引擎、必須替某些老骨董商船買煤、必須提供一千張航海圖給幾乎不曾出海的船長；航海圖上可以標出航線，但是關於海灘，頂多只能提供籠統的資料。發電機室向跨軍種地形圖部（Interservice Topographical Department）的負責人巴塞特上校求援，上校跑遍倫敦的旅行社，蒐集或多或少描述了法國海灘的旅遊手冊。自從開戰前上一名度假遊客提出這種請求，已經九個月了。旅行社職員肯定以為他是個瘋子。

武器配備是另一個問題。這支平民艦隊必須有某種自衛能力。路易士機槍（Lewis machine gun）似乎是最好的選擇，但是沒有一個倉庫可以一舉供應拉姆齊所需的全部數量，他們必須四處搜括，倫敦十一把、格拉斯哥十把、卡地夫一把、新堡七把、總共一百零五把。

如同一名參謀官日後所追憶的，發電機室內是一種「有秩序的混亂」，那麼雄偉的峭壁成功向世人隱瞞了這項事實。多佛從未像五月二十六日這天那樣明媚。海峽對岸傳來隆隆的槍砲聲——布洛涅失守，加萊即將淪陷；但是對於安安穩穩停靠在唐斯（Downs）的船員來說，一切似乎非常遙遠。

由明輪蒸汽船改造的梅德韋女王號掃雷艦（Medway Queen），此刻停泊在峭壁邊。大廚羅素倚在護欄上跟他的年輕助手閒話家常；羅素只知道他的助手綽號叫「賽克」。他們說道，很奇怪，今天早上整個船隊都停在港內，沒有一艘船出海掃雷。早餐後，一艘工作艇繞港一周，把每艘船的船長、大副和無線通信員接到旗艦上，大概是要打打官腔。這時，一艘海軍駁船緩緩駛到梅德韋女王號旁邊，送來一箱又一箱的食物，那是遠超過船上四十八名船員塞得進肚子的份量。賽克評論道，「船上的食物足夠餵飽一整支該死的部隊了。」

被圍困在佛蘭德斯的士兵，恐怕跟梅德韋女王號的船員一樣不明就裡。二十六日稍晚，來自第三軍團總部的華金斯准將（G. D. Watkins）對阿茲布魯克附近的第四十四師指揮官奧斯本少將（E. A. Osborne）進行低調的簡報。不過，軍階較低的士兵就只能倚靠流言。第五十師隨軍牧師紐康姆有個在情報處工作的好朋友，他陰鬱地暗示英國遠征軍預備朝海岸前進，上船回家——「前提是，德國佬沒有捷足先登。」流言傳到法伊夫及佛弗爾義勇兵團第一營：他們將退到海岸，上船出海，然後在南邊重新登陸，從德軍背後發動攻擊。

當命令終於抵達，往往只能靠口耳相傳。尤其是無所事事的皇家陸軍補給與運輸勤務隊（Royal Army Service Corps），許多軍官憑空消失。第四師彈藥補給連的弟兄只被告知：「所有人自行想辦法衝向敦克爾克，祝大家好運！」第一運兵連接到指示：「盡可能朝敦克爾克前進，摧毀車輛，大家自求多福。」同樣的，第五七三野戰工兵中隊也只聽到老話一句：「所有人自行想辦法前往敦克爾克。」

命令通常毫無預警地抵達。在比利時的小村莊，天剛破曉，運輸連上士史尼加爾就被口令聲吵醒：「齊步走！」他聽見行進的腳步聲，從他借宿的咖啡館往窗外張望，看到他的小隊正朝停車場行進。他趕緊追上，得知他們奉命砸爛部隊的座車和摩托車，然後前往敦克爾克。他們不可能搞錯方向：只要朝遠方的煙柱前進就好。

夜深之後比較困難。第二野戰兵工場的洛克比中士開卡車摸索著往北的方向，直到一名軍官跳到馬路上攔下他的車，因為他正筆直朝五百碼外的德軍防線駛去。洛克比詢問敦克爾克的方向，軍官指著低懸在地平線上的星星說，「順著那顆星就是了。」其他人則靠照亮夜空的砲火指引。此時，砲火幾乎包圍了四面八方，只除了北方的一小塊縫隙依舊闃黑；那就是敦克爾克。

運輸官希爾少校是握有地圖的少數人之一。不過不是軍方版——不知道為什麼，戰爭一開始，後方地區的地圖就被全數召回。他拿的是《每日電訊報》為了幫助讀者理解戰況而繪製的地圖。

皇家砲兵第五中團的二等兵華克應該好好讀讀英法字典。他看到路標上寫著「敦刻爾克」，納悶是否就是他要去的敦克爾克。[4]

他不需要擔心。只要留在走廊範圍內——東界是比利時和英國的守軍，西面由法軍和英軍防衛，最南端則是法軍堅持死守的里爾——任何一條往北的路都行。

所有道路依舊塞滿了井然有序或一團混亂的各式部隊，包括從精神抖擻地手持步槍行進的威爾斯衛隊，到類似四十四師砲兵連勤務兵佩吉這樣的脫隊士兵。佩吉在躲避機槍掃射時跟部隊走散了，此刻正混在士兵和難民之中，孤獨地往北跋涉。一輛碩大的比利時農用拖車從他身旁轟然駛過，上頭載滿了逃難的百姓，而佩吉意外看到坐在駕駛旁邊的竟是他自己的父親。

「什麼呀，這是我們的周日遠足嗎？」佩吉爬上車跟父親短暫團聚時忍不住開玩笑。原來他的父親——一名步兵營准尉——跟兒子一樣迷茫。然後德國空軍再度展開空襲，父子倆分開了……年輕的佩吉再次獨自上路。「我們要去哪裡？」他找人問路，得到老套的回答：「看見天空中的濃煙嗎？那就是敦克爾克。朝那裡前進！」

遠征隊伍中也有女人，而且並非全都是尋常的難民。第二野戰兵工場的法國聯絡官帶著情婦同行。皇家運輸勤務隊的駕駛兵泰勒在里爾郊區發現一名在黑夜中啜泣的法國少女，因此想辦法照顧她。他設法找到一輛軍車，載著女孩出城，覺得自己頗有騎士精神——直到軍車陷在車陣，他們下車步行之後，他失去了她的行蹤。他從此再也沒見到她，總是不由得納悶自己的「保護」是否對她弊多於利。

東薩里軍團第一營的二等兵賀塞運氣比較好。他在圖爾寬（Tourcoing）娶了法國咖啡館的千金，事實證明，奧葛絲塔確實是個下定決心的新娘。當東薩里軍團撤退到龍克（Roncq），她突然現身乞求賀塞帶她一起走。在連長史密斯上尉默許之下，奧葛絲塔匆匆上了指揮部的卡車。

另一名戰爭新娘就沒那麼幸運了。當金妮．米榭在一九四〇年二月跟士官長高登．史坦利結婚，她成了第一個嫁給英國遠征軍成員的法國女孩。史坦利隸屬於阿拉斯指揮總部的信號小隊，金妮搬進他的宿舍，一直到五月以前，他們過著宛如和平時期的家庭生活。當「大戰爆發」，他隨著先遣隊總部遷往比利時，她則回到鄰近的塞爾萬村，在媽媽開的小餐館等待戰爭結束。

金妮對接下來兩周的戰事一無所知，所以當史坦利一天下午突然開著車頂上架了機關槍的指揮車出現，金妮嚇了好大一跳。他告訴她，德軍要來了，他們必須立刻離開。金妮急忙丟了幾件東西進行李箱，外加媽媽塞給她的兩瓶蘭姆酒。一小時後，她準備好出門，打扮得就像要搭午後的火車進巴黎一樣，身穿藍色洋裝、藍色外套，並搭配藍色寬邊帽。

他們出發了；夫妻倆坐前座，一位名叫特利普的中士坐後座。馬路上堵得水洩不通，更糟的是，金妮的寬邊帽被風吹出了窗外。史坦利停車，當他往回撿帽子時，遭遇了第一次斯圖卡轟炸。子彈沒打中，帽子得救了。史坦利繼續向前開。他們頭一晚在車上度過，其他晚上則多半躲在某個壕溝。有一次，他們睡在一名比利時農夫的大穀倉。農夫不答應借他們住，但史坦利拿槍射穿了穀倉門鎖，一行人毫不客氣地走進去歇息。

他們時而睡在乾草堆裡，時而跳進壕溝躲避斯圖卡轟炸，全身上下越來越髒。金妮有一次想辦法花十法郎買了一桶水，但是其他時候根本沒機會梳洗。寬邊帽早就支離破碎，不知道跑哪兒去了。

他們終於抵達一個叫做巴約勒（Bailleul）的法國小鎮，在一位老太太舒適的家落腳。容克里克夫人是個熱情的主人，和他們在路上遇到的大多數人不同。他們隔天繼續上路，斯圖卡仍鬼魅般地纏著他們。

金妮這時已經完全走不動了，身上的衣服又破又爛。史坦利試著讓她換上他的軍服，再搭配鋼盔，可惜沒有一件合身。她終於告訴他事情是行不通的，她撐不下去了。他帶她回到容克里克夫人的住處，老太太還是像以前一樣熱情好客，歡迎金妮留下來，一直住到馬路暢通、她可以安全返回塞爾萬為止。

到了告別的時刻。史坦利是一名軍人，有他應盡的責任，金妮完全理解。儘管如此，這一刻依舊叫人心碎。史坦利答應兩個月後回來接她，這句承諾也只能稍微減緩痛苦。他會實踐他的諾言——只除了「兩個月」這部分，事實上，他最後花了五年時間。

金妮並非唯一一個瀕臨崩潰的人。負責帶領第二野戰工兵小隊的年輕中尉迷路太多次了，終於忍不住流下眼淚。皇家運輸勤務隊的基奇納中士發現自己陷在車陣中，壅塞的交通導致英國與比利時的駕駛兵打了起來。一名英國遠征軍軍官試圖勸架，結果被人推了一把。他掏出左輪開了一槍，射中基奇納的左腿。「你射的是我，不是那個推你的王八蛋！」基奇納氣炸了。

二等兵巴克斯是第十三戰地救護車隊隨軍牧師的駕駛勤務兵。他們的北上之路，變成一段由憤懣和互相指責構成的長征。巴克斯認為神父是個酒醉的懦夫，神父則指控巴克斯怠忽職守而且「愚蠢傲慢」。有好幾次，神父自己開車揚長而去，留下巴克斯自謀生路。巴克斯也曾兩度拿起步槍，彷彿打算用在神父身上。看來，就連上帝的信徒及其隨從，也無法免於挫敗的壓力、接連不斷的危險、飢餓與疲憊、炸彈、混亂，以及這趟走不完的撤退之路帶來的煩悶。

二等兵史東嚐遍了酸甜苦辣。他是皇家蘇塞克斯兵團第五營的勃倫槍射擊手。他們已經在走廊的東面連續作戰兩天，設法阻擋德軍前進。此刻，他這一排弟兄奉命進行最後抵抗，讓第五營其他人有時間撤退到後方重新整編。

他們堅守了一個鐘頭，然後跳上為他們準備好的卡車撤退。天已經黑了，他們決定找地方休息，畢竟他們已三個晚上沒睡。他們在一棟建築物前停車，發現那是一座修道院。身穿長袍的修道士從夜色中走出來，招呼他們隨他進屋。

這是一個全然不同的世界。穿著長袍和草鞋的修道士輕手輕腳地走著，搖曳的燭光照亮了石頭通道。一片祥和寧靜，戰爭彷彿遠在千年之外。院長表示很樂意提供吃住，給這些新來的訪客以及另一群也發現了這處世外桃源的皇家工兵。

他們被引著走進迴廊，在一張長桌旁坐定。每一名英兵都有一位修道士照顧他的一切需求。他們享用修道士自己製作的食物與美酒；吃了那麼多天的餅乾和牛肉罐頭之後，這頓飯宛如皇家盛宴。

只有一件掃興的事：工兵表示他們準備在隔天早上炸毀這一帶的每一座橋樑，史東和他的弟兄必須在清晨五點前離開。而在歷經他們所受的苦之後，迴廊的石頭地板感覺就像羽毛床墊一樣舒適。

他們於清晨上路。開車過橋的時候，他們小心翼翼減緩車速，以免貿然觸發已經埋好的爆破彈。這群皇家蘇塞克斯兵團的弟兄走遠了之後，遠方傳來了爆炸聲響，這說明短暫的田園生活已經結束，他們又重回了戰場。

除了炸毀橋樑、運河水閘、發電廠以及其他可能對德軍有用的設施，英國遠征軍也開始破壞他們自己的配備。對一名優秀的砲兵來說，破壞他多年來細心呵護的槍砲，簡直是褻瀆。當他們砸爛砲閂、破壞瞄準鏡，許多人當眾哭了起來。

第三中團轟炸手亞瑟梅的痛苦甚至比其他人更深。他負責的是他父親在一次大戰期間使用的同一組榴彈砲，這被視為無上的光榮。砲身都一模一樣，只除了現在使用的是橡皮輪胎，而不是古老的鋼圈；戰場也一模一樣，遠在這年春天以前，阿爾芒蒂耶爾和波佩林格早就是耳熟能詳的地名。從許多角度而言，亞瑟梅覺得自己是在繼承父業。

但是一次大戰即便打得昏天暗地，也從未糟到要用砲管轟掉自己的砲台。他的良心備受折磨，覺得自己「讓老人家失望了」。

此刻，英國遠征軍正急著自我摧毀，沒時間沉湎於這樣的愁緒。在前往敦克爾克途經的小鎮上，例如翁斯科特（Hondschoote）及東卡佩勒（Oost Cappel），整支軍隊的裝備消失在火焰中。好幾千輛軍車、半履帶車、貨車、重型卡車、摩托車、勃倫機槍運輸車、野戰餐車、小卡車以及指揮車在田野中排列成行，排光油料和水，任馬達空轉直到壞掉。堆得跟山一樣高的毛毯、雨衣、鞋子、雨靴和各式各樣的新制服被燒得精光。戰地憲兵隊的英厄姆下士經過一堆準備焚毀的衣物，他衝進去，扯開幾綑包袱，找到合身的戰衣，迅速更換，幾分鐘後重新歸隊──「是一票弟兄當中唯一衣冠楚楚的傢伙。」

三軍合作社的商店、也是英國遠征軍的物質享受來源，根本無人看管，任君取用。轟炸手亞瑟梅往旅行袋裡塞了一萬根香菸，大搖大擺地走出商店。

隨軍牧師也加入了瘋狂的破壞行動。第五十師的紐康姆牧師忙著砸毀打字機和油印機，他的辦事員則負責破壞連隊的電影放映機。後來，紐康姆也燒掉了兩箱祈禱書。那是五月二十六日周日，不過這天不會有禮拜儀式。

北方二十英里外，籠罩在敦克爾克上空的濃煙並非出自英國遠征軍的毀滅行動，戈林正設法實現德國空軍獨力贏得勝利的諾言。將近一周以來，凱瑟林將軍率領第二航空隊的亨克爾（Heinkel）、道尼爾（Dornier）及斯圖卡不斷轟炸這座城鎮。一開始，空襲造成的損失很零星，不過在五月二十五日當天，一場全面轟炸毀損了主要的港口水閘、切斷一切電力來源，港口受到嚴重破壞，一整片起重機吊臂傾斜成瘋狂的角度。

四十二歲的雅克雷中士隸屬於兵工隊，他正跟其他「米蟲」一起等待撤退。這時，他的小隊被緊急召去，徒手替一艘彈藥船卸載。起重機壞掉了，而平常在碼頭的裝卸工人全都跑得不見人影。

接近中午時分，雅克雷的心思開始飄到其他事情上。敵軍的飛機走了一陣子了，他注意到附近有幾間引人注目的倉庫。他溜過去到處看看，發現幾個似乎特別誘人的大紙箱。他打開一個紙箱，可惜裡面不是手錶、相機之類的東西，而是滿滿的棉花糖。

為了物盡其用，雅克雷拿了一箱棉花糖回到碼頭，立刻大受歡迎。他回到倉庫多拿一些，又找到了一大桶紅酒。他裝滿水壺，開始品嚐。他再一次想起自己的弟兄，也帶了些酒回去給他們。這群人喝得太開心，又回去多拿一些。直到天黑以前，船上的彈藥卸了不到一半。

隔天（二十六日），這群人回去工作，雅克雷的眼神再度四處打轉。這一次，他找到了一輛滿載內衣褲的貨車。他繼續搜尋，在另一輛車上找到尺寸剛好的鞋子。他再度跟朋友分享好運，碼頭的工作也再度停擺。那天夜裡，船隻在貨物沒有卸完的情況下回到海上。

紀律蕩然無存。敦克爾克一片狼藉，港口顯然無法繼續使用。德國空軍在天上暢行無阻，任意投擲炸彈。此時，一個英國海軍小組進行一場實驗，或多或少顯露出盟軍毫無空中防禦能力。道夫中校在二十五日抵達，奉海軍總部之命在港口一帶設立所謂的「致命風箏防空幕」。風箏在空中飛舞，作用類似防空氣球，希望藉此讓毫不警覺的德國飛機落入陷阱。為了完成這項任務，道夫總共握有兩百只「致命風箏」以及幾名助手。

五月二十六日上午的風勢不夠大，風箏飛不起來；不過一過中午就起風了，道夫的組員設法從港口兩具大型起重機的頂端放兩只風箏。一只風箏徒勞無益地上上下下，但是另一只卻一舉衝上了兩千呎高空。

沒有人知道如果斯圖卡撞上風箏會發生什麼事，因為對這場實驗毫不知情、而且對任何在天上飛的東西都緊張兮兮的英國大兵，瘋狂地發射輕兵器武力把它打了下來。道夫中校留下來協助撤退，他的小組則加入越來越長的撤退隊伍。

德國空軍持續展開有計畫的轟炸。光是二十六日早晨便在這座城市投擲了四千枚炸彈，重創碼頭、船隻、通往港口的道路，以及成千上萬名湧入港口的混亂人群。

「皇家空軍在哪裡？」人們一再發出同樣的質疑。一個縱隊在盛怒之下，把氣出在一名穿著藍色空軍制服、落單的倒楣士兵身上。這名混在洛克比中士小隊裡的士兵不是飛行員，只是在某個已解散的總部擔任文書工作——不過這項事實無濟於事，群情激憤的部隊對他又打又罵，因為他象徵著他們積怨已深的對象。

那人似乎有生命危險，洛克比想辦法找一套陸軍制服讓他換上。諷刺的是，尋找的過程被斯圖卡的另一波攻擊打斷；等到轟炸結束，那人已消失了，或許去找另一群比較友善的同伴。

然而英國皇家空軍確實在戰場上，只不過經常在部隊視野之外，而且往往成效不彰。連續幾天以來，戰鬥機司令部已將小心保存的颶風式（Hurricane）及噴火式（Spitfire）戰鬥機中隊遷往距離海峽較近的空軍基地，準備投入掩護撤退的重要任務。

當第十九中隊從霍舍姆（Horsham）移防到霍恩徹奇（Hornchurch）時，兩地截然不同的氣氛立刻讓林恩中尉大感震驚。霍舍姆是個訓練基地，幾乎看不到戰爭的痕跡。然而霍恩徹奇的飛機場上到處都是充滿作戰傷痕的戰機，人們口中談的都是作戰與戰略。對於駕駛噴火式戰鬥機只有一百小時經驗的年輕飛行員來說，這樣的改變有如醍醐灌頂。

五月二十六日清晨，林恩首次出勤巡邏灘頭堡上空。沒有特別的精神喊話或行前簡介，飛行中隊就這樣出發前往法國，彷彿家常便飯一般。他們在加萊附近遭遇幾架斯圖卡和梅塞施密特（Messerschmitt，簡稱 Me）109，幸而火力壓過德軍，不過還是損失了兩名弟兄，包括中隊的指揮官。

下午，林恩飛回敦克爾克進行當天的第二次空中巡邏。在加萊附近，他們再度跟一支 Me 109 中隊正面交鋒，林恩本人首次遭遇戰鬥機的砲火攻擊，一開始甚至還搞不清楚狀況。奇怪的螺旋狀煙霧掃過他的機翼，然後是 Me 109 加農砲沉穩的轟轟聲。他終於恍然大悟自己已成了別人的槍靶。

林恩想辦法閃避，但是沒多久，他發現自己被兩架在他上方盤旋的 Me 109 包夾。他設法以智取人，首先讓飛機停轉失速，然後開始猛打圈圈，彷彿他的膝蓋被子彈或砲彈碎片擊中。無線電失靈了，機艙瀰漫著煙霧和水蒸氣，引擎熄火。

他最初的想法是迫降法國，在某個戰俘營度過接下來的日子，直到戰爭結束。然後轉念一想，他否決了這個念頭，決定讓自己掉落英吉利海峽，但願有人能把他撈上岸。接著他也否決了這個念頭——「我不想弄濕」——最後，他打起精神，判斷自己應該有辦法小心操縱飛機，飛回英國海岸。

他成功了，雖然驚險萬分。他在海面幾英呎的高度滑行，迫降在迪爾（Deal）的礫石灘上，激起一片飛沙走石。他踉踉蹌蹌走出機艙，渾身沾滿鮮血和油漬，進入一個迥異的世界。

那是個周日，迪爾海灘上擠滿了漫步的情侶：軍人穿著畢挺的軍服，女孩穿著最時髦的春裝，在溫暖的五月陽光下愜意地散步。林恩闖進這個高雅的場景，覺得自己不僅是擾人興致而已——他是個不受歡迎的入侵者，毫不體貼地提醒著民眾，僅僅二十英里以外，確實存在著一個非常不同的世界。

他是對的。迪爾及多佛、還有全英各地的人民依然過著和平寧靜的生活。政府尚未宣布進入緊急狀態，海峽對岸遙遠的砲火聲還不足以破除魔咒。這是個和平時期的典型周末：多佛鎮民隊在保齡球賽打敗了多佛駐軍隊，比數是八十八比三十五、當地的足球隊輸給了錫廷伯恩（Sittingbourne）……人們在格蘭維爾花園廣場上溜冰、每周播映一次的綜藝秀宣布推出新的節目，主打格姆三兄弟（The Three Gomms）的「搞笑鬧劇」。

白廳的氛圍完全不同；政府沉重地意識到英國此刻已大難臨頭。前來跟邱吉爾開會的雷諾也鬱鬱寡歡。他覺得一旦法國大部分地區受到占領，貝當（Pétain）將會提出停火協議。

行動的時候到了。五月二十六日周日下午六點五十七分，海軍總部向多佛發送信號：「發電機行動開始。」

這時，拉姆齊將軍有一百二十九艘渡輪、近海商船、斯固特和小型船隻可供使用，其他船隻正陸陸續續趕來，而發電機室裡的人員運作順暢。儘管如此，這仍然是一次極其艱鉅的任務。海軍總部並不期望在兩天內運回四萬五千人以上。在那之後，撤退行動恐怕會在敵軍的掣肘下告終。

「此刻，我身負有史以來最困難且危險的行動之一，」拉姆齊當天夜裡寫信給瑪格（事實上是二十七日凌晨一點），「除非上帝眷顧，否則此次行動肯定會伴隨許多悲劇。我簡直不敢去想這次行動，或者接下來的日子將會如何。」

然而，這一刻的最大危機遠超出拉姆齊的掌控範圍。關鍵問題在於最後是否能有超過寥寥幾名士兵抵達敦克爾克。希特勒的「休止令」已撤銷了，德國裝甲部隊再度啟動；成千上萬名盟軍士兵依然深陷法國與比利時境內。撤退走廊能否維持通暢，足以讓這些部隊趕赴海岸？哪些行動可以幫助部隊堅守走廊？如何爭取到撤退所需的時間？

4 敦克爾克的法文拼法是 Dunkerque，英文則是 Dunkirk。

4 THE MIRACLE OF DUNKIRK

爭取時間

對邱吉爾而言，加萊是關鍵所在。這座古老的法國港口位於敦克爾克以西二十四英里，雖然已被德軍圍困，卻仍然在英軍手上。首相決定死守加萊，戰到最後一兵一卒；如此可以消耗倫德施泰特的部隊、拖延德軍前進，為英國遠征軍爭取撤退到海岸所需的時間。

儘管如此，這並非一個容易的決定。它意味著在英國難以承受折損戰力的時候，刻意犧牲三千名訓練有素的官兵。拯救大批英國遠征軍本就希望渺茫；讓這群官兵回到本土戰場保家衛國、抵禦敵軍的入侵，豈不是更明智的做法？

這項決策尤其讓安東尼．艾登備感煎熬。他曾長期服役於國王皇家步兵團，也是此刻駐守加萊的軍團之一。命令他們戰到最後一刻，無異於強迫他的幾位好友慷慨就死或被俘。

五月二十五日晚上，當政府終於決定走這一步，海軍總部大樓的晚餐氣氛低迷。邱吉爾默不作聲地撥弄食物，然後離開餐桌，喃喃自語地說，「我不太舒服。」晚上十一點半，總部對加萊駐防司令的尼克遜准將（Claude Nicholson）發出最後一通電報：

> 你們每多堅持一個小時，都會對英國遠征軍產生莫大幫助。政府因而命令你們持續奮戰，並且對你們的堅強守備致上最高敬意。

對尼克遜准將來說，這是害他東奔西跑、把他搞得糊里糊塗的一連串指令中的最新消息。四月下旬以前，他的第三十步兵旅原本預定前往挪威。而當挪威戰敗，邱吉爾決定把他們調來法國海岸襲擊德軍側翼，正如他先前服役的海軍旅在一戰期間的行動。

第三十步兵旅是能讓德軍大為頭痛的部隊。在三個營當中，有兩營兵力（國王皇家步兵團第二營及第一步兵營）是精銳的正規軍，剩下的一營（維多利亞女王步兵團第一營）雖是業餘的國土軍，卻是全英國最傑出的一支，擁有全副機械化裝備。為了增強戰力，邱吉爾加派原本就基於另一項命令而前往加萊的皇家第三坦克團。

五月二十二日上午十一點，幾支坦克中隊和維多利亞女王步兵團率先動身，從多佛航向加萊。為了迅速啟程，維多利亞女王步兵團拋下他們的全部車輛。第三坦克團倒是帶了他們的戰車，不過裝在船艦底部。到了加萊，卸載的工作似乎永遠沒完沒了。

行動都還沒開始，一位搗亂計畫的人物便翩然駕臨。高特的行政官布朗里格中將，在回英國的途中突然現身加萊；他之前一直在布洛涅設立英軍的後方司令部。身為現場最高軍官，他自行下令坦克部隊往西前進，與防守布洛涅的部隊會師。由於布洛涅已被完全隔絕，部隊得在還沒卸載完畢前趕緊動身。

當天晚上，來自高特總部的貝利少校為坦克部隊帶來截然不同的命令：他們必須往南（而不是往西），跟聖奧美爾的英國遠征軍會合。然後此刻人在多佛的布朗里格再度下令：他們必須依先前的命令前往布洛涅。左右為難的坦克中隊終於在二十三日下午一點半出發前往聖奧美爾，不過途中受到德軍裝甲縱隊阻擋，不得不退回原處。

那天下午，尼克遜准將和第三十步兵旅的其餘官兵一起抵達加萊。他也奉布朗里格將軍之命，準備帶領部隊往西前進布洛涅。不過還在卸載的時候，陸軍總部下令他們往東前往敦克爾克（相反方向），替高特的軍隊運送三十五萬份口糧。運送隊伍在五月二十三日到二十四日間的晚上出發，只不過很快就遇上不可避免的德軍裝甲部隊。經過一場激烈夜戰，三輛護航的坦克成功突圍，抵達高特的陣線。不過其餘運輸隊伍不是遭到殲滅，就是退回加萊。

加萊顯然已被隔絕。不論布朗里格或其他人命令他們朝哪個方向前進，英軍都無法突破重圍。光是固守加萊本身，尼克遜便已應接不暇。他提議部署他的三個營外加剩餘的二十一輛坦克以及幾支零星部隊，形成「外圍」與「內側」周邊防禦，捍衛加萊。

大約八百名法軍也在這裡集結，戍守加萊的古城堡和四座要塞。這些建築是偉大的法國軍事工程師沃邦（Vauban）在十七世紀建造的，至今仍堅固得令人嘆為觀止。幾架隸屬於法國海軍的骨董級海岸防禦機槍，讓防禦工事更添完備。

尼克遜的計畫是盡可能堅守加萊，然而當敵軍造成太大壓力，他會慢慢退向港口，準備好迅速撤離。陸軍總部在二十四日凌晨兩點四十八分傳來最新的訊息，表示「原則上」同意他們撤退。

到了下午，命令再度更改。當天，邱吉爾同意由法國的法加爾德將軍擔任海峽各大港口的守軍總司令。法加爾德遵循魏剛的理念，打算無限期堅守這些港口，作為盟軍在歐陸的橋頭堡，絕不允許加萊的守軍有任何撤退動作。在類似情況下，英國指揮官通常可以便宜行事，但是這次不行。二十四日晚上十一點二十三分，陸軍總部對尼克遜下達最新指令：

儘管凌晨向你傳達了撤退政策，但是事實上，你所在地區的英軍如今歸法加爾德指揮，而他下令不得撤退。為了盟軍的團結，你必須聽從指揮。所以說，你的角色是死守如今對英國遠征軍無足輕重的港口……。

邱吉爾在二十五日上午看到這則訊息時大為震怒。對他而言，加萊的作用是盡可能拖延德國大軍。法國人說不准撤退，無異於下令血戰沙場。如果是這樣，「盟軍的團結」以及把加萊形容得「無足輕重」，絕非激勵部隊奮戰到底的說辭。

邱吉爾著手草擬他認為有必要的訊息，文辭擲地有聲。然後艾登把這段話巧妙地修改成他個人對尼克遜的強烈請求。作為國王皇家步兵團的老戰友，艾登的話具有特殊份量：

盡全力死守加萊。這對我國至關緊要，因為這象徵我國與法國的持續合作。帝國的目光注視著加萊的防守，而女王陛下的政府深信你和你麾下的勇敢士兵將不辱不列顛的名聲。

尼克遜不必總部交代就能明白。正當艾登傳遞這份訊息的時候（當時是二十五日下午兩點），德軍第十裝甲師的霍夫曼中尉在一名法國軍官和一名比利時士兵的護送下，舉著休戰旗走進英軍陣線。霍夫曼被送進尼克遜在古堡內的指揮部。中尉開門見山地說：無條件投降，否則加萊將被夷為平地。

尼克遜同樣開門見山地寫下回覆：

1不可能，因為英軍的職責是戰鬥，跟德軍一樣。

2由於法軍上尉和比利時士兵沒有被蒙住雙眼，請恕無法遣回。盟軍指揮官承諾，這兩名官兵將受到嚴密看守，不得參與對德作戰。

疲憊的守軍持續奮戰。他們跟德軍的坦克與斯圖卡轟戰三天，一吋吋地慢慢敗退。此刻，他們藏匿在加萊北部靠近港邊的古城區。戰火的嘈雜聲漸漸平息；畢竟德軍也得睡覺。唯一的聲響，是黎胥留花園的夜鶯所唱著的、與戰況格格不入的顫音。

倫敦的最後一項訊息，傳播範圍比白廳任何一個人所料的更廣。德軍無線電情報處攔截到這項電文，津津有味地研究著——尤其是那句振振有聲的勉勵，「你們每多堅持一個小時，都會對英國遠征軍產生莫大幫助。」這是英軍計畫撤退的第一個可信證據。在此之前，對於英吉利海峽上越來越多的船隻活動，德國臆測有可能是盟軍計畫在德軍後方突襲登陸。其他人覺得這意味著盟軍預備在敦克爾克建立永久性的灘頭堡。不過這項最新訊息排除了上述種種推論。訊息的措辭表明撤退，別無其他可能。

這項訊息還有另一個有趣之處。加萊的地位，對英軍而言顯然比對德軍更重要。A集團軍總部曾告誡古德里安，千萬不要在這裡陷入成本高昂的街頭巷戰。古德里安本人也將這個港口視為次等目標——「精神地位高於軍事意義」。他抽出先遣的第一裝甲師，把加萊交給落在後頭的第十裝甲師，因為加萊「只具有地方重要性，不影響整體作戰計畫」。

不過如今攔截到這項有趣的訊息；倫敦不知基於什麼原因要求加萊奮戰到底。五月二十六日中午左右，A集團軍作戰官布魯蒙特利上校致電第十裝甲師指揮部，當時古德里安正在跟第十師師長沙爾中將（Ferdinand Schaal）開會。布魯蒙特利提醒他們不要在加萊耗費力氣。如果遭遇頑抗，就把加萊交給德國空軍解決。

沙爾覺得無此必要。他說他的進攻「勝利在望」，要求讓部隊繼續作戰。他預期在入夜前拿下加萊。

他頗有理由抱持樂觀。當天早上首先以一場驚天動地的斯圖卡轟炸揭開序幕。絕大多數英軍沒有經歷過這樣的恐怖經驗，飛機的呼嘯聲達到預期的恫嚇效果。國王皇家步兵團的二等兵桑福德，抱起一條同樣害怕的小狗衝進防空洞。桑福德和他的夥伴蜷伏在黑暗中，小狗則縮在角落裡抖個不停。他們不斷安撫牠，直到牠終於搖起尾巴；不知道為什麼，這讓他們覺得好過一些。

轟炸過後，他們走上到處是殘磚破瓦和碎玻璃的街道。這次空襲拆散了許多防禦部隊，桑福德從此沒回到自己的連隊。上午十點五十分，德軍攻進加萊北部，開始有條不紊地將防軍化為零星的抵抗。

通訊徹底崩潰，沒多久，尼克遜准將跟他的參謀以及幾名法軍就被孤立於古堡之中。到了下午三點，古堡被包圍。三點半左右，沙爾的一支步兵分隊衝破南面閘門。這就搞定了，敵方一旦攻進圍牆內，守軍便束手就擒。尼克遜准將高舉雙手，從指揮站走出來面對俘獲他的敵人。

港口邊還有幾支孤軍繼續反抗。在碼頭附近的據點，維多利亞女王步兵團的華特士官長躲進貫穿一號稜堡的地道，其他部隊也在此聚集，士兵們東奔西竄，亂成一團。越來越多傷兵擠了進來，地道的一塊角落被騰出來做急救站。

一名冷靜的軍官終於挺身而出指揮大局。他指派一些人前往附近的要塞，並且命令另一群人（包括華特在內）拿法國機關槍在地道上方進行防禦。他們不斷發射機槍，德軍則一步步靠近，掃蕩周圍的抗軍。濱海車站先被占領，然後是鄰近的要塞。最後，一名英國軍官現身，指示華特一群人停火：他們已談妥投降條件。

華特等人拒絕服從。負責指揮維多利亞女王步兵團的麥卡尼中校出現了，弟兄們向他討個說法。他接到停火的命令嗎？麥卡尼給了否定的答案。事實上，他知道如果再堅持半個鐘頭，就能等到海軍前來營救。他問這群人是否願意投降，得到一聲慷慨激昂的回答：「不！」

麥卡尼於是走出去調查是誰下了停火令，理由何在？他很快帶著一堆壞消息回來：他們是最後一支抗軍，德國人已將他們全面包圍。敵軍的槍口對準地道兩端（地道如今擠滿了傷患），要是他們繼續反抗，對方會立刻開火。除此之外，德軍的大砲與坦克已就定位，斯圖卡也準備好再度回訪。中校繼續說道，另一名軍官擬好了投降條件，他只能照辦。弟兄們必須放下武裝。

這群人開始拆解兵器，直到一名德國軍官突然揮著手槍衝進來。他怒氣沖沖地叫他們停止拆解，趕緊高舉雙手走出稜堡。剩餘的盟軍士兵便這樣魚貫而出，蹣跚地走在手持輕機槍的兩列德國士兵中間。

華特無法想像更屈辱的經驗。他甚至不敢看同袍一眼，害怕在他們臉上看見他整個人由裡到外感受到的絕望。

然而，加萊還有未遭俘擄的英軍。信號兵萊特五月二十一日由多佛前來，負責此地的通信任務。二十六日，他的無線電設備已完全被毀，他轉而加入維多利亞女王步兵團一同作戰。下午三點鐘左右，他到了港口東面的防波堤，一艘紅十字會的工作艇停在那裡，萊特幫忙將傷者抬上船。

他和同伴目視工作艇安全離開，然後開始沿著防波堤走回碼頭。不過，他們還沒走到通向岸邊的棧橋，德軍便已占領港口，迫使萊特一行人留在防波堤上。他們躲到棧橋下的木樁與橫樑中間，希望能夠稍微掩人耳目。

他們忘了潮汐這一回事。海水逐漸上漲，沒多久，這群人便被迫現身。弟兄們心灰意冷地走向海岸舉手投降；但是萊特不肯。他聽說德軍不留戰俘活口，所以決定再撐一會兒。就算被發現，至少他能以自由之身死去。

半個鐘頭後，他改變了心意。他越來越孤單，覺得自己寧可跟朋友們死在一起，乾脆投降算了。他穿過木樁走向岸邊，棧橋上如今插著一面巨大的納粹旗幟。就在他快要走到第一個德軍哨口時，近海的兩艘英國驅逐艦開始對棧橋展開砲轟。

這讓他燃起了新的希望。剎那間，萊特再度改變心意。他向後轉，朝著大海的方向匍匐前進，時而鑽過木樁之間，以便混淆敵人。有一次，他甚至在迫擊砲打穿防波堤之處滾進了海裡。他泅泳穿越破口，爬回木樁邊，繼續向前。

在防波堤接近海口的地方，他欣喜若狂地發現四十六名英軍跟他一樣躲藏在木樁和橫樑之間。他們的頭頂上有一棟小型建築物，平時是港務人員的觀測哨，如今被在場最高階的皇家海軍上校占領。

太陽漸漸落下，天氣變得寒冷刺骨。萊特仍然因為先前滾進海裡而渾身濕透，現在冷得半死。他的新同伴幫忙他脫掉衣服，擠在他的身邊，企圖為他保暖。一名年輕的下級甚至摟住他；他們的鋼盔碰撞在一起，發出驚人的聲響，彷彿肯定會招來全加萊的每一名德軍。

不過，當萊特及其他弟兄爬上鐵梯，加入海軍上校所在的港務局觀測哨時，他們仍隱蔽在夜幕之中。上校顯然很有膽識，他竟然想辦法為大家燒了一壺熱咖啡。外頭，一名信號員持續用燈盞發出求救信號，希望被某艘英國船艦發現。終於回溫的萊特跛著嚴重瘀青的腳，躲到桌子下打盹。

「他們來了！」這聲喊叫吵醒了萊特。當時是清晨兩點左右，一艘小型的英國船隻正要入港。它沒有看見防波堤上的士兵，直接開到棧橋尾端停泊。一支登陸小組爬上岸，但是沒撐多久。德軍的機關槍開火，登陸小組急忙跑回船上，鬆開繩索，駛回大海。

當船隻再度靠近時，防波堤上的弟兄又呼又叫，瘋狂揮舞著燈光。別管會不會被德軍看到了，這是他們的最後希望。船隻再度忽略他們；然後就在最後一刻，船隻突然掉頭，小心翼翼地停靠在防波堤邊。萊特一行人匆忙登船。船隻衝向大海，下一個瞬間，港口的每一座槍砲便乍然迸發。

這艘船是古扎拉爾號海軍快艇，由布拉莫上尉負責指揮。他不知道加萊已經淪陷，所以把船隻開進港口，希望載回一些傷兵。雖然他遲了一步，不過還來得及營救防波堤上的一小群人。古扎拉爾號噗哧噗哧地朝多佛前進時，有人遞給萊特一些點心和咖啡。終於安全了，他覺得這是有生以來最棒的一餐。

布拉莫上尉並非當天晚上唯一一個不知道加萊失守的人；倫敦高層跟往常一樣搞不清楚狀況。清晨四點半，邱吉爾發電報給高特，正如他以往經常做的，他建議高特「趁加萊還支撐著，派遣一支縱隊過去增援，或許能有好機會。」

最後，當二十七日出現第一道曙光，英軍的三十八架萊桑德（Lysander）聯絡機飛越加萊上空進行投擲任務。他們損失了三架飛機，但是成功投擲了兩百二十四加侖的水、兩萬兩千枚彈藥以及八百六十四顆手榴彈。在底下等候的德軍卻之不恭，滿懷感激。

英國人民為加萊的抵抗深受感動。四百年來，他們對這塊地方存著一股特殊的情感。每個學童都知道有「血腥瑪麗」之稱的瑪麗女王在一五五八年因為一連串粗心大意而失掉這座港口，女王至死之際，「心上還刻著加萊的名字」。如今，這座城市再度淪陷，不過這次是以最崇高的方式、出於最崇高的動機──為高特的軍隊爭取時間。

不過那肯定不是最初計畫。在不同時候，尼克遜的部隊曾被指示去突襲敵軍側翼、去增援布洛涅、去防禦聖奧美爾、去護送口糧進敦克爾克、去展示「盟軍的團結」，一直到最後三十六個小時，爭取時間才成了最高指導目標。

然而他們真的爭取了多少時間？證據顯示，寥寥無幾。德軍只在加萊投入第十裝甲師而已。在「休止令」頒布以前，這支部隊應該還沒有抵達阿河防線；直到加萊失守以後，這支部隊才又重新行進。空襲期間，其他裝甲部隊也都原地待命。

有一個裝甲師──第一師──確實在二十三日往東疾行之際，順道重擊了加萊。它打算藉由突襲，猝不及防地奪下這座港口。但當德軍知道盟軍不可能不戰而降，便命令第一師不要浪費時間，趕緊繼續往東前進。從來不被德軍看重的加萊，可以留給仍然落在所有人後頭的第十裝甲師收拾。

即便攻下加萊之後，第十師還是沒有趕赴敦克爾克作戰。事實上，他們被派往另一個方向進行名義上的任務──守衛從加萊到歐德雷塞勒（Audresselles）的海岸。古德里安一直要到二十四小時後才判定，這個師的坦克能在敦克爾克派上用場。

事實上，德國陸軍總部覺得目前的兵力已足夠攻下敦克爾克。這一點在下達「休止令」的時候確鑿無誤。六個精銳的裝甲師沿著阿河防線部署，其中第一師及第六師距離敦克爾克不到十二英里。這樣的兵力足以輕鬆壓倒盟軍的零星防禦部隊。

休止令在五月二十六日撤銷時，這些裝甲部隊仍然留在原地。在這段過渡期間，法軍第六十八師移防格拉沃利訥，高特也設立了他的「阻攔點」（也就是據點）系統。不過大部分英國遠征軍仍然深陷法國和比利時境內，設法朝海岸撤退。

若要營救他們，仍然必須爭取時間，不過靠的不是英勇的加萊守軍，那已經結束了；這項任務必須由堅守撤退走廊沿線各個據點的部隊完成。這些據點不像加萊那樣牽引人心，有些村莊不過是地圖上的小點。

五月二十七日早晨在阿茲布魯克，一項壞消息傳到了第二二九野戰砲兵連：德國裝甲部隊擊破英軍側翼，砲兵連和德軍之間毫無屏障。撤退的時候到了，不過，他們反而拉了一門大砲擺在城南的十字路口。儘管希望渺茫，但求它能暫時掩護已暴露的側翼。砲兵連副連長陶德上尉爬上附近農舍的屋頂，看看前方是否有敵軍的蹤跡。

一架德國坦克在兩百碼外的樹籬後頭若隱若現。陶德連忙跑下來架設砲彈，不過貝克上士已經讓他的四名隊員進行了一次演習。他們在德國坦克還來不及回應時就發射了兩輪彈藥。對方以密集的機關槍砲火回應。另外兩輛坦克轟隆隆地出現；這三輛坦克對準貝克的大砲火藥齊發。

英軍的另一具野戰砲加入作戰。它本來在幾碼外進行維修，不過砲兵連士官長找到幾名志願兵，

五月二十四至三十日，盟軍撤退走廊
英吉利海峽
奧斯坦德
紐港
拉帕內
比利時
布雷沙丘
佛勒
敦克爾克
迪克斯穆德
格拉沃利訥
貝爾格
加萊
布爾堡
努德蕭特
東卡佩勒
西夫萊特倫
阿河
沃爾穆
烏凱爾克
伊普雷斯
萊德蘭蓋姆
波佩林格
卡塞爾
凱莫爾
聖奧美爾
阿茲布魯克
魯貝
斯泰貝克
斯滕韋克
普雷梅克
梅爾維爾
埃斯泰爾
里爾
埃普內特
法國
天堂村
費斯蒂貝爾
拉巴塞
拉巴塞運河
0
10 英里
防禦「阻攔點」或據點
周邊防線

包括一名廚師和一名機械維修工。他們把大砲掉頭，發動猛攻，直到用盡彈藥。貝克的火砲繼續獨力作戰，與敵軍針鋒相對。兩名隊員倒下，只剩下貝克和他的瞄準手。然後瞄準手也中彈，如今只剩貝克了。他繼續開火，靠一己之力又發射了六枚砲彈。然後，他也用盡了彈藥。

不過問題已經解決。三輛坦克轉彎，笨拙而緩慢地開走了。貝克打贏了。陶德上尉衝上前來，受傷的瞄準手向他致意。瞄準手興奮地握著上尉的手高喊，「長官，我們打敗了那些王八蛋！」

往南八英里，在高特的另一個據點埃普內特（Epinette），作戰的決心如出一轍，但是使用的武器有所不同。車基爾上尉帶著三件「玩具」上戰場——他的風笛、一把劍，以及一副弓箭。二十七日當天，當他以及大約八十名弟兄（多半隸屬於曼徹斯特步兵團第二營）預備好捍衛村落時，風笛和寶劍跟其他裝備一起被收起來了，不過他的弓箭就在手邊。

當德軍先遣部隊出現眼前，車基爾爬到穀倉閣樓，從平常用來把一袋袋穀物吊上來的垂直開口向外窺探。他立刻召喚兩名步兵上樓，命令他們連續擊發子彈，不過要等到他的箭射中敵軍的中間手後才開火。他舉弓、瞄準、放箭。步槍手聽見噗的一聲，立刻開始發射砲火。

車基爾的箭正中敵軍中間手的胸膛中央左側，他心滿意足地匆匆一瞥。步槍擊斃另外三名德國士兵，不過第五名逃到房子的角落躲藏。這也許是英國弓箭——六百年前扭轉克雷西（Crécy）和普瓦捷（Poitiers）戰役的武器——在歷史上最後一次用於兩軍交戰。

傳統也在高特運河防線系統的南部重鎮拉巴塞顯露無疑。負責守衛這座城市的卡麥隆高地兵團第一營，是最後一支在戰鬥中穿著百褶裙的蘇格蘭部隊。這樣的衣著有違規定，不過卡麥隆軍照穿不誤。起碼有一次，百褶裙達到了實用的功能。營副官杭特少校的腿部中彈，不過百褶裙的褶子削弱了子彈的威力。

卡麥隆軍接連兩天堅守陣地，擊退德軍的每一次渡河行動；只不過代價高昂，一次回擊之後，A中隊僅剩下六名弟兄，而這遠遠不足以鎮守如此千辛萬苦贏來的陣地。

五月二十七日上午，敵軍再度強行渡河，拉巴塞很快就被火焰和硝煙吞沒。在「隔壁」的費斯蒂貝爾村，多塞特兵團第二營聽到最後一通微弱的無線電信號：卡麥隆軍已被徹底包圍，請求允許摧毀部隊的無線電設備。

多塞特軍覺得接下來就輪到他們了。隨著德軍裝甲部隊慢慢逼近，C中隊總部反倒瀰漫一股奇特的雀躍——簡直稱得上虛張聲勢。有人替一部古董留聲機上了發條，一遍又一遍地播放歌曲《雷蒙娜》（*Ramona*）。這首歌的曲調能在許多人心中勾起月光和瀑布的畫面，但是對藍姆塞少尉而言，它將永遠跟費斯蒂貝爾以及那些金龜子似的坦克車連結在一起。

多塞特軍善用村中的建築物，勉力對抗敵軍直到入夜，然後奉命設法打道回埃斯泰爾（Estaires）。他們如今深陷敵軍的占領地，不可能走大馬路。他們必須在夜裡橫越原野，而且沒有地圖。營長史蒂芬森中校只能仰賴一只羅盤。

他們在晚上十點半出發，史蒂芬森領頭，後面有大約兩百五十名多塞特軍，以及跟自己部隊失散、各式各樣的「散兵游勇」。那是個闃黑、多雲的夜晚，這一行人很快跟敵軍出現第一次接觸。當時，史蒂芬森和一名出來巡哨的德軍上士撞個正著，中校拔出左輪手槍，一槍轟掉那個傢伙。附近的德國哨兵聽到這陣騷動，喊了一聲，「海因里希？」——但是沒有其他行動。多塞特軍鬆了一口氣，繼續在黑夜中跌跌撞撞地前進。

接著，他們來到一條橫阻撤退路線的大馬路，路上擠滿了敵軍的坦克與運輸車輛。一整個裝甲師正在前進。史蒂芬森的部隊趴在收割過的莊稼殘株上，看了一個多鐘頭的車隊表演——德軍的車輛甚至懶得關掉大燈。終於，川流不息的車輛出現縫隙，多塞特軍一溜煙衝過馬路，搶在下一組車隊進入視線範圍之前撲進灌木叢裡。

靠著史蒂芬森中校的羅盤指引，這一行人掙扎著橫越犁過的田地，翻過鐵絲網圍籬，蹚過臭水及腰的壕溝。黎明時分，他們來到一條運河前，水太深，無法涉水而過。會游泳的人拉成一條人肉繩索，幫助不會游泳的人渡河。一行人竟然成功了，只不過當運河在四分之一英里外繞了個彎回來，他們又得再來一次。

不過史蒂芬森的羅盤從未讓他們失望。正如他估計的，這一群多塞特軍在二十八日清晨五點踉踉蹌蹌走進埃斯泰爾，完成了長達八英里的壯遊。鎮守這座小鎮的法軍開開心心地跟這群筋疲力盡的新來弟兄分享水壺裡的紅葡萄酒。

事情並非總是如此喜劇收場。皇家諾福克兵團第二營，在洛孔（Locon）遭遇大舉越過拉巴塞運河的德軍，幾乎全軍覆沒。大約一百名倖存的士兵退回附近天堂村（Le Paradis）的一座農場。為了凝聚人心，代理指揮官賴德少校派遣二等兵泰迪，去跟躲在馬路對面另一座農場的守軍聯繫。

二等兵泰迪完成任務，但是回不去了。此刻，機關槍的砲火太猛烈，他無法過馬路。賴德和其他九十八位弟兄很快被德軍親衛隊骷髏師（SS Totenkopf）包圍進牛棚裡。德軍放火燒了農場，迫使諾福克軍投降。他們立刻走到附近的穀倉空地，卻遭到兩把機關槍掃射。親衛隊用手槍和刺刀解決沒被機槍打死的士兵——只除了二等兵歐卡拉罕及溥雷。他們倆雖然傷勢嚴重，卻成功躲在屍體底下逃過一命。

對街的泰迪很幸運地遭另一支部隊俘虜；這支部隊不是親衛隊，只是一般的德軍。泰迪的戰爭結束了，不過起碼他還活著。原來，這條馬路是兩支德軍部隊的分界；他至今仍覺得不可思議，這條滿是塵土和砂礫的小馬路，竟然是劃分生與死的界線。

天堂村、費斯蒂貝爾、阿茲布魯克——是弟兄們在這些村莊的頑強抵抗，為受困的盟軍爭取到迫切所需的時間，供他們沿著六十英里長的走廊北上敦克爾克。由幾輛法國坦克支援的英軍第二師受創最重，但是他們的犧牲，幫助了法軍的兩個師以及不計其數的英國遠征軍抵達海岸。

潰散的部隊湧入撤退走廊之際，德國空軍持續在天空中橫行無阻。除了炸彈之外，還有成千上萬張宣傳單從天而降，呼籲英國大兵棄械投降。收件人的反應不一而足。在皇家野戰砲兵團第五十八營，大多數弟兄把這些傳單看作笑話，正好可以拿來當衛生紙。第二五〇皇家野戰工兵連的士兵，則因為傳單上畫著敦克爾克的地圖而士氣大振；在此之前，他們並不曉得附近還有一條通往海岸的路徑維持暢通。達勒姆輕步兵團第六營的一名上士，翻來覆去地研究傳單上刺耳的字眼，然後向奧斯汀上尉報告：「他們肯定陷入了困境，竟然淪落到耍這種把戲。」

混亂的大軍如今以各種想像得到的方式湧入敦克爾克：東薩里軍團第一營的弟兄騎著借來的腳踏車；一名來自農村的皇家蘇塞克斯兵團第五營的士兵趕著一輛大馬車；一位沒戴帽子的准將在貝爾格的馬路上踽踽獨行；砲手羅伯李在敦克爾克近郊，看到一個傢伙腳踩溜冰鞋、手拿一把雨傘，從他身邊呼嘯而過；還有一個小夥子提著鸚鵡鳥籠趕路。不過，最常見的要屬射擊手艾倫的狀況，當他因為雙腳起了大水泡沒辦法行走時，兩名同袍充當他的枴杖，撐著他走完最後五里路。

在敦克爾克，沒有人準備好面對即將蜂擁而來的人群。法國海岸軍事總司令、海軍上將艾博利亞（Jean Abrial）隱匿在三十二號稜堡籌畫這座港口的防禦工作。他跟魏剛和布蘭查德一樣，把敦克爾克視為盟軍在歐陸的永久立足點。奉高特之命前來調派撤軍事宜的亞當將軍，這時尚未抵達。照道理，亞當應該聽命於法加爾德將軍，而法加爾德則是艾博利亞麾下的軍事指揮官。不過前提是法加爾德的命令「不得危及英軍的安全或福祉」——這是條跟大笨鐘（Big Ben）一樣大的豁免條款。在許多橋樑的爆破工作上，雙方已經出現了嚴重分歧。

為了加強溝通協調，英法雙方的指揮官在五月二十七日上午七點半於卡塞爾會面協商。這座城鎮位於敦克爾克南方十九英里的孤丘上，是高特最重要的據點之一，不過此時還沒受到攻擊。

亞當和法加爾德提早抵達，在正式會議開始之前，兩人已私下商量好如何保衛這個灘頭陣地。他們將設法防守西起格拉沃利訥、東至紐港（Nieuport），長約三十英里的海岸。內陸的周邊防禦將充分利用這塊地區縱橫交錯的運河，從格拉沃利訥往東南到貝爾格、再往東到佛勒（Furnes），最後到東北的紐港。法軍負責敦克爾克以西地區，英軍則負責整個東面。部隊退入陣地周界之後，法軍應留在西側，英軍則留在東側。沒有人提到還在更東邊陷入苦戰的比利時軍隊——英法雙方認為他們的情況太「渾沌不明」。

會議此時在杜索瓦吉飯店（Hôtel du Sauvage）的餐室展開，好幾張桌子扯掉桌巾併在一起。這是個簡單樸素的環境，唯有中央的一瓶雅文邑（Armagnac）美酒能稍微緩解氣氛。除了法加爾德之外，法國指揮官包括艾博利亞上將、布蘭查德將軍，以及來自魏剛總部的柯茲將軍（Koeltz）。代表高特的亞當將軍，則由布里奇曼上校以及英國遠征軍的軍需局局長林塞爾中將（W.G. Lindsell）陪同出席。

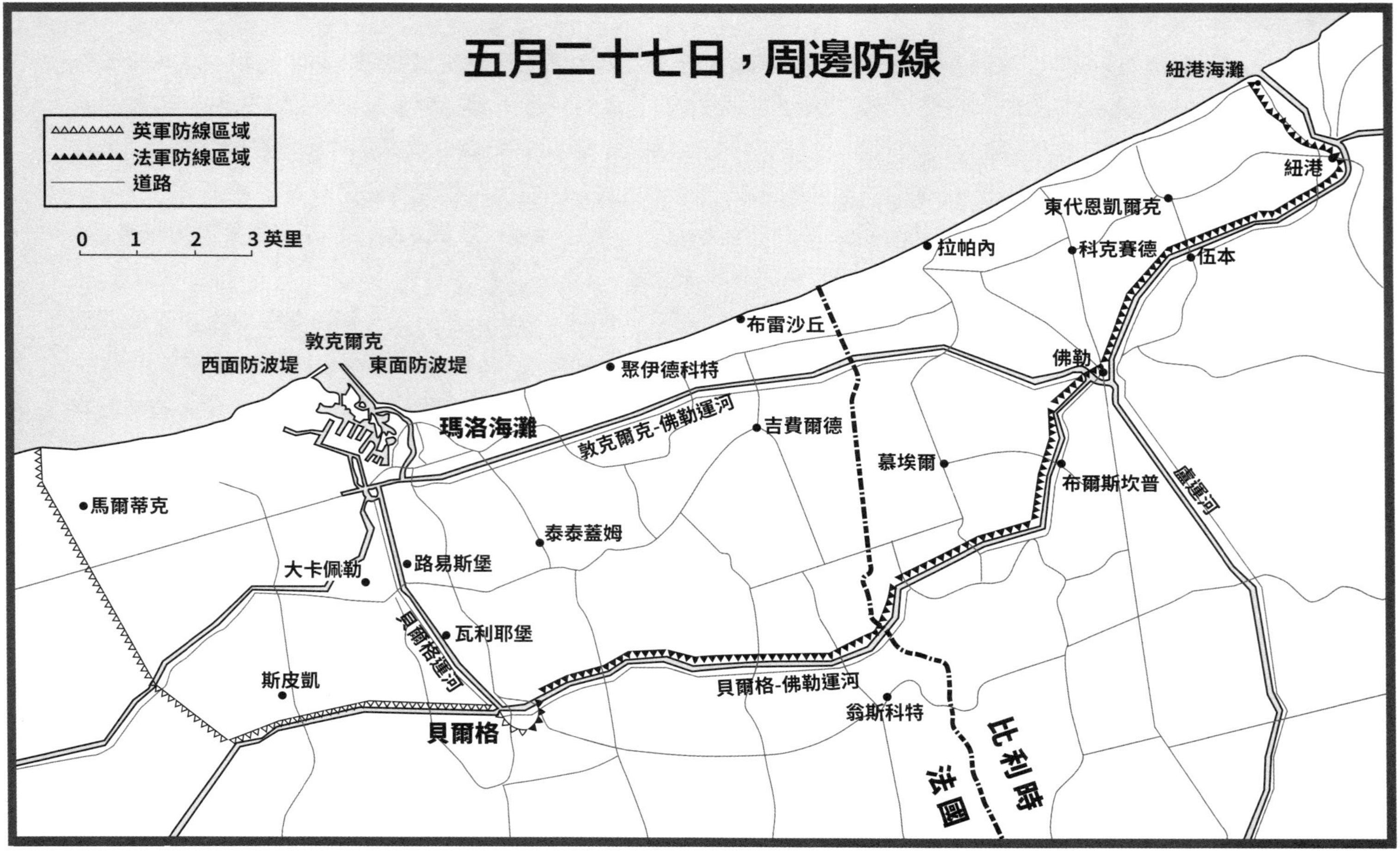
五月二十七日，周邊防線
英軍防線區域
法軍防線區域
道路
0
1
2
3 英里
紐港海灘
紐港
東代恩凱爾克
拉帕內
科克賽德
伍本
布雷沙丘
佛勒
敦克爾克
西面防波堤
東面防波堤
聚伊德科特
瑪洛海灘
敦克爾克-佛勒運河
吉費爾德
慕埃爾
布爾斯坎普
盧運河
馬爾蒂克
泰泰蓋姆
大卡佩勒
路易斯堡
瓦利耶堡
貝爾格運河
斯皮凱
貝爾格-佛勒運河
翁斯科特
貝爾格
比利時
法國

結果，這次會議的主要事項並非安排防禦計畫，而是由柯茲將軍轉達魏剛斬釘截鐵的首要命令。魏剛要求被圍困的軍隊轉變心態，進入戰鬥模式奪回加萊。法國將領同意一試，但是英國指揮官認為這個要求太荒謬可笑。若要生存就必須堅持下去，而不是發動攻擊。布里奇曼覺得柯茲滿口廢話，因此停止做會議紀錄。

「你怎麼不寫了？」林塞爾悄悄地問。

「沒有一句話值得記錄下來，」布里奇曼壓低聲音回答。

果不其然。法加爾德將軍的第六十八師受迫於德軍的壓力，不得不撤出防線尾端的格拉沃利訥，根本別提奪回加萊。二十七日深夜，法軍撤退到從馬爾蒂克（Mardyck）到斯皮凱（Spycker）再到貝爾格的新防線。

不過最起碼，如今灘頭堡的範圍界定清楚，防守的責任分配明確。法國大兵扼守環形防線的西半邊，亞當將軍則開始組織東半邊的防禦。依照布里奇曼的籌畫，防守區域切分成三個部分，英國遠征軍的每一個軍團各負責一個部分。確切地說，第三軍團將和法軍並肩防衛敦克爾克；第一軍團坐鎮中央，第二軍團則深入比利時邊境防守東面。兩條主要的運河：一條從貝爾格到佛勒，另一條由佛勒到紐港，將是最主要的防線。總體而言，這條防線距離海岸大約五到六英里，至少能保護海灘不受輕兵器的威脅。至於這條防線的指揮權，亞當有驍勇善戰的勞森准將（E.F. Lawson）可供差遣。

唯獨欠缺一項要素——兵力。卡塞爾會議在二十七日上午八點散會之際，英軍的防線還只是紙上談兵。勞森得動員跌跌撞撞湧進敦克爾克的部隊來鎮守防線，在亂兵當中碰碰運氣。後來，等到負責維持走廊暢通的正規軍也退到海岸，勞森就可以汰換掉這群雜牌軍；不過此刻，臨機應變再度成了最高指導原則。

為了解決燃眉之急，他大抵依賴在撤退中摧毀了兵器、如今只能充當步兵的砲兵。幾支小隊鎮守貝爾格到佛勒之間的防線，並且由跟部隊走散的十九名擲彈兵衛隊弟兄支援。第十二探照燈連的士兵在更東邊的佛勒挖掘壕溝，皇家工兵團的一支測量中隊則進駐了紐港。

勞森拼湊弟兄設立防線之際，布里奇曼上校則專注於協助大軍退回海岸。基本上，他計畫了三條主要路線——第三軍團前往敦克爾克東郊的瑪洛海灘（Malo-les-Bains）；第一軍團前往朝東六英里的布雷沙丘（Bray-Dunes）；第二軍團則繼續往東穿越比利時邊境，前往拉帕內。這三個小鎮都是海邊渡假村，到處是室外音樂舞台、旋轉木馬、海灘椅、休閒單車和色彩豔麗的咖啡館，整體環境與戰爭格格不入。

三個小鎮當中，拉帕內是最合理的總部地點。這裡是比利時與英格蘭間的電話電纜進入英吉利海峽之處，意味著可以與多佛及倫敦直接聯繫；這是其他地方做不到的。亞當在市鎮大廳設立指揮部；布里奇曼就是在這裡運籌帷幄，指導撤退大局。

有了計畫就得發布命令，發布命令就得用紙張，而這就產生一個全新的問題：沒有紙張可用。如同英國遠征軍摧毀他們自己所有的補給品與裝備，總司令部的紙張也全數付之一炬，以免落入敵軍之手。

布里奇曼底下的參謀官多福少校終於在地方文具店買到一疊粉紅色信紙。這些信紙比較適合寫情書，不過這是僅有的選擇。付帳的時候，多福費盡唇舌說服老闆娘接受法國法郎代替比利時法郎。

很難說眾多收件人最後是否接到了上校的粉紅色信紙。摩托通信員已經盡全力傳達命令，但是通訊狀況前所未有地艱難。儘管三個軍團基本上留在自己分配的灘頭，但是許多部隊對這些安排一無所悉，成千上萬名落單士兵隨心所欲、或者依照求生本能地任意走動。

他們湧進敦克爾克，奔向海灘——迷惘、困惑，而且往往群龍無首。許多後勤單位的軍官不知所蹤，留下弟兄們自謀生路；有些士兵躲到城裡的防空洞，在炸彈落下時互相依偎；有些人丟掉武器，手無寸鐵地在沙灘上漫步；有些人玩樂、游泳；有些人喝得爛醉；有些人不斷祈禱與誦經；有些人跑進空無一人的海濱咖啡館盡情暢飲，簡直跟觀光客一樣；還有一個人裝作漫不經心地脫掉短褲，手捧著平裝小說在岩石堆裡做日光浴。

在此同時，炸彈持續如雨點般落下。第二防空砲兵旅奉命保衛敦克爾克，布里奇曼上校抵達拉帕內之後，立刻指示砲兵旅聯絡官帕爾莫上尉：所有砲彈必須持續到最後一刻。多餘的砲手必須加入步兵團；派不上用場的士兵則必須前往海灘。帕爾莫向高特的防空總指揮官馬汀少將（Henry Martin）轉達命令，但是訊息在傳遞過程中出現了扭曲。馬汀以為所有高射砲砲手都必須前往海灘。

儘管很難理解為什麼像英國遠征軍這樣遭受激烈空襲的軍隊會首先撤退它的防空砲兵，不過馬汀從不質疑上級的命令。相反的，他只是推斷假使撤離砲兵，那麼他們的砲彈就沒有任何用武之地。與其落到敵軍之手，他不如下令摧毀他的三點七英吋重型武器。

五月二十七日到二十八日之間的午夜過後，馬汀前來亞當的指揮部報告任務完成。一名旁觀者覺得他志得意滿，俐落地敬禮後宣布：「所有防空高射砲都已摧毀。」

亞當不可置信地聆聽這句晴天霹靂，好長時間不吭一聲。最後，他終於抬起頭，卻只是說：

「你……白癡，滾蛋！」

於是德軍持續轟炸，英軍如今只能以波佛斯（Bofors）輕型高射砲，以及部隊的勃倫槍和來福槍設法抵抗。有些弟兄情急之下，甚至扯掉手榴彈的引信拋到空中，希望擊中某架低飛的敵機。更多人像皇家運輸勤務隊的巴森下士那樣爬進泰萊公司（Tate & Lyle）的廢棄糖箱；薄薄的木頭箱子沒有實際的保護作用，卻帶給人莫名的安全感。

他們的希望全都寄託於大海：英國的皇家海軍會來帶他們回家。加里波利（Gallipoli）、科倫納（Corunna）、西班牙無敵艦隊——幾世紀以來，陷入困境的英國人總能指望他們的海軍來扭轉敗局，而皇家海軍也從未讓人失望。但在五月二十七日這天晚上，事情卻不太一樣。

兵工廠維修隊駕駛員二等兵蓋茲，從瑪洛海灘望向大海，眼前空無一物，什麼船都沒有；只除了一艘破損嚴重的法國驅逐艦在幾碼外的沙灘上擱淺，船頭幾乎跟船身分離。

一會兒之後，一艘英國驅逐艦映入眼簾……然後是停泊在四百碼外的三艘泰晤士河平底船，最後是各自拖著幾隻小艇的十四艘漂網魚船。這對海灘上迅速膨脹的人群來說，無異於杯水車薪。

東邊的局勢還更惡劣。在拉帕內，隸屬於總部的皇家海軍軍官莫頓上校走到海灘視察情況。近海處有三艘單桅帆船，不過沒有任何小型船隻可以幫忙接駁。

半晌之後，一艘機動船拖著小艇出現了。身為海軍，莫頓對各種船隻略知一二，他趕緊抓住船舷上緣，以免小艇突然被大浪打橫。船長以為莫頓意圖搶船，往他頭頂上開了一槍。

莫頓設法讓對方相信他沒有惡意，不過這起事件突顯出整個救援行動的不足。還需要更多船，尤其是許許多多小船。

莫頓回到亞當將軍的指揮部，說明船隻短缺的情況。亞當致電倫敦，希望激起另一端投入更多行動。然後他批准莫頓帶著顯示部隊聚集之處的地圖回到多佛，直接向拉姆齊將軍報告。

莫頓此刻再度回到海灘，搭了順風船登上近海的一艘單桅帆船，接著要求船長送他橫渡英吉利海峽。或許，他可以說明這項任務的真正規模。倘若沒有足夠的船隻，那麼盟軍如此千辛萬苦在佛蘭德斯爭取到的時間，都將化為烏有，付諸東流。

5
THE MIRACLE OF DUNKIRK

兵多舟少

拉姆齊將軍在緊鄰發電機室的辦公間裡，客客氣氣地聆聽莫頓上校陳述敦克爾克的危急情勢，以及海軍需要如何投注更多心力，以便營救更多的弟兄。莫頓的心直往下沉，他覺得自己的觀點未獲採納……覺得在皇家海軍中將大人面前，區區的水兵上校根本沒有什麼分量。

莫頓完成交辦任務，返回法國，向亞當將軍的總部報到，然後回到海灘繼續工作。在這段期間裡，船隻的數量依舊寥寥無幾，不過這並非因為拉姆齊無法體會實際需求。他主要仰賴私人船隻——渡輪與遊艇之類的；原本希望每三個半鐘頭派出兩艘船舶，不過排程很快就被攪得一團亂。

最先受到派遣的是曼島船運公司的郵輪夢娜島號（Mona's Isle）。它在五月二十六日晚間九點離開多佛，一路風平浪靜，於午夜左右抵達敦克爾克港口站。二十七日黎明，它滿載一千四百二十名官兵啟程返航。女王皇家兵團第一營的史諾登少尉疲憊地倒在甲板下方呼呼大睡，接著突然被一陣聲響驚醒，彷彿有人在敲擊船身。結果是德軍的砲轟。為了避開淺灘和水雷區，敦克爾克和多佛之間的最短路徑（稱為Z路線）必須緊貼敦克爾克的西部海岸航行幾英里。過往的船隻成了完美的目標。

夢娜島號被數枚砲彈擊中，然而奇蹟似地，這些砲彈並未爆裂。然後船尾中彈，尾舵被打掉了。幸好，這是一艘雙螺槳船，可以設法靠螺旋槳維持航向。船隻慢慢駛出火力範圍，部隊再度定下心來。史諾登少尉回到甲板底下睡覺，其他人則留在甲板上，沉浸在明燦燦的晨光裡。

然後少尉再度驚醒——這一次，甲板上傳來彷彿冰雹的聲音。六架 Me109 正以機槍掃射船隻。基利波普上士孤軍奮戰，他獨自匍伏在船尾的槍砲下，勇敢地回擊。四顆子彈射穿他的右臂，不過他繼續射擊，直到敵機轉身離去。二十七日中午左右，夢娜島號終於搖搖擺擺地返回多佛，船上二十三人喪生，六十人受傷。從拉姆齊的角度來看，同樣糟糕的消息是，這趟四十英里的旅程花了十一個半鐘頭，而不是平常的三個鐘頭。

不過這一回，其他船隻也嚐到了德軍槍砲的滋味。兩艘小型近海商船順從號（Sequacity）和月達爾號（Yewdale），在二十七日清晨四點動身前往敦克爾克。接近法國海岸時，順從號的右舷中彈，砲彈從吃水線附近貫穿船身，然後從左舷射出。另一顆砲彈擊中引擎室，打爆了幫浦。順從號接著又中了兩枚砲彈，船身開始下沉。月達爾號接起順從號的船員，在四射的砲彈中被迫折返英國。

上午十點以前，另外四艘船隻也被迫返航。沒有一艘船能穿越海峽，拉姆齊中將的排程被打得亂七八糟。不過他是個足智多謀、不屈不撓的人；發電機室的人員受他感染，立刻著手修正計畫。

Z路線顯然行不通了，最起碼在白天是如此。另外有兩條不怎麼吸引人的替代路線。往東北方向前進的X路線可以避開德軍攻擊，不過路徑上充滿危險的淺灘和密集的水雷。至少在此刻，這條線也出局了。最後是Y路線：這條航線朝東北方走更長的距離，遠至奧斯坦德，然後突然轉變方向，往西折回英國。Y路線比較容易航行、水雷較少，而且免於德軍砲彈的威脅；不過比起五十五英里長的X路線和三十九英里長的Z路線，這條八十七英里的路徑長得多了。

這表示橫越英吉利海峽的旅程，會比原先計畫的多出兩倍時間。換句話說，要維持拉姆齊的排程，必須增加兩倍的船隻。

儘管如此，起碼在掃清X路線的水雷之前，這條路徑是唯一希望。二十七日上午十一點，第一支艦隊，共有兩艘運輸艦、兩艘醫護船和兩艘驅逐艦，離開多佛，將近六小時後抵達敦克爾克近海。

不過一切努力基本上全屬白費工夫，因為敦克爾克此時正遭受德國空軍重擊，港口完全癱瘓。皇家水仙號（Royal Daffodil）想辦法接了九百名士兵，不過其餘船艦被警告要保持距離：沉船的風險太高，有可能阻礙港口交通。有鑑於此，這支艦隊立刻掉頭，火速返回多佛。

當天晚上，又有四艘運輸艦和兩艘醫護船行經Y路線抵達。坎特伯里號（Canterbury）運輸艦在港口站接起四百五十七名士兵，不過德國空軍隨後展開夜襲，看來港口交通可能再度受阻。

坎特伯里號拔錨之際接到岸上傳來的信號，指示它阻止任何試圖進港的船隻。它將信號傳給在外圍等候的幾艘船，後者再傳遞給其他船隻。那天晚上，海上不只一名信號手缺乏經驗，訊息難免受到

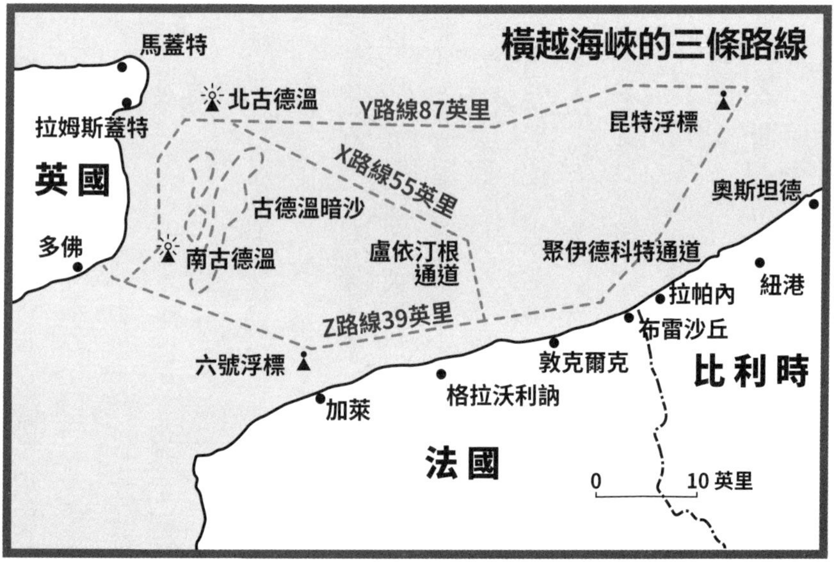

曲解。等到一艘路過的船隻向經由Y路線過來的蒂利號（Tilly）斯固特發送警告時，信號是這麼說的：「敦克爾克已經淪陷，被敵軍占領。切勿靠近！」

蒂利號是當天下午一同從多佛丘陵出發的六艘斯固特之一。至於為什麼要去敦克爾克，艦長克雷蒙茲少校毫無概念。他唯一的線索是出海之前被人扔上船的四百五十件救生衣——對於只有十一名船員的小組而言，數量未免多了一些。如今，有一艘船叫他從原本就不明所以的行程返航。跟旁邊的斯固特商量之後，他改變航向，回到多佛等候進一步通知。

其他幾艘斯固特在紐港近海盤旋了一陣子。他們也收到過往船隻的信號，得到敦克爾克已經淪陷的消息，於是也同樣掉頭返航。這一天的結尾是，一艘拖吊船拖曳的兩串救生艇被撞翻，散落海中。

這一連串事故與誤會，說明了五月二十七日在海灘上等待救援的士兵，為什麼只見到寥寥幾艘船隻。當天只撤離了七千六百六十九人，多半是在發電機行動正式啟動之前就被多佛派來的船隻撤走的「米蟲」。照這種速度，要接回整批英國遠征軍得花四十天的時間。

隨著壞消息接踵而至，拉姆齊將軍及他的發電機室人員絞盡腦汁，設法再度展開行動。顯然需要更多艘驅逐艦以替船隊護航、擊退德國空軍、協助接運士兵、為較長的Y路線提供屏障。拉姆齊接二連三向海軍總部緊急求援：取消驅逐艦的其他任務，把它們調往敦克爾克。

美洲豹號（HMS Jaguar）接到立刻返回英國的命令時，正在寒冷而霧氣濛濛的挪威海域執行護航任務；哈凡特號（Havant）停靠在蘇格蘭西部青翠山嶺間的格陵諾克（Greenock）；收割機號（Harvester）是一艘全新的驅逐艦，此刻正遠在多塞特海岸的南端受訓。所有可調動的驅逐艦，一艘接著一艘奉命「即刻」前往多佛。

薩拉丁號（Saladin）是一九一四年的老骨董了，命令傳來的時候，它正在西岸航道執行護航勤務。其他護衛艦也收到類似命令，而且全都立刻聽命行事，任憑被護送的十二到十四艘船隻自求多福。這是個危險的海域，薩拉丁號的通信官馬汀尋思，船隊的船東見到他的保護人就這樣揚長而去，不知道有何感想。

驅逐艦上的船員大多不明就裡。在薩拉丁號，經手絕大部分訊息的馬汀注意到「發電機」這個代號，但是不明白代號的意義。他只知道，要他們在這塊大西洋海域拋下一支船隊，事情肯定非常嚴重。

當各艘驅逐艦抵達多佛，並且接獲命令即刻前往「敦克爾克以東海岸」時，開始出現紛然雜陳的臆測。在麥爾坎號（Malcolm），領航員梅里斯上尉認定他們是要去搭救幾支被隔絕的部隊。幸運的話，應該能在幾個鐘頭之內完成任務。安東尼號（Anthony）跟一艘載著大約二十名士兵回返英國的機動船擦身而過。值班軍官隔海大聲詢問是否還有更多士兵。「還有他媽的好幾千人，」有人大喊著回答。

美洲豹號在五月二十八日凌晨悄悄滑向法國海岸時，天色尚黑。當曙光乍現，鍋爐下士桑德斯看見船隻正緩緩朝一道美麗的白色沙灘靠近，沙灘上似乎種滿了灌木。然後灌木開始移動，形成一條條指向大海的隊伍；桑德斯頓時明白他們是人，是成千上萬名等待救援的士兵。

從敦克爾克到拉帕內的整條海岸地勢平緩，傾斜角度很低，就算漲潮，驅逐艦最多只能前進到距離沙灘一英里的近海。由於現場沒有小型船隻，驅逐艦必須利用船上的小艇來接駁士兵。小艇人員不習慣這種任務，士兵們更不用說。

有時候，士兵會同時爬上同一邊，導致小艇翻覆；還有些時候，太多人擠進同一艘小艇，以至於擱淺或沉沒。更常見的情況是，他們一抵達救援船舶就拋棄小艇，任由馬達被細沙塞住、推進器捲進垃圾、船槳遺失。五月二十八日凌晨在瑪洛的近海，軍刀號（Sabre）的三艘小艇花了兩個鐘頭，只接引到一百名士兵。麥爾坎號在拉帕內的紀錄更糟，十四個小時只接了四百五十人。

「兵多舟少，」戒備號（Wakeful）驅逐艦在二十八日清晨五點零七分向拉姆齊傳送無線電訊息，言簡意賅地直指問題核心。當天一整天，戒備號及其他驅逐艦不斷向多佛傳送訊息，要求加派小型船隻。發電機室轉而催促倫敦。

小型船隻局正全力以赴，不過整理船東寄來的登記資料，需要花一點時間。這時，船務部的里格斯想到了一條捷徑。何不直接接洽泰晤士河沿岸的各個造船廠？戰爭期間，許多船東都把船隻閒置在岸邊。

在泰丁敦（Teddington）的塔夫兄弟造船廠，老闆道格拉斯・塔夫一大清早接到海軍上將普雷斯頓爵士親自打來的電話。撤退行動仍屬機密計畫，不過普雷斯頓對塔夫吐露消息，向他說明問題的本質以及軍方需要的船隻類型。

將軍找對人了。塔夫家族已經在泰晤士河做了三代生意。現在的造船廠是道格拉斯・塔夫在一九二二年創立的，他對河上的每一艘船瞭若指掌。他願意為將軍效命，幫忙徵調所有合適的船隻。

最先徵調的十四艘船已經在造船廠裡了。工頭哈利率領十四名工人迅速卸下船上的軟墊和瓷器、拆掉平時使用的裝備、確保引擎運作正常，並且把油缸加滿了油。

塔夫本人則在泰晤士河上下游之間來回奔波，挑選他認為經得住這項任務的其他船隻。大部分船主願意配合，有些人甚至隨著船隻一同前來。少數人拒絕了，不過塔夫照樣徵用他們的船。有些人根本被蒙在鼓裡，直到後來發現船隻不見、向警方報案「失竊」時才真相大白。

在此同時，自願工作者到塔夫家集合。他們多半是業餘人士，來自「小船俱樂部」這類團體，或是一個名為「河上緊急救援服務」的戰時組織。這些仕紳將船隻開往下游，照計畫在紹森德（Southend）交給海軍接手。

當然，小型船隻局不只向塔夫求援。它基本上接洽了從考斯（Cowes）到馬蓋特（Margate）的每一家造船廠和遊艇俱樂部。但它通常沒有詳加說明，只描述了船隻需要航行的里程。在利特爾漢普頓（Littlehampton）的威廉奧斯本造船廠，關恩老鷹號（Gwen Eagle）和班吉歐號（Bengeo）艙式遊艇似乎符合條件。港務長立刻調派當地人手，兩艘船順利出航。

小型船隻局通常直接跟檔案中的船主聯繫。基本上每艘船隻都必須申請許可，但是文件往往早已失去時效性。

儘管後來傳出許多英勇犧牲的故事，不過某些案例起初非常棘手。普雷斯頓的助理祕書貝瑞曾經跟一名遺產執行人糾纏不休，後者堅持釐清誰該支付船隻下海時的三英鎊費用。不過大部分時候他所面對的，類似船主來詢問自己是否可以回船上拿威士忌。當貝瑞回答來不及時，對方只表示希望找到酒的人可以好好享用一番。

發電機室也不只向小型船隻局求援。位於查塔姆的皇家海軍岬角指揮部搜索泰晤士河入海口，尋找吃水淺的駁船。倫敦港務局卸下福倫丹號、杜巴爾城堡號以及其他正好停在港口的遠洋輪船的救生艇。皇家救生艇學會（Royal National Lifeboat Institution）則送來東部及南部沿海的每一艘救生艇。

陸軍提供了八艘登陸艇，不過必須想辦法把它們從南漢普頓運送過來。發電機室裡負責聯繫船務部的吉米・基斯致電倫敦的海運局，向貝勒米求援。就那麼一次，問題順利解決。貝勒米翻閱檔案，發現此刻停泊在南漢普頓的麥卡利斯特氏族號（Clan MacAlister）大型貨輪，具有特別強力的起重吊桿。它在二十七日早晨開始裝載登陸艇，下午六點半便啟程南下索倫特（Solent）。

船上有一群不尋常的乘客，他們是負責操作登陸艇的四十五名水兵及兩位預備軍官。和斯固特的組員一樣，他們也是從查塔姆海軍營區徵調過來的人員。有時候，船隻很幸運地遇到經驗豐富的組員。不過通常的情況是像祖國號（Patria）斯固特那樣——舵手不會掌舵，輪機員第一次接觸船用柴油機。

拉姆齊將軍的手下繼續在發電機室內馬不停蹄地工作。似乎有做不完的事，而每件事情都必須立刻解決：清除X路線的水雷、要求皇家空軍派出更多戰機進行掩護、找出更多把路易士機槍、派遣加爾各答號（Calcutta）防空巡洋艦抵達現場、修理受損船隻、替換疲憊不堪的船員、送飲用水給被圍困的部隊、準備援救傷患、取得最新的氣象預報、組織大約一百二十五艘維修艇，替目前聚集在希爾尼斯的小型船隻進行維修，以及盡速召集一些人製作梯子。

「可憐的摩根，」拉姆齊在寫給瑪格的信中描述他手下所受的影響，「他繃得太緊了，迫切需要休息。『旗子』看起來跟鬼一樣，祕書一夜之間突然變老。事實上，我的手下全都筋疲力盡，而我看不到任何放鬆的機會。」

不過，拉姆齊倒是見到了屬於他自己的一絲曙光。海軍中將薩默維爾爵士（Sir James Somerville）從倫敦南下，自願偶爾接手拉姆齊的工作，好讓他休息一下。薩默維爾的個性極富魅力，深受下級軍官景仰。他不僅是完美的替補人選，更十分擅長解決問題。他在五月二十七日抵達後不久，遇到真誠號（Verity）驅逐艦的人員士氣瓦解。這艘船兩度橫越英吉利海峽，遭受嚴重砲擊，船長受到重傷，船員瀕臨崩潰，一名水手甚至企圖自盡。當代理艦長前來多佛城堡報告狀況，薩默維爾跟他一起回到船上，對所有船員發表演說。他知道精神喊話的效果有限，因此讓真誠號休息一夜。隔天一早，它就重回工作崗位。

對薩默維爾、拉姆齊以及發電機室的整組人馬而言，撤退已成了一項執念。所以，當三名法國海軍高階軍官在二十七日前來多佛討論如何維持敦克爾克的補給（以及其他眾多事項）時，這三人彷彿來自另一個世界。

法軍從魏剛將軍以降，仍然將敦克爾克視為歐陸的永久據點。就連溫文爾雅的海軍參謀長達朗上將（Darlan）也不例外。他的副手奧方上校負責組織灘頭陣地的補給線，而奧方認為漁船是最好的選擇，他的人手已經在諾曼地和布列塔尼各地徵調了兩百多艘漁船。

此時，達朗聽到令人不安的消息。派駐高特指揮部的聯絡官表示，不論法軍走或不走，英軍正考慮撤退。法國決定派奧方前往多佛，與勒克萊爾少將（Marcel Leclerc）以及法國海軍駐倫敦代表團團長歐登達爾中將（Jean Odend'hal）會合，透過第一手評估來釐清局勢。

奧方與歐登達爾率先抵達。他們在軍官餐廳等候勒克萊爾時，歐登達爾看到幾張熟悉的英國面孔。他們是那些「坐辦公桌的」——歐登達爾每天在海軍總部接觸的人。然而他們此刻出現在多佛，而且全身戎裝。歐登達爾打探內情。「我們來參與撤退行動，」他們回答。

兩名訪客大為震驚。這是法國海軍第一次親耳聽到英軍不僅「考慮」撤退，而且還已經開始收兵了。這時勒克萊爾也到了，三人一同面見拉姆齊。拉姆齊向他們說明發電機行動的最新情況：奧方開始重新部署他的漁船艦隊。與其為灘頭陣地提供補給，這些漁船現在要用來撤離法國部隊。英法海軍將攜手合作，不過雙方達成默契，兩國各自載運自己的士兵。

隔天（二十八日）奧方回到法國，匆匆趕往位於曼特儂（Maintenon）的法國海軍總司令部，向達朗匯報情況。達朗聞言為之愕然，立刻帶著上校晉見魏剛將軍。魏剛也同樣吃驚。奧方發現自己竟然在跟盟軍最高司令報告英軍的行動，處境尷尬。

很難理解他們為什麼全都如此震驚。五月二十六日下午，邱吉爾已將英軍計畫撤退的消息告知雷諾，並且敦促法國總理發布「相應的命令」。二十七日清晨五點，艾登向魏剛總部的英國聯絡官發送無線電訊息，詢問當法軍退回仍由盟軍掌握的法國領土時，法方希望將撤退部隊安頓何處。同一天上午七點半，英法兩國指揮官在卡塞爾開會商討敦克爾克的「灘頭部署」——但其實他們談論的只能是撤退。

私底下，法軍應該早就得知高特的想法。早在五月二十三日，英國聯絡官雅屈戴爾上校就來法國第一軍團總部，跟他的對應窗口法維勒上校做非正式的道別。法維勒料想撤退已勢在必行，因此告訴他的上級布蘭查德將軍。後者於是派法維勒前往巴黎向魏剛報告。盟軍最高司令在五月二十五日上午九點聽到了消息。

儘管如此，當奧方在二十八日表示英軍已開始撤離時，魏剛仍然感到驚訝與不解。最可能的解釋也許是法軍的通訊已徹底瓦解。被困在佛蘭德斯的部隊跟魏剛總部斷了聯繫——而兩者間唯一的管道，是經由法國海軍轉手無線電信號，然而位於曼特儂的海軍總部和巴黎有七十英里的距離。

正因如此，重要訊息不是受到耽擱，就是徹底遺失。各指揮部如同瞎子摸象，各自為政，彼此間沒有一致的政策方向或戰術：雷諾接受撤退；魏剛打算建立龐大的灘頭陣地，包括奪回加萊；布蘭查德跟法加爾德放棄加萊，但仍然計畫在敦克爾克四周建立規模較小的灘頭堡。法國第一集團軍軍長畢洛將軍（General Prioux）則誓死在南部的里爾一帶堅守最後的陣地。

相較之下，英軍如今上下一心，擁有同一個目標，也就是撤退。如同歐登達爾注意到的，即便來自陸軍總部的高階參謀官都下海操作小型船隻，或者在海灘上執行任務，而他們往往是受到緊急徵召。

坦納特上校（William G. Tennant）就是其中之一，這位瘦削的後備航海專家，平時在倫敦擔任第一海務大臣（First Sea Lord）的參謀長。他在五月二十六日下午六點接到命令，八點二十五分就搭上前往多佛的火車。坦納特受命擔任敦克爾克的海軍資深官（Senior Naval Officer，簡稱 SNO），負責指揮灘頭的撤退行動。身為海軍資深官，他將在八名軍官和一百六十名士兵組成的海軍岸勤大隊支援下，管理救援艦隊的分配與搭載。

他中途在查塔姆海軍營區短暫停留，於二十七日上午九點抵達多佛。在此同時，一輛輛巴士載著他的岸勤大隊離開查塔姆。大多數人員仍然對狀況一無所悉。根據流言，他們即將負責在多佛峭壁上操作六英吋口徑的火砲。一等兵弗萊徹滿心歡喜：這樣一來，他的駐紮地就離家不遠。

他很快得知真相。一抵達多佛，這群人立刻被編制為每二十人一小隊，每隊由坦納特的八名軍官之一負責指揮。弗萊徹的小隊被納入理查遜中校麾下，而中校則說明他們馬上就要前往敦克爾克。他繼續說道，那裡的戰情有一點「火熱」，大夥兒不妨先到對街的酒吧給自己加把勁。全體弟兄欣然從命，一等兵弗萊徹還多帶了一瓶準備路上喝。

獵狼犬號（Wolfhound）驅逐艦將帶領他們越過海峽。啟程之前，艦長麥考伊少校到軍官休息室探聽敦克爾克的情況。史托威中尉嚷嚷著有一個朋友在另一艘驅逐艦上，最近剛去過那裡，玩得非常痛快——有香檳及跳舞的女郎，是一個最熱情好客的港口。

下午一點四十五分，獵狼犬號啟航，踏上較長的Y路線。兩點四十五分遭到第一架斯圖卡攻擊，之後便一路險象環生。奇蹟似的，這艘船躲過所有砲擊，在五點三十五分滑進敦克爾克港口。整條海岸線似乎都陷入火海，獵狼犬號停泊之際，二十一架德國軍機列隊投擲大量炸彈。麥考伊少校冷冷地問史托威中尉，香檳和跳舞的女郎究竟在什麼地方。

獵狼犬號是個引人注目的目標。坦納特上校敦促他的岸勤大隊登陸，並且盡速分散開來。然後，他帶領幾名軍官前往三十二號稜堡，艾博利亞上將在那裡撥了一些空間給英軍指揮官使用。

這段路平常只需十分鐘，但是今天不同。坦納特一行人必須小心翼翼穿越布滿瓦礫和碎玻璃的街道；被焚毀的卡車和纏在一起的電車纜線隨處可見。當他們艱難地行走在路上時，又黑又油的濃煙在他們身旁流竄。陣亡和受傷的英國大兵癱倒在斷垣殘壁中；毫髮無傷的人則漫無目的地遊蕩著，或者想辦法在廢墟中挖寶。

等到他們抵達三十二號稜堡（一座由泥土和厚重鐵門保護的水泥掩體），已經遠遠過了下午六點。走進稜堡，穿越一條又濕又黑的甬道以及由蠟燭照明的作戰室，最後抵達分配給英國海軍聯絡官韓德森中校的小房間。

坦納特在這裡會見韓德森、高特的參謀帕門蒂爾准將（R.H.R. Parminter），以及區指揮官懷特菲爾德上校。他們三人都認為敦克爾克港口已無法用於撤退；德軍的空中攻擊太猛烈了。東面的海灘是唯一希望。

坦納特詢問他有多少時間完成任務。答案不太妙：「二十四到三十六小時。」之後，德軍很可能就會攻進敦克爾克。在如此悲觀的評估之下，下午七點五十八分，他首次以海軍資深官的身分向多佛傳送信號：

請立即派遣所有可調用的船隻前往敦克爾克以東。明晚能否撤退還成問題。

八點零五分，他發出另一則訊息，稍微闡述詳情：

港口一整天皆遭持續轟炸，陷入火海，只能從港口東面的海灘登船……請將所有船艦和客輪派往那裡。我準備命令獵狼犬號前往東面海灘停靠、載人、啟航。

在多佛，發電機室人員十萬火急地展開行動，連忙把救援艦隊從敦克爾克轉到港口以東十英里長的沙灘——

九點零一分。奧爾良少女號（Maid of Orleans），切勿進入敦克爾克港口，請轉而停靠在瑪洛海灘和聚伊德科特（Zuydcoote）之間的海岸，讓部隊從海灘登船。

> 九點二十七分。格拉夫頓號（Grafton）及波蘭驅逐艦閃電號（Blyskawicz），請在二十八日凌晨一點靠近拉帕內海灘，以自己的小艇盡可能接運英國部隊。這是營救他們的最後機會。
>
> 九點四十二分。英勇號（Gallant）外加五艘驅逐艦及加爾各答號巡洋艦，請在敦克爾克以東一至三英里處靠近海灘，盡可能以最快速度搭載最多數量的英國部隊。這是營救他們的最後機會。

發電機室成功地在一小時內將所有執勤中的船隻調往沙灘：一艘巡洋艦、九艘驅逐艦、兩艘運輸艦、四艘掃雷艦、四艘斯固特以及十七艘漁船——總共三十七艘船艦。

在敦克爾克，坦納特上校的岸勤大隊開始集合零散的部隊，把他們疏散到最靠近的瑪洛海灘，再由理查遜中校將他們分為三十人至五十人的小隊。在大多數案例中，士兵們可憐兮兮地急於服從任何一個似乎有主見的人。「謝天謝地海軍來了，」一名大兵對一等兵弗萊徹說。

大部分士兵被發現的時候，是擠在港口的掩蔽所裡躲避轟炸。羅德少尉安排他的弟兄躲進一間塞滿香檳和鵝肝醬的地窖，有好一段時間，美酒佳餚成了他們的主食。不過這並不表示他們享受著美好生活。六十多個男人、兩位平民女性和各式各樣的流浪狗全都擠在一起。空氣凝重……當一條流浪狗吃了大兵餵的鵝肝醬之後吐了起來，空氣味道就更重了。

有些人耽溺於香檳，沒多久，酒醉的喊叫聲就跟上頭傳來的炸彈爆裂聲和落石聲混在一起。羅德偶爾冒險跑到外頭尋找更好的避難所，但是所有地方都擠滿了人，他只能放棄。傍晚，他聽到呼喊「長官」的叫聲。他爬上樓，得知皇家海軍已經抵達；他必須帶領弟兄前往海灘，當天晚上會有船隻想辦法送他們回家。

如今，所有地窖都擠不下大量湧入敦克爾克的士兵了。有些人急切地尋找掩護，最後找到港口與城鎮東邊海灘之間一群古老而堅固的法國防禦工事。騰出一小塊空間給英國參謀官的三十二號稜堡就在這裡。不過，藏匿在這塊區域的法軍沒意願跟新來的訪客分享。

一群驚慌失措、群龍無首的脫隊英軍並不打算掉頭。他們雖然沒有領袖，卻握有來福槍。二十七日晚上，他們揮舞著槍枝逼近三十二號稜堡，要求開門讓他們進去。兩名英國皇家海軍軍官手無寸鐵地走出來跟他們談判。當坦納特的一支岸勤小隊抵達時，形勢依舊劍拔弩張，一觸即發。岸勤人員立刻恢復現場秩序，化解這場危機。

岸勤隊隊員一等兵尼克森後來回憶，任何人幾乎只要露出一點點堅定的權威，就能讓士兵們迅速臣服。「一個帶著刺刀的大嗓門雙徽章水兵，在這些傢伙面前竟然有那麼大的威力，想想都覺得不可思議。」

坦納特上校首次以海軍資深官的身分巡視海灘時，親自對好幾群緊張不安的士兵喊話。他要求他們保持冷靜，並且盡可能找到掩護。他保證會有許多船隻前來，所有人都能安全返回英國。

他總能成功安撫士兵，一方面是因為一般英國大兵都對皇家海軍抱持盲目的信賴，另一方面也是因為坦納特頗有長官的威嚴與架式。由於現代軍人的服裝已無階級之分，軍官即便在場也很難認得出來，不過坦納特的身分卻不容置疑，他穿著剪裁合度的藍色海軍制服，配有銅釦和四條金色的橫槓，全身上下自然流露著權威。

而且，坦納特身上還有一項額外的點綴。他的信號官艾伍德中校在三十二號稜堡吃點心的時候，拿香菸盒的銀箔紙剪出代表海軍資深官的「S—N—O」三個字母，用濃稠的豆泥黏在上校的鋼盔上。

遺憾的是，再強的紀律也改變不了敦克爾克的統計數字。從海灘上撤離，能夠接運的人數實在太少了。坦納特估計，如果使用碼頭，接運的速度可以提高五倍到六倍。然而，只要看一眼烈焰遮天的敦克爾克海岸，就知道完全不可能使用碼頭。

不過他注意到一樁怪事。德國空軍雖然猛烈轟炸港口和碼頭，卻完全忽略構成敦克爾克港入口的兩道長長的防波堤。這兩道防波堤就像兩條防護手臂，從東西兩面伸向彼此，中間只留可供一艘船隻通行的開口。東邊的防波堤特別吸引坦納特注意。這條以混凝土樁鋪上木頭步道的防波堤，往海上延伸一千四百碼左右。如果船隻能沿著防波堤側邊停靠，將大大提高撤離行動的速度。

一個很大的缺點是：建造防波堤的時候，根本沒打算把它當成碼頭使用。當船隻被洶湧的浪潮（最高可達三級風浪）撲打上來，脆弱的木板堤岸能承受這樣的重擊嗎？幾個地方有木樁，不過那原本只是為了港口工作艇的不時之需所設的。大型船隻套繩索的時候，能夠不把這些木樁撞鬆嗎？步道只有十呎寬，幾乎不夠供四個人併排行走。這會造成嚴重的交通堵塞嗎？

這種種難題，更因高達十五呎的潮汐落差而加劇。退潮和漲潮的時候，接運士兵肯定是一件棘手又危險的任務。

儘管如此，這是唯一的希望。晚上十點半，坦納特指示此刻負責近海通信任務的獵狼犬號派一艘民船到防波堤「接運一千名士兵」。任務落到海峽女王號（Queen of the Channel）身上。這是一艘精良的輪船，原本經營往來英吉利海峽的路線。這時它正在瑪洛海灘搭載士兵，船員跟其他人一樣，也覺得這個辦法速度太慢。它立刻前往防波堤，開始讓士兵登船。情況順利，毫無問題，岸勤隊隊員原本七上八下的心情全都鬆了一口氣。

清晨四點十五分，大約九百五十名士兵擠上女王號的甲板。黎明破曉時，防波堤上有人大聲問它還能搭載多少人。「問題不在於還能載多少人，」船長回答，「而是我們能不能成功地把已經上船的人載回去。」

他說得沒錯。跨海中途，一架德國軍機連續投擲炸彈，打穿女王號的船尾。除了少數幾個跳水求生的士兵，其他人都展現出驚人的鎮定。一等水兵巴萊特甚至稍微考慮跑到底下的置物櫃取出他剛買的新鞋。不過他沒做傻事，因為船身正迅速下沉。他跟其他人一起安靜地站在傾斜的甲板上，等待救援船隻多莉安蘿絲號（Dorrien Rose）緩緩靠過來，把他們全接過去。

海峽女王號沉沒了，但是大局出現轉機。防波堤奏效了！木板並未崩塌，潮汐並未礙事，士兵並未慌張，而且有許多空間供持續前來的船隻停靠。德軍一旦覺醒，情勢很可能大為不同，但是港口上硝煙密布，能見度極低。

「海軍資深官要求所有船隻沿東邊堤岸停靠，」戒備號驅逐艦在二十八日清晨四點三十六分，從敦克爾克向拉姆齊發送無線電信號。發電機室的人員再度積極展開行動。當天晚上稍早，他們忙著把艦隊從港口移轉到海灘；此刻他們要把艦隊再移轉回港口。瑪洛海灘上的理查遜中校也接獲到命令，開始將部隊分批送回敦克爾克，每批五百人。

但是，雖然登船的問題解決了，卻又浮現另一個全新的危機。敦克爾克的危急時刻總在海上和陸地輪番出現。這一次，場景恰好輪到傷痕累累的佛蘭德斯戰場。

清晨四點、正當海峽女王號證明防波堤可行之際，比利時國王利奧波德三世正式俯首投降，導致撤退走廊的東面出現一道長達二十英里的缺口。如果不能立即填補，德軍將一湧而入，切斷法軍和英軍通往海邊的退路。屆時，撤退行動將驟然劃下句點。

高特將軍是在偶然間聽到消息的。他在五月二十七日晚上十一點開車來到三十二號稜堡，打算跟布蘭查德將軍商討撤退事宜。他沒見到布蘭查德，不過魏剛總部來的柯茲將軍倒是在場，柯茲隨口問起高特是否聽說利奧波德打算求和。

高特大吃一驚。他心裡明白比利時沒有能力長期抗戰，但是沒料到他們如此不堪一擊。「如今，伊普雷斯到海岸之間突然冒出一道長達二十英里的缺口，敵軍的裝甲部隊可以從這裡一湧而入，直逼海灘。」

魏剛將軍更是錯愕。他在凡森開會的時候，有人把比利時聯絡官發來的電文遞給他。「這個消息有如晴天霹靂，因為從來沒有任何風聲讓我可以預見這項決策。沒有任何警告，也沒有一絲暗示。」

似乎就連在利奧波德總部安插了親信——海軍上將凱斯爵士（Sir Roger Keyes）——的邱吉爾，都被這項消息嚇了一跳。「突如其來，」首相幾天後在鴉雀無聲的下議院發表談話，「沒有事先商量，也沒有一丁點通知；他不顧大臣們的建議，自作主張派遣全權大使到德國司令部宣布投降，暴露了我們的整個側翼和撤退路線。」

令人不解的是，他們為什麼如此震驚？利奧波德早在五月二十五日就發送電文告知英王喬治六世，表明比利時的抵抗已瀕臨潰敗，「假如我軍遭到包圍，我們給予盟軍的協助將會就此告終。」他補充說道，他認為他的責任是與人民同在，不會逃到海外成立流亡政府。

二十六日及二十七日間，高特及英國陸軍總部分別收到來自比利時聯絡官的七則訊息，指出除非英國能夠反擊（這很顯然不可能），否則終點已經不遠了。除此之外，凱斯上將在五月二十七日上午致電邱吉爾，表示「他覺得比利時軍隊的抵抗撐不了太久」。凱斯接著拍電報給高特，說明利奧波德——

> 擔心關鍵時刻迅速迫近，他恐怕很快就無法指望他的部隊繼續戰鬥，或者給予英國遠征軍任何協助。他希望您明白，他有責任在國家慘遭蹂躪之前宣告投降。

而在另一頭的利奧波德，也對盟軍的意圖一無所悉。儘管高特認為積極奮戰的比利時軍隊「對我們的撤離至關緊要」，但是從來沒有人諮詢比利時將領的意見，也沒有人分配任何一艘船隻供比利時軍隊撤退。

最後，邱吉爾在艾登的提醒與催促之下，終於在五月二十七日上午發電報給高特，「現在，我們有必要告訴比利時軍隊……」他接著附了一則私人訊息給凱斯上將，指點他如何跟利奧波德打交道：「請轉達以下訊息給你的朋友。要假設他知道英軍和法軍正設法朝海岸撤退……」如此一來，對於比利時國王為什麼沒得到消息，倫敦可以說他們「假設」他已經知道了，以此作為開脫之辭。

邱吉爾也在訊息中力促凱斯確保利奧波德逃到國外，最後並隱約提議由英國遠征軍帶著比利時部隊一起退回法國。

這則訊息從未送達凱斯手中，不過反正也無關緊要了。此時，利奧波德早已志不在此。這位國王從來就不討人喜歡——他是個傲慢、冷淡的人，並且規定大臣在他面前必須立正站好——不過他具有強烈的責任感。他做了一個錯誤假設，以為自己在德國占領之下仍能保有權力，因此決定投降，留下來與他的子民共存亡。

二十七日下午五點，國王派遣可靠的參謀官德魯索少將，舉著白旗前往德軍陣線。國王想爭取有利條件的任何希望，全都立即破滅。元首堅持比利時無條件投降。利奧波德同意了；五月二十八日清晨四點，比利時正式放下武器，宣布投降。

幾支零星的隊伍仍持續作戰。第十六步兵師的楚浮上尉經過一天的撤退，精疲力盡地倒在呂德福爾德飯店的大廳睡覺。清晨四點半，他突然被一陣聲響驚醒。燈打開了，人們來來回回走動。「陸軍投降了，」有人解釋道。

「什麼？」

「團總部的聯絡官剛剛捎來命令。」

「這麼說來，我被遺棄了。」身為國會議員以及瓦隆社會黨（Walloon Socialist Party）青年領袖之一的楚浮，是個不會盲從軍隊命令的硬骨頭。

他「借」了一輛指揮車，迅速動身前往敦克爾克。一抵達法軍前哨站，他立刻明白對他而言，繼續參戰並非一件容易的事。前哨站的值班軍官因為比利時的投降而滿腔激憤，他痛罵楚浮是個叛徒、懦夫，並且提出警告，要是楚浮膽敢再往前一步，就叫衛兵立刻射殺他。

楚浮向後轉，試著往南走另一條路，但迎面碰上一支德軍縱隊。他再度朝北疾馳，抵達科克賽德（Coxyde）的海邊。他在這裡戰戰兢兢地接近一名英國軍官，小心翼翼說明他並非叛徒。他可以越過防線嗎？

「恐怕沒辦法，長官。抱歉。」

他繼續往紐港前進，在這裡，他遇見一整支比利時軍隊，有些人跟他一樣備感挫折。楚浮和其他幾個人私自挪用停在水道上的一艘漁船，被船隻的引擎、風帆以及在他們頭上俯衝盤旋的一架德國軍機傷透腦筋。德國軍機最後飛走了，它顯然認定這群人不值得浪費子彈。他們終於安全進入外海。

天已經黑了，他們點燃沾滿汽油的破布，希望吸引注意。海面上有許多船隻，但是沒有人願意在這麼危險的水域停泊。最後終於有一艘英國驅逐艦把他們接上船，但是楚浮再度面臨強烈的敵意。

這一次，他成功說服對方。事實上，這艘驅逐艦正在前往敦克爾克的途中，用得上這些強壯的比利時人和他們的小船。這是漫長而艱辛的一天，但是楚浮終於又回到了戰場上。

然而這樣的人並不多見。皇家蘇塞克斯兵團第四營的二等兵奈伊在科特賴克機場站崗時，看見路上有一大群剛從前線撤離下來的士兵，其中好幾百名比利時大兵一邊騎著腳踏車奔馳，一邊吆喝著戰爭結束了。北斯塔福郡兵團第二營的士兵從利斯河朝海岸行軍時，路邊站著一群卸下武器的比利時大兵看著他們撤退。有些人面有愧色，但是也有許多人對疲倦的英軍破口大罵、揮舞拳頭。在布爾斯坎普（Bulscamp），一名身材圓滾滾的憲兵跑來英軍指揮部，高聲宣布比利時已經投降，他奉命前來沒收英軍的所有兵器。至於英軍回答時說了什麼話，那就無從查證了。

整個鄉間，家家戶戶的門窗掛滿了白色布條。在瓦圖（Watou），多塞特兵團第二營的藍姆塞中尉打算走進一間空房子休息一下。住在附近的一名婦人衝過來大喊，「不行，不行，不行！」（*Non, non, non!*）

「這是在打仗啊，」（*C'est la guerre,* ）藍姆塞說的這句老話是個萬靈丹，兩次大戰期間，人們拿它來解釋任何必要的不便。

「是在打仗沒錯，但不是我們的戰爭！」（*C'est la guerre, oui, mais pas pour nous!*）婦人回嘴。的確，對大多數比利時人而言，這場仗如今已成了別人的戰爭，而擺脫戰局讓他們如釋重負。許多人覺得自己的國家不過是個踩腳墊，任由鄰近的強權國家在無止境的權力鬥爭中隨意踐踏。「英國人，德國人，全都一個樣，」（*Les anglais, les allemands, toute la même chose,*）一名心生厭倦的農婦這麼說。

技術上而言，儘管比利時的投降導致盟軍的撤退走廊在東北角出現一個巨大缺口。然而實際上，隨著比利時抗軍節節敗退，防線原本就有一條越來越大的裂縫。過去四十八小時內，負責鎮守這條防線的第二軍團指揮官布魯克中將一直在調度兵力，企圖填補漏洞。他是個奇蹟製造者，但是五月二十七日下午（正當利奧波德準備承認失敗之際），在伊普雷斯附近的英軍第五十師以及紐港海岸的法國守軍中間，依舊沒有盟軍駐守——那是一道長逾二十英里的缺口。

布魯克手上僅剩的，是蒙哥馬利少將的第三師。這支部隊目前駐守在包圍圈南端附近的魯貝（Roubaix），若要發揮效果，必須將他們從防線最右端的陣地撤離，越過其他三個師的後方往北行進二十五英里，然後溜進最左端的陣地。這是最困難的軍事行動：一萬三千名大軍在夜間沿著後街小巷和陌生道路安安靜靜地長途跋涉，敵軍往往只在四千碼的距離外。他們必須在天亮以前抵達，否則移動的縱隊就會成為德國空軍的活靶。

面對這項任務，蒙哥馬利毫不畏懼。他在坊間雖然默默無名，卻或許是英國遠征軍當中最受人議論的師長。他狂妄、自負、暴躁又誇張，在軍中也沒什麼朋友，但是受到許多人崇拜。不論人們對他抱著怎樣的觀感，全都同意他是個卓越的軍人，而且非常擅長訓練和激勵士兵。他的部隊一整個冬天都在練習這類的夜間行軍；他們一再操練，直到每個細節都爛熟於心、每個突發狀況都已事先算計。此刻，「蒙弟」很有把握能成功完成任務。

傍晚，他的機槍手和裝甲車輛率先行動，組成輕便的先遣部隊。然後紅帽子憲兵在薄暮中出動，負責標示道路、指揮交通。而主要的大軍，包括兩千輛廂型車、軍車、卡車、指揮車及運兵車，在入夜後的最後出發。當然，車輛全都不開燈。每一位駕駛員必須緊盯前方車輛的後輪軸。後輪軸被漆成白色，用一盞微弱的屏蔽燈照明。蒙弟本人坐在他平常搭乘的亨伯（Humber）指揮車，隨扈埃爾金上士則騎著摩托車緊跟在旁。他們右前方的平行線上有不斷閃爍的砲火，左邊則有幾門英國火砲在凱莫爾山（Mont Kemmel）上持續射擊；從兩面發射過來的砲彈光影，在這支移動部隊的頭上形成一道奇特的拱頂。有一次，路邊的英軍在蒙弟經過時不小心放砲，炸掀了蒙弟的亨伯座車，但是將軍連眼睛都沒眨一下。

二十八日天亮以前，第三師已準備就定位。拜蒙哥馬利大幅度橫向移動之賜，英軍如今掌握了撤退走廊的東面，最北可達努德蕭特（Noordschote）。至於到海邊剩下的十三英里蒙哥馬利仰賴剩餘的比利時軍隊，因為就他所知，他們仍持續戰鬥當中。然後上午剛過七點半，他首次聽說利奧波德投降的消息。

「局勢危急！」蒙哥馬利後來在回憶錄中追述，「原以為左側會有比利時軍隊協防，如今什麼都沒有……」他迅速調集幾名機槍手，外加英軍和法軍的幾輛裝甲車。這支臨時拼湊的部隊分散開來扼守防線，直到盟軍有能力集結更龐大的兵力為止。戰況往往一觸即發。槍騎兵團第十二營的曼寧中尉趕在波克大軍進城以前，千鈞一髮地炸毀通往迪克斯穆德（Dixmude）的橋樑。

到了下午，壞消息接二連三傳來：德軍占領了紐港；比利時軍隊退出戰場；蒙哥馬利的負荷已達極限；從伍本（Wulpen）到紐港及海岸之間，沒有一支有組織的部隊進行防守。

盟軍只得再度臨機應變。克里夫頓准將（A. J. Clifton）剛好有空；布魯克中將連忙派他去伍本組織防禦。他一抵達便接管由兩百名砲兵拼湊成的部隊，並且不時調來「閒閒沒事」的裝配兵、勘測員、運輸兵和總部勤務兵以加強戰力。這支部隊從來沒被命名，畢竟隊上的軍官來自五個不同的軍團。大部分士兵從沒見過他們的新長官，而這些軍官也從來沒在克里夫頓的手下做事。

然而，他依然成功地將士兵團結在一起，部隊帶著高昂士氣走上前線。他們沿途碰到許多從前線退下的比利時散兵。比利時人拋下武器，高喊著戰爭已經結束。這簡直是意外之財；克里夫頓的士兵撿起被丟掉的步槍和砲彈，為他們貧乏的裝備加強戰力。他們沿著佛勒紐港運河及尤爾河（River Yser）布防，在接下來的三十個鐘頭成功阻擋敵軍前進。雙方在紐港附近的橋樑爆發一場激烈的戰鬥。比利時軍隊疏於在停火前炸橋，而英軍的工兵無法從橋樑東側點燃引爆線。德軍一次又一次地試圖過橋，但是克里夫頓將所有「重傢伙」（四門十八磅砲彈的大砲以及幾挺勃倫機槍）聚集於此，成功攔阻敵軍，保留了東面防線的完整。

西面的防線也同樣挺住。五月二十七日一整天及二十八日的大半天，英軍第一四四旅將德軍牽制於敦克爾克以南十二英里的沃爾穆（Wormhout）。所有人都派上用場。在旅指揮部所在的當地飯店，二等兵凱瑞爾發現自己在教幾名廚子和職員填裝米爾斯卵形手榴彈（Mills bomb）——儘管他自己從沒看過這種炸彈。

成功完成這項危險任務後，他奉命去協防飯店的外牆。正當穿越花園之際，他聽到一聲淒厲的尖叫。他以為是哪個倒楣鬼中彈了，轉身一看，發現那聲尖叫來自樹上的一隻孔雀。

「這隻鳥可不能再嚇人了，」凱瑞爾喃喃自語地舉起步槍準備射鳥。就在他開火之前，一名年輕的中尉推開他的步槍，告訴他別做傻事。他難道不知道射殺孔雀會帶來霉運嗎？長官補充說道，如果凱瑞爾違背命令射了那隻鳥，就要接受軍法審判。

下一步可想而知。凱瑞爾一等中尉走得看不見人影，便舉起槍仔細瞄準，一槍中的。如果射殺孔雀會帶來霉運，他倒是沒發現有什麼不同。

不過，霉運確實降臨在沃穆爾的幾名守兵頭上；這些人恐怕一輩子都沒傷害過孔雀。一番激戰之後，皇家沃威克兵團第二營被打得七零八落，分散的士兵在二十八日下午六點左右被迫投降。大約八十名士兵和一名軍官被他們的俘虜者——阿道夫希特勒親衛旗隊（SS Leibstandarte Adolf Hitler Regiment）——一路推擠，趕進村莊外的一個小型開放式穀倉。

當他們被塞進穀倉，林恩艾倫上尉發出抗議，表示裡頭的空間不夠傷員使用。一名親衛隊隊員立刻用帶著濃濃美國腔的流利英語回嘴，「黃色英國人，你們將要去的地方會有很大的空間。」

他一說完就朝穀倉丟擲一顆手榴彈，然後大開殺戮。這些親衛隊隊員連續十五分鐘以手榴彈、來福槍、英軍的步槍和手槍猛烈攻擊，同時把兩批戰俘帶到穀倉外，由臨時組成的行刑隊執行槍決。不可思議的是，竟然有大約十五名英兵在成堆的屍體中存活下來。

往南八英里，盟軍仍在卡塞爾持續頑抗。正如布里奇曼上校預見的，這座位於丘陵上的小鎮成了西面防線的「直布羅陀」。兩天以來，克萊斯特將軍的坦克、火砲和迫擊砲重擊這座城鎮，並被一波波的斯圖卡進行轟炸，然而它依然屹立不搖。這是一個小小的奇蹟，因為主要的守軍、格洛斯特衛隊第五營，幾乎毫無軍備。奉命設立路障的范恩中尉只找到一輛農用拖掛車、一具犁頭、一輛馬車和一架水車。當坦克衝進鄰近的花園，他試圖用一把博斯步槍阻擋，然後望著子彈從裝甲車的鐵板上彈開。

城鎮被團團包圍。然而五月二十八日的晚上，格洛斯特衛隊的軍需官勃萊斯頓上校，竟然設法送來一些補給品。守軍坐下來，享用一頓由牛肉罐頭配陳年葡萄酒的奇怪晚餐。

在包圍圈的最南端，畢洛將軍的第一軍團仍然堅守里爾。和大多數法軍不同，這支部隊抱著熱情的信念奮戰不懈，強力阻擋德軍的六個師——這表示少了六個師來阻撓英國遠征軍北上。

如今，絕大多數部隊都在撤退的路上了。是時候放棄最南端的據點，將守軍撤回海岸進行後防。二十八日上午，負責四十八師總部通訊的哈尼特中士，受命將訊息傳給鎮守阿茲布魯克（幾個南方據點之一）的部隊。守軍必須撤離陣線，當天晚上立即動身前往敦克爾克。哈尼特手下已有兩名通信兵在前往阿茲布魯克的途中喪命，所以這一次，他決定親自出馬。

主要道路被難民和退役部隊擠得寸步難行，不過他以前曾經擔任摩托車試駕員，越野騎車對他而言易如反掌。他蹦蹦跳跳地越過田野和鄉間小路，成功抵達阿茲布魯克，在第一四三旅部傳遞了訊息。協助旅部參謀釐清北上的撤退路線後，他騎上摩托車回返。

這一次，他迎頭撞上剛剛進入這塊地區的德軍縱隊。他沒有地方轉彎，決定硬著頭皮直接衝過去。

他把頭伏在手把下，油門催到底，往前竄出去。德軍受到驚嚇四散開來，不過在他呼嘯而過時，德軍開始朝他開火。

他幾乎就要闖過去了。然後突然一陣空白，等到恢復意識，他已經斷手斷腳躺在草地上。一名敵軍軍官站在他的上方，士兵把白蘭地舉到他的嘴邊。「英國大兵，」軍官用英語做出評論，「你的戰爭結束了。」

英軍部隊沿著走廊湧向海岸線之際，高特將軍的總部也跟著往北遷移。五月二十七日，指揮部從普雷梅克搬到剛進入法國邊境、離海僅十四英里的烏凱爾克（Houtkerque）。這是戰役開打以來，指揮部首次沒有設在倫敦到布魯塞爾的電話線路上。沒什麼差別，反正高特很少待在總部。

二十七日，他整天忙著找布蘭查德將軍，希望協調兩軍的聯合撤退行動。但他一直沒找到，二十八日凌晨才身心俱疲地返回烏凱爾克。而後上午十一點左右，布蘭查德忽然自動來訪。有太多事情要討論；高特首先誦讀艾登前一天發來的電報。這封電文確認了撤退決策：「我想要明確表達，如今的唯一任務，就是盡可能將最大量的部隊撤回英國。」

布蘭查德大為震驚。出乎高特和波納爾意料之外，這位法軍司令還沒聽說英國的撤退決策。他仍然以為盟軍的策略是在敦克爾克建立灘頭陣地，作為歐陸的永久據點。不知道為什麼，邱吉爾在五月二十六日對雷諾說的話、艾登在二十七日發給法軍最高指揮官的訊息、同一天送抵卡塞爾和多佛的決策，以及二十八日清早交給艾博利亞和魏剛的資料——全都跳過了他。同樣的，原因很可能是基於法軍通訊徹底崩潰。

現在布蘭查德知道消息了，高特竭盡所能地帶領他進入情況。高特表示，他必須命令畢洛將軍的第一軍團也朝敦克爾克前進。他們和英國遠征軍一樣，都必須保住性命，以便日後反攻。比利時出局之後，盟軍已沒有機會繼續堅持下去。倘若不撤離，就必須投降。

布蘭查德躊躇片刻，不過在此關鍵時分，畢洛將軍的聯絡官抵達，表示第一軍團太過疲倦，完全走不動了。問題解決。布蘭查德決定留下軍隊駐守里爾地區。

高特火冒三丈。他堅稱畢洛的部隊不至於累到無法花點舉手之勞拯救自己。他再次強調，撤離是他們唯一的機會。

布蘭查德維持強硬。他憤恨地說，撤退對英軍而言很簡單。「英國海軍總部無疑為遠征軍做了妥善安排，但是法國海軍絕對無法撤離法國士兵。因此，一切終歸徒勞無益——撤離的機會比不上耗費的力氣。」

布蘭查德毫不動搖。他最後提問，即便知道法軍不打算一同行動，英軍是否會繼續撤退到敦克爾克。波納爾氣炸了，加重語氣地說，「會！」（*Oui!*）

而當天下午，在位於斯滕韋克（Steenwerck）的法國第一軍團指揮部裡，畢洛將軍本人跟英軍四十四師師長奧斯本少將（E. A. Osborne）之間，也出現了一場類似的對話。奧斯本計畫將四十四師撤離利斯河，因而前來跟左鄰的法軍協調行動。他很驚訝地發現畢洛將軍根本沒打算撤離。奧斯本費盡唇舌，包括以盟軍的團結守則說服他，但是畢洛完全不為所動。

然而，畢洛後來必定改變了心意，因為當天下午稍晚，他解除了勞倫斯將軍（de la Laurencie）第三軍團的任務，指示他們朝海岸前進。他本人則決定跟其餘弟兄留在原地，戰鬥到最後。

他們似乎全被誓死最後一搏的觀念蠱惑了——或許除了挽救國旗的榮耀，別無其他目的。「他滿口都是國旗榮譽的故事，」波納爾從布蘭查德口中再次聽到這類說辭後，在他的日記中寫道。

「我仰賴你們拯救一切可以被拯救的事物，其中最重要的，是我們的榮譽！」魏剛對艾博利亞發出這樣的電文。「如果布蘭查德的部隊難逃厄運，就必須光榮地倒下，」將軍對弗威爾少校說。在魏剛的想像中，當結局終將來臨，最高指揮階層扮演著特別光榮的角色。與其逃離巴黎，政府應像古羅馬的元老院議員那樣，坐在高官座椅上靜待蠻族進城。

不過，這類喊話或許能撫慰高層人心，卻無法鼓舞戰場上的法國大兵。他們受夠了老舊的槍砲、馬車運輸、蹩腳的通訊、不足的裝備、不存在的空中支援，以及慌亂失措的領導高層。五月二十八日，皇家野戰砲兵團第五十八營在撤退途中遇見一大群法國士兵坐在壕溝裡休息、抽菸。其中一人對著會說法語的英國大兵解釋，敵軍無所不在，完全沒希望逃脫，所以他們索性坐下來，等待波克大軍來襲。

然而總有例外情況。一支與團部走散的法國坦克中隊，在戈爾（Gorre）加入皇家愛爾蘭燧槍兵團第一營，大大強化軍隊的陣容。隊員拾起被英軍、法軍和德軍丟棄的武器，並且舉起酒瓶加油打氣。他們帶著極高的熱忱作戰，笑聲震天，每次擊中目標便停下來跟同袍握手致意。當燧槍兵團終於接到撤離命令，坦克中隊決定留下來繼續奮戰。「祝好運！」（*Bon chance!*）他們對著離去的燧槍兵團呼喊，隨即回到自己的工作崗位。

勞倫斯將軍是另一個狂熱的法國將領，他還不打算束手就擒。上級的優柔寡斷和失敗意識讓他非常惱怒，他曾兩度試圖把他的第三軍團移轉到高特的旗下。此刻，畢洛解除了第三軍團的任務，他立刻帶著兩個師的弟兄朝敦克爾克出發。

第一批戰鬥隊伍已經進入周邊防線的範圍內。擲彈兵衛隊第二營回到佛勒，依舊踩著閱兵大典般的精準步伐，穩定而有節奏的腳步聲迴盪在中世紀的市集廣場內。儘管有些人制服破了、帽子丟了、身上纏著繃帶，但是看過白金漢宮衛兵交接儀式的人，絕對不會認錯他們那熟悉的挺拔儀表、乾淨清爽的臉龐，以及肅穆的表情。

密德薩斯兵團第一營及第七營在後頭不遠處。他們是一支國土軍，雖然專業度遠遠不及皇家衛兵團，不過他們以自己的方式全心投入作戰，也曾盡自己的力量負隅頑抗。此刻，他們穿過佛勒，最後停在往東三英里的東代恩凱爾克（Oostduinkerke），距離紐港（周邊防線的東陲，也是因比利時投降而守備最薄弱的地方）一英里左右。克里夫頓將軍拼湊出來的雜牌軍已經進入作戰位置，但是散得很開。密德薩斯營隊將在這裡加強防線。

新來的兵力拉開偽裝網、挖出狹長的壕溝，在沙丘和灌木叢後安頓下來。然而完全沒有敵軍的蹤影；終於能夠安安穩穩小睡片刻，感覺真好。運動戰已經結束了，在團軍士長「大艾克」柯頓找到他們、並且想出新的折騰方法前，最好抓緊機會好好補眠。二等兵法爾利只希望「大艾克」不要太早找到他們。

高特將軍也退到了周邊防線的範圍內。五月二十八日下午六點，英軍總司令部在拉帕內啟用，設立在城西的一棟海濱別墅裡。這個地點選得很好。在一次大戰的苦難歲月中，這裡曾經是比利時亞伯特國王的住所，繼而在二〇年代成為老國王的避暑行宮。因此，它具有大型的強化地窖和充沛的電線網，倫敦與布魯塞爾間的電話線路基本上就從別墅的門前經過。高特與邱吉爾、陸軍總部以及多佛的拉姆齊之間，再度只有一通電話之隔。

各軍團的團長也在二十八日紛紛進入周邊防線：第三軍團在敦克爾克，第二軍團在拉帕內，而第一軍團則在中間的布雷沙丘。第一軍團的指揮官巴克爾中將（Michael Barker）此時已經徹底累壞。他是參與過波爾戰爭的資深老兵，閃電戰讓他吃不消。一抵達位於海濱步道西端的團本部，他就退到地窖休息，偶爾召喚助理軍需官蘭森少校過來匯報情況。

海灘上的場面讓蘭森大為驚愕。一大群來自各個後勤單位的軍官和士兵四處徘徊，朝德國軍機胡亂射擊。即便蘭森拿手槍抵住幾個非常資深的老骨頭，仍然無法讓這群人建立某種秩序。最後，他請來第三軍團指揮部的助理作戰官吉姆遜上尉；後者的解決方法，是命令這群烏合之眾排隊集合，彷彿進行檢閱一般。然後他鄭重地操練他們，下達各種常見的口令。沒想到這群人乖乖配合，立刻恢復秩序。對蘭森而言，這起事件不僅顯示操練能達到什麼成效，也透露出最一絲不苟的人類機制——一名皇家衛兵的心智有怎樣的能耐。

布雷沙丘的混亂情況，很快傳到正在敦克爾克調度登船事宜的坦納特上校耳中。到目前為止，他還沒指派任何岸勤小隊到那麼遠的海灘管理秩序。不過，東面防波堤和瑪洛海灘目前已在掌握之中，布雷顯然是下一個有待解決的問題。據說那裡有五千名部隊，絕大多數士兵沒有上級軍官或任何形式的領袖。

二十八日下午五點左右，坦納特召見理查遜中校和另外兩名軍官科爾中校和克勞斯頓中校。他表示希望有一名軍官帶領一支岸勤小隊，前往布雷安排在那裡等候的五千名士兵登船。三名中校當下都沒有任務在身，因此決定抽撲克牌，讓最輸的人去布雷。理查遜輸了，但是他說面對如此龐大的任務，他需要另一名軍官陪同。科爾和克勞斯頓再度抽牌，這一次科爾輸了。「贏家」克勞斯頓得到這三人認為最簡單的任務，那是管理防波堤。

於是理查遜和科爾帶著十五名水兵搭乘軍用卡車前往布雷。儘管只有七英里的距離，但是路上人滿為患，而且路面坑坑巴巴，他們整整花了一個鐘頭才抵達。晚上九點左右，岸勤小隊踏上海灘，開始安排登船。

此時天色昏暗，在逐漸消退的微光中，二等水兵尼克森以為他看見從沙灘伸向大海的許多道防波堤，然後猛然發現，這些「防波堤」其實是由每列八名士兵組成的縱隊，從沙灘直直延伸到海中。最前排的士兵自腰部、甚至肩膀以下都泡在水裡。

五千名士兵？兩萬五還差不多吧。理查遜立刻透過在外海盤旋的驅逐艦發送信號，將情況告知多佛和海軍總部，再次緊急要求調派小型船隻和機動艇。

在此同時，他們必須「權宜行事」。理查遜在軍車後艙設立指揮部，幾名水兵開始將士兵分成五十人一批，其他人則朝海中丟擲救生索。海灘的傾斜角度很小，即便小船都很難靠岸。

「多麼混亂的一夜，」科爾幾天後寫信給妻子，「因為我們面對的是軍隊中的閒雜人士，而不是戰鬥的士兵。隊伍裡沒有幾名軍官，而在場的軍官全都毫無用處。不過靠著喊話、安全保證以及我們的海軍制服，我們讓這群烏合之眾恢復了秩序。」

小船的操作人員也同樣嚐盡苦頭。希爾達號斯固特當天下午稍早抵達，由於船隻吃水很淺，艦長葛雷中尉設法將船停在海灘涉水能及的地方。士兵們一湧而上，徹底包圍船隻，爭先恐後爬上從船艄拋擲下來的梯子。但是梯子沒有固定牢靠、士兵疲憊不堪，而且海水逐漸上漲，士兵們紛紛跌入海中。希爾達的船員費了超人的力量，才將一整群笨手笨腳且渾身濕透的士兵拉上船、翻過扶手。

到了晚上七點，五百名士兵上了葛雷的船——比起等候中的兩萬五千名士兵，這個數字實在不多，但這已經是船隻的承載極限了。他將士兵接駁到外海的驅逐艦，然後回頭搭載另外一批。此刻正在退潮，希爾達號很快停在水深只有兩呎的沙灘上。四百多名士兵蜂擁而上，等到凌晨一點半、另一波海潮幫助船隻脫離淺灘時，希爾達號再次載滿了士兵。

就在不遠處，道杰岬號（Doggersbank）斯固特也在從事類似的工作。稍早，艦長麥克巴奈特中尉拋下了移泊錨，將船隻固定在淺灘。它比希爾達號更接近海灘，但是水深依舊有六呎高，這讓士兵無法涉水而來。中尉派出一艘工作艇和一艘橡皮艇，將士兵接駁到船上。兩隻小艇一上岸，立刻被士兵包圍、淹沒。他們救出小艇，繼續工作。到了晚上八點，麥克巴奈特的船上大約有四百五十名士兵。夠了。他運用移泊錨將船拉出海灘，脫離淺灘之後，他也將這群士兵運送到外海的驅逐艦，然後回頭接運更多士兵。

這成了海灘上的固定模式，無論在布雷、瑪洛和拉帕內都一樣。救生艇、划艇和工作艇在水邊接運士兵，送到停在近海的小型船隻；後者再將弟兄們送到外海上越來越多的驅逐艦、掃雷艦和郵輪。等到載滿了人，這些大型船艦就會朝英國出發——又多了一批軍隊可以回家。

這是個實際可行的計畫，不過速度非常緩慢。舉例來說，每一艘斯固特平均每小時只有一百名士兵登船。難怪大夥兒神經緊張、焦躁不安。

絕大多數士兵看不見海灘上的行動，他們站在隊伍的尾端，或者在海灘後方的沙丘等待，想破頭也不明白為什麼如此慢慢吞吞。黑夜裡，他們什麼都看不到，只除了偶爾在粼粼的水光中瞥見幾艘船隻的剪影。他們只能聽見海潮的穩定節奏，以及船槳時而傳來的撞擊聲。

他們又累、又冷、又餓。佛蘭德斯海岸的五月夜晚寒冷刺骨，弟兄們很想念他們在熱氣蒸騰、塵土飛揚的撤退路上丟掉的厚外套。配給的糧食吃光了，現在也不可能從田野中找東西吃。總司令部通信員凱伊中士在海灘附近找到一罐七磅重的豆子，堪稱一大發現。他跟幾名幸運的夥伴用手抓著吃，彷彿在吃什麼高價的巧克力。

在瑪洛海灘，達西中校也同樣因為無止境的等候而煩躁不安。他將他的砲兵團聚集在沙丘後方的磚廠裡，那是極佳的掩蔽所，但是完全看不見行動的實際情況。最後，他命令手下的沛恩中尉帶著信號燈「下去海灘召喚海軍」。

沛恩毫無頭緒該怎麼做，不過，他在通信手冊找到標題為「召喚不明船隻」的內容。他仔細依照指令將信號燈指向大海，不抱任何希望。沒想到夜色之中，一道回音閃爍而來，指示他們將部隊帶到海灘。他匆匆忙忙地回稟中校，得意洋洋。

二十九日凌晨一點半左右，海上颳起了強風，意味著風浪增大，登船速度變得愈加緩慢。在布雷沙丘，理查遜中校的工作進度遲滯不前，於是他決定停止登船行動，開始將部隊遣回敦克爾克。或許從防波堤登船會快一些。

確實如此。坦納特上校將敦克爾克港口東面的防波堤當作臨時碼頭使用，已經過了二十四個小時，冒險一搏得到了回報。源源而來的驅逐艦、掃雷艇、渡輪和其他蒸汽輪船沿著防波堤停靠、接運部隊，然後返回英國。克勞斯頓中校負責管制人潮；當他和理查遜及科爾抽撲克牌決定哪個倒楣鬼前往布雷沙丘時，克勞斯頓贏得了這項「簡單」任務——防波堤的管理。

克勞斯頓是加拿大人，身材魁梧、個性強悍，善於運動又愛開玩笑。身為優秀的冰上曲棍球球員，他駐紮樸茨茅斯的時候，經常將人員組織成曲棍球隊。他是個精力旺盛的人，而這項新任務需要他的每一分精力。

有關防波堤的消息傳開來了，如今有成千上萬名毫無秩序的士兵聚集於此，排隊等候上船的機會。在皇家砲兵團總部內勤二等兵華納眼中，這就像有聲電影剛剛問世時，電影院前無止無盡的人龍。不過其他人倒覺得更像尖峰時刻的倫敦，或者一場橄欖球混戰。克勞斯頓穩穩地站在防波堤底部，不苟言笑地面對群眾，手拿傳聲筒高喊口令，將一連串的士兵分配給一連串的船隻。

最初主要是驅逐艦。五月二十八日上午，超過十一艘驅逐艦滿載士兵。軍刀號的狄恩中校證明了他們的行動速度能有多快。當天稍早，他於兩小時內從海灘上接走了一百名士兵；他在多佛只花了五十八分鐘調頭，然後返航，上午十一點就在防波堤邊停穩。這一次，他載了八百名士兵，中午十二點半啟程返回多佛——平均每小時搭載五百四十人，遠勝過海灘上每小時五十人的速度。

然而他的工作還沒結束。下午六點二十分抵達多佛後，他重新加滿了油，十點半再度動身回到防波堤畔，準備當天的第三趟任務。這一次他只待了三十五分鐘，接回了另外五百名士兵。

二十八日傍晚，各式各樣的船隻加入驅逐艦的行列。薄紗號掃雷艦在晚上九點四十五分抵達，半小時後載著四百二十人離開。大約同一時間，羅斯號（Ross）掃雷艦接起了另外三百五十三人。蒂利號斯固特帶領其他六艘小型機動船在十一點十五分停穩，接回了幾百人。梅德韋女王號明輪蒸汽船在午夜前後抵達，載走將近一千人。艦長庫克上尉提醒大廚羅素，準備應付「好幾百名肯定有點餓的弟兄」。這句警告沒幫羅素做好心理準備，面對廚房即將遭遇的攻擊。這群人不是「有點餓」——他們根本餓壞了。

五月二十八日到二十九日之間，船隻整夜來來去去，而漫長的木頭步道上，人潮像一列無止境的螞蟻。有一陣子，落潮減緩了行動步調——未經訓練的士兵很難從臨時搭建的梯子和跳板往下垂降——不過人潮從未停止腳步。坦納特估計，克勞斯頓平均每小時送走兩千名士兵。

晚上十點四十五分，他首次向多佛傳送樂觀的形勢報告：

從法國方面來看，整體而言，明天將持續保持今天的狀態。只要戰機充分掩護，部隊將以全速登船……

發電機室開始萌生希望，說不定能救回不只一丁點的士兵。五月二十八日的撤離人數達到一萬七千八百零四人，這是二十七日的兩倍。他們還得更加油才行，不過起碼此刻是往對的方向前進。

還有其他好消息：海軍總部如今把英國海域上的所有驅逐艦，全都交給拉姆齊調度；X路線的水雷終於清除乾淨，前往敦克爾克的航程從八十七英里縮減為五十五英里；儘管比利時宣布投降，盟軍依舊守住了灘頭陣地；一場險惡的暴風雨轉向，風浪逐漸減弱；陷入火海的煉油廠竄起熊熊黑煙，遮住了德國空軍對港口的視線；傷亡人數很低，令人慶幸。

除了海峽女王號，當天唯一的重大損失是一艘小型的明輪式蒸汽船布萊頓美人號（Brighton Belle）。這是一艘迷人的古董船，看起來彷彿出自玩具店。它從拉帕內的海上拉起八百名士兵，搖搖晃晃地朝英國返航。當船身猛然撞上一艘沉船，工兵瑞德正縮在鍋爐室想辦法弄乾身體。「什麼都嚇不倒我們，」一個從倫敦東區來的老鍋爐工樂觀地叫喊，不過海水汩汩湧入，布萊頓美人號開始下沉。部隊一邊在甲板上跌跌撞撞，一邊鳴笛求救。幸好附近有其他船隻前來接走所有人，就連船長的愛犬也不例外。

如果傷亡人數能維持這個水準，發電機室就有合理的理由抱持樂觀。整體而言，撤退計畫正順利進行，而當天最嚴重的危機——比利時投降所造成的防線缺口——也已經成功弭平。對於仍然在撤退走廊北上的大批部隊而言，還有另一個理由維持希望。在填高的道路兩邊，田野開始進水。法國正設法淹沒海岸以南的低窪田地，就連德軍的精銳坦克都很難繼續前進。

不過，另一項新的危機已然浮現，讓焦點從陸地又回到海上。問題已經醞釀多日，但是沒有人多加注意。此刻，在五月二十九日凌晨，危機突然爆發，為拉姆齊中將和他足智多謀的手下掀起一場全新的挑戰。

7
THE MIRACLE OF DUNKIRK

暗夜魚雷

德國海軍可以如何協助阻撓盟軍撤退？五月二十六日，凱特爾將軍透過電話詢問海軍作戰參謀長施耐溫尼中將（Otto Schniewind）。施耐溫尼覺得海軍能做的不多；二十八日，他正式以書面信函向國防軍最高統帥部闡明海軍的觀點：大型船艦不適合在英吉利海峽這種狹窄的水域航行；所有驅逐艦都在挪威一帶執勤；U型潛艇（U-boat）的戰力則受限於這一帶的淺水區，以及敵軍極其有效的反潛艇行動。

於是只剩S型快艇（Schnellboot）可用——德國的小型快速機動魚雷艇。這些「S艇」特別適合在英吉利海峽這類狹窄海域行動，況且，如今德國在荷蘭取得新的軍事基地，距離行動地點更近。唯一的麻煩是天候問題以及這個季節的短暫夜晚。

整體而言，前景似乎非常樂觀，海軍戰爭指揮部（SKL）已經將兩支分遣隊（總共九艘艦艇）從德國的博爾庫姆島（Borkum）移轉到荷蘭的登海爾德港（Den Helder），和敦克爾克的距離縮短了九十英里。比恩巴赫上尉的第一分遣隊和彼得森上尉的第二分遣隊，已開始以這裡為基地沿著海岸行動。

他們在五月二十二日到二十三日間的深夜初戰告捷。法國的一艘美洲虎（Jaguar）級驅逐艦接近敦克爾克時，魯莽地發出無線電通知，表示它即將在凌晨十二點二十分抵達。德國情報單位監聽到信號。當美洲虎準時出現，一個意料之外的歡迎委員會正在恭候大駕。S21與S23以兩顆瞄準精確的魚雷將它擊沉，然後無聲無息地溜走。

而盟軍方面，沒有人洞悉是什麼因素造成這起事件。潛水艇似乎是最可能的罪魁禍首。當戒備號驅逐艦在五月二十八日晚間停在布雷沙丘外海接運部隊時，英軍仍對S艇的夜間偵查行動一無所悉。艦長費雪中校最擔心的是空中攻擊。如果遇到空襲，船隻或許需要瘋狂蛇行以閃避炸彈；他盡量將士兵安置在船艙底部，以便達到船隻的最大穩定度。弟兄們擠進引擎室、鍋爐室、儲藏室，以及每一吋剩餘可得的空間。

晚上十一點，戒備號載著上限六百四十人開拔，經由較長的Y路線朝多佛前進。夜色闃黑，但是水上波光粼粼。這種情況下，轟炸手通常透過船隻劃過的水痕發現目標。所以在朝東北方前進的第一段航程上，費雪中校將船速降到十二海浬以減低危險。

十二點半左右，他看見昆特汽笛浮標（Kwinte Whistle Buoy）發出的閃光，他將在那裡折向西行，踏上返回多佛的最後一段航程。那是個極其重要的浮標，以至於在如此危險時刻仍需要維持通明。那也是整段回程最無從掩蔽的地方——將輕易暴露於敵機、U型潛艇和其他威脅之下。

費雪開始迂迴前進，並且將速度拉到二十海浬，迫不及待地想趕緊通過昆特浮標。

在不遠的地方，還有其他船隻注視著昆特汽笛浮標忽明忽滅的燈光。德軍的兩支S艇分遣隊如今輪流夜巡，今晚輪到比恩巴赫上尉的第一分遣隊。S30的艦長齊默曼中尉拿著望遠鏡在黑夜中搜尋。浮標附近應該有許多目標，不過到目前為止，他什麼都沒看到。

然後大約在十二點四十分，他突然瞥見一道比夜色更深的陰影。「看，正前方！」他用手肘輕推站在身後的舵手。陰影迅速現形，那是一艘朝他們疾駛而來的深色船隻。齊默曼打量尺寸，估計是一艘驅逐艦。

幾個簡短命令之後，S30修正方向，對準目標稍微前進。在S艇上，魚雷的瞄準方式是將船身直直正對目標。兩艘船隻之間的距離迅速縮短，S艇的船組人員激動不已。他們能將距離縮得夠短而不被發現嗎？

齊默曼又下了一個命令，兩枚魚雷猛然在海中竄出。隊員開始讀秒，焦急地等著……

在戒備號的艦橋上，費雪中校發現了狀況：兩條快速移動的平行線，競相朝他的右舷飛奔而來，一條稍微超前。在粼粼的水光中，它們像銀絲帶般閃閃發亮。他下令舵手向左急轉，船身開始轉動時，第一枚魚雷越過船艏，並未造成損傷。

然而第二枚魚雷正中目標，在前鍋爐室爆裂出一聲轟然巨響和炫目的亮光，將戒備號一分為二。它將在十五秒內沉沒：嚴重受創的部分沉在海底，船艏和船尾則突出水面，成了一個奇怪的V字型。

坐在船底的士兵逃生無門。他們被困在傾斜的甲板底下，被海水包圍，全體犧牲——只除了一名恰好溜到甲板上抽菸的士兵。

幾百碼外，齊默曼中尉心滿意足地望著他的魚雷終於擊沉目標；他原本幾乎放棄希望。他心裡盤算著撈起幾名生還者訊問，三思之後改變了想法。偶爾閃過的陰影和水光，顯示其他船隻正匆匆趕來現場——肯定抱著高度戒備，甚至可能有意搜捕他。撤退似乎是最佳選擇。S30緩緩沒入黑夜中，繼續潛行。

回到失事現場。費雪中校漂離了他的船隻；絕大多數砲手也是一樣。大約三十人站在船尾，突出水面六十英尺。費雪等人在海中漂浮，希望某艘友船能發現他們。

半個鐘頭後，他們的願望實現了。兩艘小型漂網漁船鸚鵡螺號（Nautilus）和慰藉號（Comfort）於夜色中現身。這兩艘船原本負責掃雷，如今加入拉姆齊的救援船隊，正經由Y路線前往拉帕內。接近昆特浮標時，船員聽見呼叫「救命！」的喊聲，看見幾顆頭顱在海面上載浮載沉。

鸚鵡螺號設法撈起六個人，慰藉號另外救起十六人，包括費雪中校在內。其他救援船隻陸續抵達：從東面防波堤接運了整船士兵的薄紗號掃雷艦；接著是同樣擁擠的利德號（Lydd）掃雷艦……然後是從布雷沙丘出發的滿載的格拉夫頓號驅逐艦。它們全都放下救生艇，在一旁待命。還沒有幾個人知道事情原委——只知道有一艘船沉了，海面上出現一陣火光和幾道閃光信號。

一千碼外，德國潛艇U62的艦長米哈洛夫斯基中尉隱匿在黑夜之中，興致勃勃地望著混亂的燈火。他跟S艇一樣，一直在昆特浮標附近潛伏，等待某個不知死活的目標自己撞上門來。對U型潛艇而言，這裡的確是個淺水區；但並非完全無法行動。U62朝著燈火緩緩滑行。

費雪中校嗅到危險。他被慰藉號救起之後，就從原本的艦長手上接掌指揮權。這時，他來回移動行駛，設法警告其他船隻。他大聲呼叫薄紗號，高喊著他的船隻被魚雷擊中，敵人或許還在附近。薄紗號於是迅速離開，連小艇都來不及收回。慰藉號接起小艇上的船員，命令鸚鵡螺號也啟程離開，然後繼續前去警告格拉夫頓號和利德號。費雪沿著格拉夫頓號的右舷船尾停泊，再度高聲提出警告。

太遲了。在那一刻（凌晨兩點五十分），一枚魚雷擊中格拉夫頓號的軍官集合室，打死了從布雷沙丘登船的三十五名陸軍軍官。緊靠在旁的慰藉號被爆炸威力震飛，然後像玩具船似地跌入海中。船身一時被吞入海裡，而後浮出水面，不過甲板上的人員全部落海，包括費雪中校。

慰藉號如今無人掌舵，而引擎設定為全速前進；它開始瘋狂打轉，在黑夜中漸行漸遠。費雪抓住繩索尾巴，堅持支撐著，展開了一段短暫而瘋狂的旅程。但是船行速度太快，又沒有人可以拉他上船，費雪最後不得不放手。

沒關係。仍在打轉的慰藉號回到了視線範圍，被附近的利德號發現。艦長海格少校接到戒備號生還者的警告，得知事情的元兇或許是敵人的魚雷艇，而不是潛水艇。如今，他在黑夜中所見的似乎證實了這項說法：一艘小型船舶正在高速衝刺。

利德號開啟右舷的槍砲口，掃射陌生船隻的舵手室，製造出令人心滿意足的火光。受到魚雷襲擊的格拉夫頓號加入行動，陌生船隻似乎喪失了行動能力。

再度落海的費雪中校明白利德號把慰藉號誤認為敵人了，不過他束手無策。在慰藉號船上，幾名生還者擠在甲板下方，同樣孤立無援。此刻，引擎恐怕因為中彈受損而停止運轉，船身在海峽的洶湧浪潮中笨拙地顛簸搖晃。

突然間，一個龐然大物在黑夜中赫然聳現，全速靠近。那是利德號又回來了；它打算藉由衝撞徹底解決「敵人」。當它的鋼製船艏切穿慰藉號的木造船身時，兩個人影破殼而出，跳上利德號的船頭。

「驅逐登船者！」這句古老的戰鬥口號在甲板上此起彼落，船員紛紛抓起步槍和手槍使勁射擊。幸好，他們沒擊中爬上船的兩名慰藉號生還者，不過一枚流彈射中了自己人、二等兵辛克萊爾，導致他傷重不治。這起誤會終於澄清，利德號踏上返家的征途。

在此同時，受創的格拉夫頓號一片混亂。魚雷（後來顯然中了第二枚）破壞了燈光設備，船上八百多名士兵在黑暗中四處亂竄。野戰維安部隊的巴特萊特上尉也在船上，他是最後撤離布雷沙丘的人員之一。軍官的專用集會室已經坐滿了人，他只得窩在船長室的小角落裡。爆炸聲讓巴特萊特大吃一驚，他摸索著尋找出路。似乎沒有逃生的機會，但是他並不特別擔憂。他記得在無數的美國戰爭電影中看過類似場景。「賈利・古柏（Gary Cooper）總會找到出路，」他安慰自己。

他終於跌跌撞撞地走上露天甲板，發現黑夜中砲火四射，熱鬧滾滾。格拉夫頓號加入利德號的行列，猛烈攻擊倒楣的慰藉號；附近海面上的其他船隻或許也在開火。流彈射入格拉夫頓號的艦橋，導致艦長羅賓森中校喪命。

砲火漸漸平息，船上也恢復了表面秩序。醫務室接到消息，傷員可以開始往上後送。皇家運輸勤務隊駕駛員二等兵蘇格的手受傷了，急忙衝向階梯。他在路上被一名勤務兵叫住，後者遞給他一支手電筒，請他等一下。勤務兵要替一位剛剛失去雙腿的水手綁止血帶，需要有人幫忙拿手電筒。蘇格原本瀕臨恐慌，但是勤務兵在危急時刻仍然維持從容不迫，顯示出典範的力量。他也必須保持鎮定：不能讓這名好漢失望。

等到蘇格爬上甲板，馬林納號（Malines）渡輪已緊靠在旁，準備接駁部隊。格拉夫頓號此刻已開始傾斜，慢慢下沉，但是士兵們井然有序地排著隊，耐心等待輪到自己登船的時刻。巴特萊特是最後換船的人員之一；賈利・古柏找到了出路。

艾凡赫號（Ivanhoe）驅逐艦以兩枚準確的砲彈擊沉了格拉夫頓，終於有時間統計傷亡。對巴特萊特而言，太晚上船反倒讓他僥倖逃過一命。要是稍微早一點上船，他就會跟其他軍官一起死在軍官集合室裡。

對第一師油料勤務部的霍斯上士來說，事情的轉折更令人覺得諷刺。在布雷沙丘時，他暫時離開自己的小隊，去幫忙一名受傷的戰友，儘管上級的命令是所有人不得脫隊。等到他回來的時候，其他人已經登上了小艇，前往停在外海的驅逐艦。那是戒備號——隊上弟兄全數喪命。由於違抗命令，霍斯被獎賞了生命。

最幸運的人，要屬打不死的費雪中校。被沖下戒備號後，他是少數被慰藉號接起的人員之一；從慰藉號跌入海中之後，他再度被救起，這次是挪威戰艦赫德號（Hird）救了他。赫德號是從奧斯陸出發的一艘老舊蒸汽船，原本從事木材買賣，甚至不屬於拉姆齊將軍的救援船隊。五月十三日，它在例行航程中停靠敦克爾克，在過去兩周以來，因為德國空軍轟炸港口而吃足了苦頭。如今只有一副引擎正常運作，航行速度幾乎不到六海浬。

然而情勢危急。隨著裝甲部隊步步逼近，法國海軍徵用赫德號，幫忙將部分受困的法軍送到西南方一百八十英里、照理脫離險境的瑟堡（Cherbourg）。五月二十八日一整夜，他們全擠在船上，湧進敦克爾克的部分英軍也非正式地上了船。工兵李德斯特發現上船的跳板被一列法國大兵堵住了，因此轉而抓住垂吊下來的繩梯。他和同伴快速攀登上船，等候的法國大兵則憤怒地大吼大叫。其他幾名英國大兵也想盡辦法上了船，包括第十二戰地救護車隊的二等兵羅夫、第四十四師的吉爾中士、憲兵隊的布萊伯恩士官長，或許共有一千人上下。

午夜左右，赫德號終於慢慢滑出港口，船上載滿了三千名盟軍部隊，以及幾名德國戰俘。依照六海浬的速度，船長弗倫晨沒打算挑戰敵軍沿著西行海岸布置的砲台，所以他一開始轉向東行，踏上Y

路線。等到過了昆特汽笛浮標，他將折向西行，穿越海峽，避開德軍砲火的射擊範圍。

他就是在昆特浮標轉向時，救起了費雪中校和水中的其他幾人——大概全是戒備號的生還者。筋疲力盡的費雪中校委頓地窩在船尾貨艙，跟一群法國殖民地部隊擠在一起。他沒看見英國士兵，也沒想過船上或許有本國同袍。

恢復力氣後，他走到艦橋，要求讓他在多佛下船。重要的航海圖也許在戒備號沉沒時流失了，拉姆齊將軍必須得到警告。弗倫晨船長回答，他接到的命令是直接前往瑟堡。費雪並未堅持：他知道赫德號無論如何會經過多佛的防波堤附近，他可以利用過往船隻搭個便船進入港口。

果然不出所料。赫德號接近防波堤時，費雪高聲呼叫一艘路過的海軍拖網船。它側著靠近，費雪縱身跳上了船。

此時在赫德號的前甲板上，英國大兵望著多佛越來越靠近，油然升起濃烈的期待之情。這是一趟困頓的旅程，既沒有食物也沒有水，而且，當一名英國大兵跌下艙口，整夜躺在地上呻吟，航程變得更難忍受。此刻，生命終於重新燃起了希望，著名的白堊峭壁從未如此美麗。

然而，出乎所有人意料之外，赫德號再度轉向，沿著海岸往西前進，越過福克斯通（Folkestone）、義本（Eastbourne），與布萊頓。這群大兵料想，他們肯定是要前往南漢普頓，先安頓下來再見機行事。工兵李德斯特試著吃一罐生魚卵。味道糟透了，「但是天啊，我實在好餓！」

接著出現另一個意外。赫德號的目的地終究不是南漢普頓。相反地，它越過懷特島（Isle of Wight）猛然轉向，再度穿越海峽朝法國前進。前甲板傳來憤怒的嚎叫，幾個人舉起步槍對準艦橋，希望「說服」弗倫晨船長改變心意。值此關鍵時刻，一位名叫杭特的年長英軍少校挺身而出，擋在船長前面保護他，設法安撫部隊的情緒。他解釋道，赫德號受法軍管轄，船上的法國高階軍官下令船隻前往瑟堡，那裡亟需法國大兵支援；最後，他個人保證會把每一位英兵帶回英國。這是一次激勵人心的表現，主角並非一位訓練有素的作戰領袖，而是隸屬於第五〇八油料補給隊的一名慈祥長者。

暴動的氛圍霎時煙消雲散。赫德號持續航行，抵達瑟堡。每名英兵各得兩片乾麵包和果醬，然後行軍到城外的一個臨時宿營地。他們在這裡搭帳篷野宿，直到杭特少校實現諾言，把他們全帶回英國。

拉姆齊將軍和發電機室人員很幸運地對赫德號曲折迂迴的航程毫無所知，不過，他們非常清楚昆特汽笛浮標附近發生的災難事件。他們帶著獨有的活力，立刻埋首研究反擊策略。

二十九日上午八點零六分，拉姆齊以無線電告知全體艦隊：「載著部隊的船隻不得停下來營救沉船生還者，請轉而通知附近其他船隻。」

接著，他抽出兩艘幫忙運兵的掃雷艦，命令它們搜尋昆特附近海域，找出每一艘潛伏的魚雷艇。這是一項激烈而實際的決策。他需要每一艘可利用的船隻來載運英國遠征軍，但是，除非能安全返家，否則一切努力又有何益？

英國仍然懷疑有U型潛艇涉入其中，所以將軍也在昆特以西海域設立了反潛巡邏。除此之外，平常負責巡防泰晤士河出海口的反潛拖網船，也南下支援馬蓋特和拉姆斯蓋特以東的重要區域。駐紮在哈維奇的一支快艇艦隊奉令待命，在查出任何敵蹤時出手打擊部隊。

最重要的是，居中的X路線終於掃清水雷，開放通行。當天早上，三艘驅逐艦率先試用，然後宣布這條航線不受德軍在敦克爾克東西兩面設置的砲組侵擾。下午四點零六分，拉姆齊下令所有船隻白天一律使用這條新的路線。這不僅將航程從八十七英里縮短為五十五英里，更將交通引導至昆特浮標以西二十六英里以外，這也意味著和S艇最喜愛的狩獵地點拉開二十六英里的距離。

到了下午三、四點鐘，所有反擊措施都已付諸行動，發電機室回到一位參謀官所說的，「平常的、有秩序的混亂狀態。」隨時會出現全新的問題。當新的德軍砲組從西南方攻擊防波堤，皇家空軍可以迅速發動反攻嗎？在海灘上，陸軍的醫療服務徹底瓦解，海軍可以送來一隊好醫生嗎？油料充填成了重大瓶頸。多佛的加油站平時一次只能替一艘商船加油，步調悠閒，而此時它如何應付同時亟需補充油料的數十艘船隻？將軍得到消息，五艘拖吊船將拖曳二十艘泰晤士駁船，在下午五點三十分抵達拉姆斯蓋特，它們可以充當海灘上的臨時碼頭嗎？

關於駁船的使用，坦納特被徵詢了意見，而他駁回這個想法。海灘傾斜角度極低，二十艘駁船不足以搭成一座合用的碼頭。不如拿它們將部隊接駁到在近海等待的驅逐艦或蒸汽船。小型船隻仍然未達真正所需的數量，這些駁船聊勝於無。

在此同時，問題持續加劇。人潮湧進海灘的速度遠超過船隻的接運速度，當摩爾上校在上午十點左右帶領二十位軍官和四百零三名士兵抵達拉帕內時，他毫無概念該如何處理這些人員。有人建議他到第二師指揮部詢問；他因此將這群人留在一座飯店的花園內，自行走上海灘，跋涉到往北一英里的指揮部防空洞。

指揮部內是另一個世界——三名中校、大約六名助理參謀、一排電話機，還有在人員之間來回傳遞的文件。他拿到一張填寫整齊的票券，授權他帶領二十位軍官和四百零三名士兵從「A海灘」登船。可以想見，這張票是要在某個特定海灘的某個大門交給某位收票員。

然而回到海灘，真實情況截然不同：沒有路標，沒有收票員，只有讓人摸不清頭緒的漫長等候。

在拉帕內、布雷沙丘和瑪洛海灘，越來越長的隊伍在沙灘上盤繞，甚至進入海中。隊伍看來幾乎原地不動，士兵們盡可能想辦法消磨時光。第八十五指揮部彈藥庫的隨軍牧師在人群之中走動，鼓勵大家隨著他一起禱告、吟唱。在布雷沙丘，幾名高射砲砲手平靜地玩牌，因為他們早就用盡了彈藥。在防波堤東面的海濱步道，一群人從海灘租車公司借來鮮豔的迷你腳踏車，來回騎著單車。在瑪洛附近，一名大兵俯臥海灘上，抓起一把細沙從指間流過，一次又一次地祈禱，「主啊，求求您大發慈悲……」

有些人發現烈酒可以消愁。第八十五指揮部彈藥庫的艾奎爾中士跟一名同袍借水喝。他並不怎麼遺憾地發現水壺裡裝的竟是蘭姆酒。幾番痛飲之後，他醉到不省人事。還有些人（例如二等兵托美）不信任飲用水，連續十四天依賴葡萄酒和香檳維生。這天早晨，幾杯白葡萄酒終於擊垮托美：「我醉得一塌糊塗。」

隨著隊伍一吋一吋地朝大海緩慢移動，難免偶爾有人驚慌失控。有那麼多人在等待，所以，當某艘也許能接運十個人的小艇終於出現在觸手可及的地方，人們很難維持鎮定。麥爾坎號驅逐艦的考克斯上尉在拉帕內海灘執行任務時，不得不掏出手槍，威脅射殺下一個企圖衝上船的人。即便如此，一名陸軍軍官仍跪下來，苦苦哀求讓他先上船。在拉帕內的另一場慌亂中，一艘小船翻覆了，七名士兵在水深四呎的地方溺斃。

涉水是件苦差事。砲兵上尉奧斯汀覺得褲管灌滿了水，鼓脹起來，直到「重得跟石頭一樣」。濕透的夾克和浸水的靴子似乎把他釘死了，寸步難行。

當船隻的救生艇終於出現時，海水已經抵到他的下巴，奧斯汀納悶，他怎麼可能爬得上船？他不需要擔心。船上伸出強壯的手臂，抓住他的腋下和皮帶，使勁地把他拋過船舷。他聽到船上有人叫喊，

「拜託，醒來，你這混蛋，真該死！」

有時候，比較機智的士兵會設法發明自己的交通工具。砲手法爾斯德和部隊走散了，他發現似乎沒有一條隊伍願意接納脫隊的士兵，於是和六名同伴決定獨自行動。他們在沙灘上走著，發現一艘折疊式帆布艇在岸邊漂流。船上只有一根槳，但是這一小群人用來福槍代替，朝海中划去。他們最後被一艘海軍快艇接起，送上皇家老鷹號（Royal Eagle）明輪蒸汽船。

同時間，基拉尼號（Killarney）掃雷艦救起了另外三名探險家。它在橫越海峽的時候，遇到一個用門板和幾片木板釘成的木筏，上頭有一位法國軍官、兩名比利時大兵，以及六罈美酒。全都被平安接駁上船。

不過，面對海灘上的困難，是金鶯號（Oriole）掃雷艦的艦長戴維斯上尉，想出了最實際可行的解決辦法。金鶯號原本是克萊德河（River Clyde）上一艘老舊的明輪蒸汽船，吃水很淺。戴維斯善用這項特性；他把船頭對準海岸，硬生生衝撞著陸。接下來的時間，金鶯號充當碼頭，士兵們涉水而來，從船艏爬上船，然後在船尾搭上源源不絕的接駁船隻，送往停在外海的大型船艦。

即便如此，許多士兵仍在試圖爬上金鶯號時不小心失足落海。克羅斯比中尉（一名格拉斯哥書商之子）一而再地跳入海中，救出他們。當海潮退去，金鶯號擱淺岸上，克羅斯比稍微休息了一下，不過到了傍晚，海水再度漲潮，船身最後又浮起來了。它已完成任務，於是滿載著英國大兵朝拉姆斯蓋特出發。二十九日一整天，大約兩千五百名士兵利用它做為通往安全的橋樑。

在敦克爾克，坦納特上校有他自己的辦法來解決海灘上的問題。由於東面防波堤的成效極其卓著，他要求將整體撤退的行動集中於此。但拉姆齊將軍否決了。英國遠征軍如今大量湧入周邊防線內，將軍覺得防波堤和海灘都有其必要。除此之外，他也想分散風險。到目前為止，他一直非常幸運。拜濃煙和低雲層的掩護，德國空軍完全放過了防波堤。拉姆齊希望繼續這樣下去。大量集中的船隻，也許會引來不必要的注意。

確實如此。一整個早上，船隻絡繹不絕地進進出出。公式奏效了：船隻側身停靠，碼頭管理人克勞斯頓中校派遣部隊上船，船隻滿載之後啟程離開——有時僅花不到半個鐘頭。和克勞斯頓並肩工作的是帕門蒂爾准將。他原本是高特的參謀，如今負責監督部隊登船。他永遠泰然自若，從來不屑戴鋼盔，而且總是洋洋得意地炫耀左眼上的單片眼鏡。

這段期間，防波堤底下的等候隊伍越來越長。為了方便管理，帕門蒂爾設計出一套「衣帽間寄存」制度。等候的士兵被分為五十人一批；每批的領頭人分到一個號碼，等到叫到號碼就可以走了。

「登船行動目前正常進行，」坦納特上校在二十九日下午一點三十分發送無線電信號給多佛。的確，所有事情都很「正常」——只除了防波堤旁的船隻數量超出尋常。靠港口這面，手榴彈號（Grenade）和美洲豹號驅逐艦、坎特伯里號運輸艦以及一艘法國驅逐艦都在接運部隊；靠海的那頭，費內拉號（Fenella）海峽渡輪也有士兵正在登船。

此刻，下午一點半，正當坦納特發出他的無線電訊息時，又有六艘船抵達。比爾上尉是這支小型拖網船艦隊的領袖。這幾艘船平時參與掃雷，今天則為防波堤送來迫切所需的梯子。它們也到了靠港口的這一頭，停在兩艘英國驅逐艦和坎特伯里號中間。

接著，一艘大型的明輪蒸汽船如冕雕號（Crested Eagle）也來了。它停在靠海的那頭，緊連著費內拉號的船尾。防波堤的盡頭，目前總共擠了十二艘船艦。

在此同時，天氣逐漸轉晴，而且風向改變，把港口上方的濃煙吹往內陸；即將出現晴空萬里的午後。

發電機室對這些細節一無所知，而所有情報確實讓人安心。對於夜間的魚雷攻擊，盟軍已經做了一切可能的防範措施。自從夢娜島號清晨撞上水雷之後（幸好當時是空船），就沒有發生重大的船難事件。敦克爾克並未傳來新的消息，但是那兒的消息總是來得較遲。

下午結束以前，所有人員士氣高昂。下午六點二十二分，替拉姆齊負責聯絡工作的洛伊德少將（H. C. Lloyd）發電報給倫敦的陸軍總部：

> 海軍的運輸計畫目前已接近最高效率。在天候許可、以及合理地免於敵軍攻擊的情況下，預計從敦克爾克撤回一萬六千人，從海灘撤回一萬五千人……

然而，就在將軍發送樂觀消息之際，驚人的事件正在敦克爾克展開，導致救援艦隊潰散、防波堤一片狼藉，完全打亂了拉姆齊將軍的通盤撤退計畫。

空中攻擊

對沃夫岡．法爾克上校而言，這將永遠是他的「黃金時代」。身為第二十六戰鬥機飛行隊的大隊長，他開的是新型的雙引擎戰鬥機 Me110，據說甚至比傳奇的 Me109 更精良，不過此點無人能肯定，因為它迄今還未遭遇太多抵抗。戰役開打以來，行動輕鬆愉快：打掉英軍老舊的費爾雷戰鬥轟炸機（Fairey Battle bombers）、擊毀在地面上列隊的法國軍機、保護斯圖卡、亨克爾 111 和道尼爾 17 免於遭受敵軍從未發動的攻擊。

唯一麻煩的是得跟上裝甲部隊的步伐。飛行中隊必須隨著陸軍的挺進而移動，而這有賴絕佳的組織能力，以維持油料、零件和維修的順利補給。地勤人員通常在夜間先行，只留下骨幹人員替隔天一早出勤的飛機進行起飛前的檢修，接著這些骨幹人員也得前往下一站。飛行中隊完成任務之後，會在一切準備就緒、等著迎接它們的新基地降落。

他們吃的和住的向來都是最好的。中隊的行政官施佛少校是一名年長的後備役軍人，總能替部隊找到體面的住處和藏著美酒的地窖。他通常選擇當地的別墅，屋主早就拋下一切逃難去了。法爾克禁止劫掠——走的時候，所有東西必須保持原樣——但是沒有規定不能享受生活；飛行員發現自己拿利摩日（Limoges）的瓷器用餐，睡在掛著帷幕的床上。

他們甚至有時間胡鬧。在一座被德軍占領的空軍基地附近，一群飛行員找到法軍遺留的幾輛小型坦克，油箱還有滿滿的油料。飛行員通常有一雙巧手，沒多久，坦克就被他們摸清門道，跑了起來。這群人彼此追逐、衝撞，玩得不亦樂乎——彷彿在某個大型的碰碰車遊樂場般。

五月二十七日，德國飛行員開始察覺黃金時代或許無法天長地久。此刻，攻擊目標是敦克爾克本身，而當斯圖卡和亨克爾進行尋常任務時，空氣中迴盪著之前沒聽過的低沉轟鳴聲。現代的英國戰鬥機——颶風式和噴火式——轟然降臨，打破了德國戰機的整齊編隊，偶爾導致轟炸機失控墜毀。這些英國飛行中隊被太過珍視，不能以法國為基地；不過現在戰場在英國可及的範圍內，情況完全改觀。它們從肯特郡的十幾座機場起飛，浩浩蕩蕩飛越英吉利海峽。

很難說是陸上的英軍，還是空中的德軍比較驚訝。一般英國大兵幾乎放棄再次看到皇家空軍的希望，然而當它們此刻驟然出現，給予敵軍一陣猛烈攻擊。對德國空軍的飛行員而言，這些新的空中戰鬥是一次教育體驗。法爾克上校很快發現，Me110 並不比 Me109 精良，甚至有所不如。事實上，在一次任務與英國皇家空軍纏鬥之後，他的飛機是四架 110 中唯一返回基地的一架。他降落著地，依然嚇得發抖，卻正好遇上凱瑟林將軍前來視察。兩人幾年後再度相遇，將軍仍舊記得法爾克巍巍顫顫的敬禮。

和許多飛行員一樣，法爾克也很迷信。他在飛機側面畫了一隻大瓢蟲，那是他的飛行中隊在挪威戰役的幸運符號。機身還寫了一個大大的「G」。G是第七個字母，而「七」是他的幸運數字。面對噴火式戰鬥機，他需要各種想見得到的護身符。

就連 Me109 也棋逢對手。噴火式戰鬥機的急轉能力更強、可以維持更長的俯衝時間，而且爬升速度更快。它們還有神出鬼沒的能力——有一次，一架噴火式戰鬥機乍現，導致與空中編隊長並列飛行的資深 109 飛行員嘉蘭德上校，失去了平常的鎮定。他一時驚慌失措，轉錯了彎，讓空中編隊長成了門戶洞開的標靶。悲痛萬分的嘉蘭德設法擊落一架噴火式，然後抱著最壞的打算回到基地。不過，空中編隊長（一個名叫艾柏的一次大戰老飛行員）證明自己是隻打不死的老鳥。被噴火式擊中之後，他想辦法迫降，安然走回基地。

對德國空軍而言，幸好英軍永遠沒有足夠的噴火式和颶風式戰鬥機。皇家空軍的戰鬥機指揮部必須提前為英國本土的防禦做好準備，因此，空軍上將道丁爵士（Sir Hugh Dowding）拒絕同時調派超過十六支飛行中隊前往敦克爾克。即便竭盡全力，這些飛機也無法提供無時無刻的掩護；而德國空軍從不放過海灘沒有戰鬥機保護的大好時機。當二十七日的戰績終於加總完畢，英軍和德軍的折損數字對不上來，但是雙方都有一點共識：那就是敦克爾克港口已遭摧毀。

五月二十八日是對德國空軍更有利的一天。比利時投降、法軍的防守搖搖欲墜、奪下加萊，這些都在在釋放出更多可得的飛機。但是天候轉壞，負責攻擊敦克爾克的第八航空軍只能留在地面。第八航空軍指揮官里奇特霍芬少將（他是大名鼎鼎的紅男爵的遠親）要煩惱的不只是天候問題。戈林不斷打電話過來。元帥如今擔心他向希特勒保證德國空軍可以獨力贏得戰爭的諾言無法實現，而他似乎認為里奇特霍芬可以想辦法趕跑雲層。

五月二十九日黎明，天候變得更糟。持續下著毛毛雨，雲幕高度只有三百英尺。第八航空軍再度打起精神承受戈林的密集電話攻擊。然而到了中午，天氣開始轉晴。下午兩點半，里奇特霍芬終於下達拖延已久的攻擊命令。

所有大隊長都被召來聆聽簡報。要點是：基於與陸軍A集團軍的協議，空軍只能攻擊海灘與船隻，不得瞄準內陸，此刻擊中我軍的風險太高。兩點四十五分，飛機開始從各個基地起飛：帝諾特少校的斯圖卡中隊從博柳（Beaulieu）起飛、卡爾波少校的道尼爾十七中隊從盧凱（Rocrai）起飛、嘉蘭德上校的 Me109 中隊從聖波爾（Saint Pol）起飛，凡此等等。

這並非一場普通的空襲。第八航空軍特地加強了戰力：從另外四個航空軍調來戰機、從荷蘭調來一支新的容克斯 Ju88 轟炸機聯隊、另一支聯隊則遠從杜塞道夫（Dusseldorf）而來，總共有四百多架軍機在一百八十架斯圖卡的領軍之下朝敦克爾克前進。

下午三點，它們全都抵達了。迄今仍然不見英國皇家空軍的蹤影。為了由海面進入陸地而在空中繞行時，第三斯圖卡聯隊的機槍手兼無線電員曼奈特中士，俯瞰到一幅驚人的景觀。到處擠滿了船隻。奇怪的是，這讓他想起了以前看過的一張老照片，那是英國艦隊聚集於特拉法加（Trafalgar）的畫面。

另外幾雙更老練的眼睛也在掃視海面。他們之前也許放過了東面防波堤，但是今天不會。煙霧被風吹向了內陸，而正下方是誰都無法忽略的景象。十幾艘船舶集中在防波堤旁，很難想像比這更誘人的目標……

比爾上尉可以輕易看見從天而降的炸彈；它們滾出俯衝的斯圖卡時，看起來就像十五英吋的大砲。沒時間比較了：他俯身撲倒在防波堤上，周圍的世界轟然爆炸。

一枚炸彈不偏不倚地落在防波堤上，離他二十英呎，將一片片碎裂的混凝土塊掀到空中。一大塊水泥從他耳邊飛過，擊斃步道前方的另一名士兵。飽受驚嚇又滿身塵土的比爾，感覺到一個奇怪的濕潤的東西：一隻流浪狗正在舔他的臉。他往左邊瞥一眼，望向他的六艘拖網船停泊的地方，它們還安然無恙；不過事情才剛剛開始。德國戰機似乎以兩架或三架的編隊進行攻擊，每次投擲兩枚炸彈。轟炸偶爾暫歇，不過從未真正停止。

停在防波堤最尾端的美洲豹號驅逐艦設法開拔。它滿載著部隊回航，斯圖卡則一次又一次地朝它俯衝。斯圖卡從未直接命中目標，但是幾枚擦撞而過的炸彈造成了嚴重損傷。炸彈碎片把左舷打得傷痕累累，同時劃破了油槽和蒸汽管。美洲豹號很快失去速度，開始往岸邊漂流。快遞號（Express）驅逐艦及時趕來把它拖離航道，並且接運部隊。美洲豹號船身傾斜十七度，最終空蕩蕩地爬回多佛——永遠退出撤退行動。

在防波堤這邊，手榴彈號驅逐艦是下一個受害者。司爐長布朗站在首絞盤旁邊，望著斯圖卡從頭頂飛過、轉彎，然後從海面上疾飛而來。一枚炸彈擦過防波堤旁，四射的炸彈碎片濺上手榴彈號。布朗受傷倒地，正當船上醫官替他完成包紮時，另一架斯圖卡來襲。這一次瞄準精確。一枚炸彈落在船尾，另一枚擊中艦橋，炸掉底下的油槽，巨大的火焰衝破甲板往上竄。布朗想辦法爬上防波堤。

水手厄爾文正巧在手榴彈號上。他的一名同伴在防波堤受了傷，厄爾文扶他上船找人幫忙治療。他們在上層甲板的小房間等候時，突如其來的爆炸把他們震倒了。某個人的鋼盔（不誇張，被燒得紅通通的）瘋狂地滾來滾去，厄爾文趕忙跳開，免得被鋼盔彈到。

他設法帶著朋友回到防波堤，但是必須拋下一名躺在病床上、受重傷的士官。厄爾文答應回來救他，但這是他無法兌現的承諾。克勞斯頓中校的手下已經鬆開船隻的纜繩，以免它在停泊區沉沒。仍在燃燒中的手榴彈號緩緩漂進港口的出入水道；假如它在這裡沉沒，後果恐怕更糟，說不定會把港口完全堵死。最後，比爾上尉的一艘拖網船把它拖離水道。手榴彈號燃燒好幾個鐘頭後爆炸，消失在蕈狀的煙雲之中。

資深海員卡瓦納在燃燒的手榴彈號漂走之前，設法爬上了防波堤。他暫時安全了，但只是頃刻而已。一架德國飛機猛撲過來，以機槍掃射擠在步道上的部隊。一位反應靈敏的士兵推倒卡瓦納，趴在他的身上。等到敵機飛走了，卡瓦納請那位士兵別再壓著他，卻沒有任何回應——他死了。他犧牲了自身生命，來保護一個素昧平生的陌生人。

卡瓦納這時登上停在防波堤另一端的大型木造蒸汽船費內拉號。「如果這艘船被擊中，」有人評論道，「會像點燃火柴盒一樣，瞬間起火。」話一說完，一枚炸彈在船邊落下，將船殼打成了碎片。卡瓦納跳下船，再回到防波堤的另一端，決定試試比爾上尉的拖網船。他選擇了卡維爾號（Calvi）。但是還來不及上船，卡維爾號也被炸彈擊中。它姿態莊嚴地在停泊區沉沒，直挺挺地長眠海底，它的煙囪和桅桿突出水面，軍旗仍在前桅上飄揚。

卡瓦納接著登上另一艘拖網船（他一直不知道這艘船的名字），這回，沒有人在他頭上投擲任何東西。在三艘船上遭炸彈轟炸三次、機槍掃射一次之後（總共四十五分鐘），他坐在甲板上歇息一下。「抬起你的屁股，過來幫個忙，」有人吼叫著，他只好拖著疲倦的身體繼續行動。

防波堤旁，在被炸彈擦撞過而船殼碎裂的費內拉號上，皇家砲兵團的砲手錢德勒正坐在下層船艙啜飲熱可可。他打從一大清早就在克勞斯頓中校的隊伍中排隊，現在終於上船，可以稍微放鬆了。就連擦邊而過的炸彈都不能打擾他喝熱可可。然後有人透過舷窗往外看，發現防波堤似乎越來越高。既然這是不可能的事，那麼船隻肯定正在下沉。這終究不是放鬆的時候。費內拉號在停泊處沉沒之際，錢德勒和夥伴們匆匆跳上了防波堤。

三艘船報銷了、防波堤遭受轟擊而受損，這些都在在令人神經緊張。這條伸向大海的長堤曾經是所有人追逐的目標，如今不再如此受歡迎。在靠海那端等候的幾名士兵動搖了，開始朝陸地奔竄。克勞斯頓中校當時站在靠岸的這端跟比爾上尉交談，但是他銳利的眼神立刻捕捉到這場騷動。他帶上比爾、掏出左輪手槍，三步併作兩步地迎向這群暴徒。

「我們是來帶你們回英國的，」他用克制而堅定的語調說，「我這裡有六發子彈，而我的槍法不賴。我身後這名上尉槍法更準。所以總共可以解決你們當中的十二個人。」他停頓片刻，然後拉大嗓門，「現在，回到原位，給我他媽的上船！」

事件就此終結。士兵們再度回頭，許多人登上如冕雕號蒸汽船，這艘船緊連著倒楣的費內那號的船尾停靠。如冕雕號是一艘大型的明輪蒸汽船，許多士兵對它並不陌生。在美好的日子裡，它曾經載著許多人穿梭泰晤士河。上了這艘船，幾乎就像回到家一樣。到了下午六點，船艙裡擠滿了六百名士兵，包括一群來自手榴彈號和費內拉號的狼狽不堪的生還者。

克勞斯頓中校下了放行信號，如冕雕號的大型槳輪便開始攪動海水。離開防波堤邊之後，艦長布斯少校首先沿著海岸往東行，計畫經由Y路線回家。

沒過多久德國空軍就發現它的蹤跡。從手榴彈號安全逃生的司爐長布朗站在槳輪的罩子旁，再度聽到斯圖卡炸彈劃過天際的熟悉尖嘯聲。它擊中大廳後爆炸，導致桌椅和屍體齊飛。

發生爆炸時，剛剛下了費內拉號的砲手錢德勒正在下一層船艙裡研究引擎。他被炸飛起來，直到撞上船艙尾端的隔牆。

在艦橋上，布斯中校發現槳輪仍能運作，因此試圖維持航線。說不定還有逃脫的機會。

他想得太美了。整個船尾陷入火海，輪機員瓊斯上尉前來艦橋，表示槳輪恐怕撐不下去了。布斯決定將船隻拖到岸邊，於是在聚伊德科特的大型精神療養院對面轉向、靠岸，離布雷沙丘不遠。海灘上的部隊注視著這艘如火球般的船隻猛然擱淺，一時之間把自己的麻煩全都拋到腦後。

「老兄，趁著還有機會，趕緊下船，」砲手錢德勒六神無主地站在欄杆旁時，一名水手給他忠告。錢德勒覺得他說得對，因此脫掉鞋子縱身一跳。附近有其他船隻，但是距離很遠，於是他自行游回岸邊。這並不難；他身上穿著救生衣，甚至還能順道拉著一個不會游泳的人上岸。

一回到岸上，他才乍然發現自己的燒傷有多麼嚴重。之前在慌亂中，他從未注意雙手的皮膚裂成一條條地垂下來。他被匆忙送上救護車，載到瑪洛海灘一座暫時充當傷員集中站的賭場。很難想像有更多事的一天，然而他最終到達的地方，和他一早的出發地點只有短短幾百碼的距離。

在這傷亡慘重的下午，除了防波堤外，最誘人的攻擊目標就是六千噸重的麥卡利斯特氏族號大型貨輪。這艘船前一天晚上從多佛出發，載著八艘突擊登陸艇及其船員過來。艦長麥基上校覺得指定路線將承擔不必要的風險。不過當他向突擊登陸艇指揮官卡西迪上校抱怨時，卡西迪只是冷冷地回答，「上校，如果你不想去，就告訴我航行的路線、放船下水，我會自己帶它們過去。」麥基把這段話視為對其勇氣與能力的挑戰，於是一行人就上路了。

二十九日上午九點，他們停在敦克爾克的馬路邊卸下登陸艇。兩艘小艇在卸載時受損，但是另外六艘安然下水，立刻奮力行動。麥卡利斯特氏族號則奉命在附近逗留，等待進一步指令。

德國空軍發動攻擊時，它還在等待命令。下午三點四十五分，斯圖卡的三枚炸彈正中船身，第五號船艙起火燃燒。不遠處的麥爾坎號驅逐艦閃躲過這次轟炸，前來救援。考克斯上尉和梅里斯上尉跳上麥卡利斯特氏族號，拿著麥爾坎號的消防水帶朝燃燒的船艙灌水。所有人都忽略了船艙裡滿載四英吋彈藥的事實。假如彈藥爆炸，兩名軍官必死無疑，兩艘船恐怕也都難逃厄運。天佑勇者。彈藥並未爆炸——不過考克斯和梅里斯也沒有熄滅大火。

他們終於回到麥爾坎號。這艘驅逐艦啟程離開，順便帶走麥卡利斯特氏族號的傷員，以及一群誤以為船越大越安全、因而被接駁到大型蒸汽船的士兵。麥基上校堅持留在自己的船上，仍然希望設法帶它回家。不過斯圖卡持續攻擊，打壞了它的轉向裝置，麥基終於發出呼救信號。

潘博恩號（Pangbourne）掃雷艦緩緩側身停泊，問他是否打算「棄船」。敏感的麥基拒絕嚥下這個詞彙。「哎呀，我是說『暫時棄船』，」潘博恩號的艦長婉言相勸。這麼說還行，於是麥基換了船。其實沒必要覺得羞愧或丟臉。麥卡利斯特氏族號才正要開始發揮它的最大效用。它筆直沉沒在海灘外的淺水區，接下來好幾天，德國空軍將在這個棄置的殘骸上浪費好幾噸彈藥。

麥卡利斯特氏族號是個特別誘人的目標，但是在五月二十九日這天，沒有一艘船安全無虞。韋弗利號（Waverly）掃雷艦下午四點左右載著六百名士兵啟程回家，十二架亨克爾戰機對它進行密集轟炸。韋弗利號連續蛇行半個小時，閃過每一枚炸彈，不過亨克爾不達目的絕不罷休。最後，一枚擦邊而過的炸彈打掉它的船舵；接著一枚炸彈直接命中，在船底炸開直徑六英呎的大洞。韋弗利號船尾向下沉沒，超過三百名士兵喪生。

現在輪到葛莉絲菲爾德號（Gracie Fields）了。這艘備受民眾喜愛的懷特島渡輪，傍晚載著七百五十名士兵離開拉帕內。四十分鐘後，一枚炸彈在它的鍋爐室爆炸，冒出籠罩整艘船的巨大煙雲。引擎關不起來了，船舵又卡住，它開始以六海浬的速度打轉。日德蘭號（Jutland）和特文特號（Twente）

斯固特一邊一艘匆匆趕來，部隊換船的時候，這三艘船便像跳華爾滋般轉了好一陣子的圈圈。

原本已經載了如冕雕號生還者、船身被砲彈打得傷痕累累的潘博恩號掃雷艦，也加入了救援行動。它接過葛莉絲菲爾德號上的繩索，打算拖它回家。可惜葛莉絲菲爾德號沒回到家。當船員安全轉移後，「葛莉絲」終於在夜裡沉沒。

空襲在入夜之後漸漸平息；防波堤上的克勞斯頓中校開始檢視這令人沮喪的場面。沒有剩下任何一艘完好的船。費內拉號和卡維爾號在停泊區沉沒，其餘船艦也都走了——有的遭到毀滅，有的載著部隊回到英國。轟炸結束了，如今只聽得到流浪狗的叫聲。逃難的主人拋下寵物，「法國的半數狗民」（套用某個人的說法）都加入了英國遠征軍。有些狗被偷偷夾帶上船，但是更多被留在岸上，如今在岸邊發出絕望的嚎叫——這是撤退行動中持續不斷的淒涼畫面。

防波堤本身也是個悲慘的景象。到處坑坑巴巴，但是並非全是炸彈的傑作。空襲期間，至少有兩艘英國船艦在慌亂中衝撞了防波堤步道。克勞斯頓著手修補，很快地拿門板、艙蓋以及從報銷船隻上取下的木板來填補縫隙。

就在他們辛辛苦苦修補防波堤的時候，奧里國王號（King Orry）客輪側身緩緩靠近。它的舵機壞了，船身也被擦撞而過的炸彈打穿一個大洞。克勞斯頓此刻最不需要的，就是另一艘船在停泊區沉沒。於是船長在夜裡帶著船離開，希望在遠離航道的海灘靠岸。

它沒走太遠。奧里國王號出了港口（還在深水區裡）就翻覆沉沒。旁觀者號（Bystander）海軍快艇出現，開始營救生還者。資深海員艾爾頓駕著船上的救生艇，一再跳入海中幫助快沒力氣游泳的人，獨力救起二十五人。但是事情還沒結束，他是船上的大廚，一回到旁觀者號，他隨即走進廚房。艾爾頓通常負責填飽七名船員的肚子，但是今晚船上有九十七人。他無所畏懼。他先替所有人做飯，然後設法從船上的衣物櫃搜刮出乾衣服和毯子。

撤退部隊通常累得無法自救，但也有例外狀況。在幫助士兵從傾斜的葛莉絲菲爾德號移轉到船身兩側的斯固特時，皇家砲兵團的砲手詹寧斯就證明了自己力大如牛。他一次又一次扛著士兵換船，彷彿他們是小孩子一樣。

當比德福德號（Bideford）護航艦在布雷沙丘外海船尾斷裂，第六野戰救護車的二等兵克羅瑟放棄了救援機會。他選擇留在比德福德號上，替船上的軍醫搭把手。在比德福德號被慢慢拖回多佛的途中，他連續工作四十八小時，幾乎沒有休息。

五月二十九日一整個下午，發電機室很幸運地對這些驚心動魄的事件一無所悉。就他們所知，撤退行動進行順利，正如聯絡官洛伊德將軍在下午六點二十二分發給陸軍總部的電文：「已接近最高效率。」

三分鐘後，天塌了下來。軍刀號驅逐艦奉命替岸勤隊載運幾組可攜式無線通訊設備和補給品過來。六點二十五分，它在空襲最猛烈的時候向多佛發送電報：

> 轟炸已持續一個半鐘頭。一艘驅逐艦沉沒，一艘載著部隊的運輸艦受到重創。碼頭並未受損。部隊目前無法登船。

然後下午七點，出現一通令人震驚的電話。那是道夫中校在拉帕內透過高特總部與倫敦和多佛的直通線路打來的。自從「致命風箏」計畫失敗之後，道夫就留在坦納特的總部幫忙，但是並不隸屬於正常的指揮系統。他擅自打了這通電話；不過不管他是什麼身分，重要的是這通電話的內容。他報告說他剛剛從敦克爾克回來，港口已徹底堵死，整個撤退行動必須在海灘上執行。

道夫為什麼打這通電話，原因至今不明。他顯然自作主張徵用了一輛車，開到拉帕內，然後說服軍方讓他使用這支電話。他從五月二十四日起便留在敦克爾克，在戰火之下一直保持泰然自若。拉姆齊的參謀長後來揣測，經過特別嚴酷的五天之後，他也許只是出現了砲彈驚嚇症候群而已。

無論如何，這通電話引發了發電機室的一陣騷動。連同軍刀號發來的訊息（「部隊目前無法登船」），種種消息似乎顯示港口確實堵死了，只剩下海灘可供使用。

拉姆齊首先設法證實這項消息。他在八點五十七分向坦納特發送無線電信號，「可否確認港口已經堵死了？」坦納特回答，「沒有。」但是空襲導致信號混亂，這個答覆一直沒有傳送回去。拉姆齊等不到坦納特的消息，於是試著聯絡法軍司令艾博利亞將軍，但是對方同樣沒有回答。

九點二十八分，拉姆齊不敢繼續耽擱。他以無線電通知在外海充當指揮船的青春女神號（Hebe）掃雷艦：

攔截所有前往敦克爾克的私人船隻，指示它們不要靠近港口，而是留在東邊海岸接運部隊。

到了午夜，敦克爾克還是沒有傳來隻字片語。拉姆齊派遣征服者號（Vanquisher）驅逐艦調查情況。它在三十日清晨五點五十一分送來了好消息：

「敦克爾克港口可供進出。阻礙僅限於東邊防波堤外側。」

總部立刻將這項好消息轉達給救援船隊，但是已經白白耗掉一整個晚上。在珍貴的黑夜裡，儘管風平浪靜、敵軍的阻撓降至最低，但是只有四艘拖網船和一艘遊艇在防波堤靠岸。「錯失了大好良機，」坦納特上校幾天後評論道，「假使船隻持續前來，原本應該可以載走一萬五千名士兵。」

但是對拉姆齊而言，五月二十九日晚上最糟糕的事情並非來自敦克爾克的假情報，而是倫敦的一項決策。由於當天船隻折損嚴重，尤其是驅逐艦：戒備號、格拉夫頓號和手榴彈號報銷；英勇號、灰狗號（Greyhound）、無畏號（Intrepid）、美洲豹號、蒙特羅斯號（Montrose）和薩拉丁號受創；「G」級艦隊全軍覆沒。海軍總部要考慮的不只是敦克爾克，還有需要保護的船隊、地中海水域，以及英國本土防衛。

晚上八點，龐德上將無可奈何地決定收回拉姆齊僅剩的八艘現代化驅逐艦，只留給他十五艘比較老舊的船艦；必要的話，犧牲掉這些船艦並不妨礙大局。

這是對拉姆齊的重大打擊。整個救援行動中，驅逐艦是最有效率的船艦，抽回三分之一的船隻，摧毀了他的一切精心計算。即便沒有進一步折損，如今也只能維持每小時派遣一艘驅逐艦的流量；依照這種速度，每二十四小時只能接回一萬七千名部隊。

海軍總部的決策來得太不是時候了。撤退行動迫切需要每一艘船。負責防禦撤退走廊的作戰師，如今也進入了周邊防線的範圍內。第三師在比利時小村莊西弗萊特倫（Westvleteren）做最後一次打包。他們的指揮部設在當地的一間修道院，撤離之前，蒙哥馬利將軍找到修道院的院長霍特神父。神父可以替他藏匿幾件私人物品嗎？神父答應了，於是將軍拿來一盒私人文件，以及他最鍾愛的野餐籃，用磚塊封存在修道院的牆壁內。蒙弟開車離去時，承諾軍隊會再回來，他過一陣子會來取走物品。

只有像蒙哥馬利這樣自負的將軍才會做出這種承諾。薩頓准將（George William Sutton）比較典型。當他朝著敦克爾克跋涉，越過連綿不絕的廢棄裝備時，只感到痛心與羞愧。他是個職業軍人，「假使在戰場上一遭遇危機便淪落至此，那麼，我們多年來為了接受與傳授軍事訓練所付出的心血、時間與努力，全是浪費。我覺得我一直活在幻想下，我畢竟不是幹這一行的料。」

幾支小隊從未因為挫敗而失去幹勁與凝聚力。女王直屬伍斯特郡義勇騎兵團在口風琴伴奏之下，高唱著「蒂珀雷里」（Tipperary）[5]走進周邊防線。不過有些部隊（例如四十四師）似乎分崩離析。軍官和士兵獨自一人或三三兩兩地步行。四十四師信號員二等兵博納德，對於行進的目的地毫無頭緒。柯爾索准將（J. E. Utterson Kelso）碰巧經過。博納德跟在他後頭，安慰地想著：「他是個准將，肯定知道要往哪裡去。」

在里爾以北，法國第一軍團的幾支小隊終於被畢洛將軍解除任務，此時也往敦克爾克匯集。依照計畫，法軍負責防守周邊防線的西側，英軍則防守東側，不過，這造成了種種麻煩與混亂，因為當法國大兵沿著撤退走廊北上，必須先從東側橫越到西側，意味著幾乎垂直穿越南北向流動的英軍。

雙方時而出現不愉快的衝撞。伍斯特郡義勇騎兵團接近布雷沙丘時，遇上了沿著海岸線平行向西移動的法軍六十師主力部隊。一部分伍斯特郡義勇軍從法軍的縫隙中鑽過去，但是其他人必須像打橄欖球一般又推又擠地穿行。

一輛軍用卡車陷入坑中，堵住北上的道路，肯特郡義勇騎兵團的華納少校號召一群人幫忙挪車。法國士兵不斷推開這群人，拒絕停下腳步讓他們完成任務。最後，華納掏出左輪手槍，威脅槍斃不肯聽命停下來的士兵。法國大兵毫不理會，直到華納真的開槍射殺其中一人。他們停下來了，卡車也順利移開了。

即便將領之間也有衝突。五月二十九日到三十日間的深夜，當第二軍團進行最後一次撤退，布魯克將軍命令歸他指揮的法國第二輕機械化步兵師掩護東翼。法軍師長伯格瑞恩將軍表示，布蘭查德將軍下達了其他命令，他要執行那些任務。布魯克重述之前的指令，並且補充說道，要是法國將軍違抗命令，只要被布魯克逮到，格殺勿論。伯格瑞恩還是不予理會，但是布魯克也從沒有逮到他。

在一整個下午的緊張衝突與交通堵塞之中，最後一批作戰部隊也湧入了周邊防線的範圍內。有些人直奔海灘，另外一些人則受命防衛，接替過去三天來駐守防線的炊事兵和勤務兵。當第七衛兵旅移防周邊防線東北角的佛勒時，士兵們瞥見蒙哥馬利將軍在市集上佇立。在那難得一見的瞬間，將軍放下平常狂妄自大的姿態，頹唐地站著，看起來既疲憊又無助。第七衛隊經過時，士兵們猛然立定，整齊劃一地朝蒙哥馬利「向左看」致敬。這正是他所需的靈丹妙藥。將軍立刻挺起胸膛，回敬一個威武的舉手禮。

更往西邊，冷溪衛隊第二營沿著貝爾格－佛勒運河就定位。這條運河與海岸線平行，距離海岸六英里，是南面防禦的主要防線。冷溪衛隊沿著運河北岸挖掘壕溝，並且善用沿途的幾座農舍。運河對岸的平野本來應該是極佳的射擊區，但是這一面的馬路到處是被遺棄的車輛，阻礙了士兵的視線。反正此刻也無所謂，因為到處都看不到敵軍的蹤跡。冷溪衛隊對著繼續湧入周邊防線的士兵品頭論足、吹毛求疵，借此消磨這個下午。只有兩排威爾斯衛隊的士兵贏得他們的認可；這群人精神抖擻地跨過運河橋樑，呈現出完美的隊形。其他人則是拖著腳步的烏合之眾。

高特勳爵的最後一批防禦據點也準備收兵了。這群守軍讓撤退走廊維持暢通，假如時機還允許，現在該輪到他們自己撤離了。五月二十九日午夜剛過，在敦克爾克以南十五英里的法國小村莊萊德蘭蓋姆（Ledringhem），格洛斯特衛隊第五營的剩餘士兵在一座果園集合。附近一座風車的輪葉起火，發出耀眼的火光，這群被圍困兩天、精疲力盡的士兵，似乎不可能神不知鬼不覺地離開。不過德國大兵也累了，當巴克斯頓中校帶領弟兄沿著溪床北上時，敵軍並沒有做出任何反應。

他們不僅悄悄穿過德軍陣線，還順道抓了三名俘虜。清晨六點半，他們終於步履蹣跚地走進巴貝克（Bambecque），再度踏上友善的土地。伍斯特兵團第八營的副官看見他們走來，「他們又髒又累、面容憔悴，但是沒有被擊倒……我跑向巴克斯頓中校，他走路搖搖晃晃的，顯然受了傷。他沙啞地打了一聲招呼，我在他布滿血絲的眼睛裡看見濃濃的睡意。我們的指揮官跑出來，指示格洛斯特衛隊第五營的副指揮官讓弟兄們休息一下。我把巴克斯頓中校帶進屋內，給他一杯走味的紅酒，然後輕輕扶他躺到地板的毛毯上，再三保證他的弟兄安然無恙。幾秒鐘後，他就沉沉睡去。」

在敦克爾克以南十九英里的卡塞爾，據守要塞的士兵也試圖朝海岸撤退。三天來，他們抵擋了德軍的前進，讓成千上萬的部隊得以蜂擁地沿著撤退走廊北上。現在他們自己終於接到撤離命令，但是已經太遲了。敵軍漸漸滲透包圍這座城市的山丘。到了五月二十九日，卡塞爾被徹底隔絕。

駐防區司令桑默塞准將（Somerset）決定無論如何放手一搏，不過不是在白天，德軍人數太多了，入夜後是唯一機會；准將下令，晚上九點半集合。

起先一切順利。部隊靜悄悄地溜出城、下了山、越過田野，朝東北方向前進。桑默塞覺得越野行軍比較不容易被發現。

但其實沒什麼不同；德軍無所不在。在桑默塞帶領下，牛津郡第四營和白金漢郡輕步兵在瓦圖附近潰敗；東騎兵隊在一個地雷區全數陣亡；格洛斯特衛隊第二營則被困在濃密的聖阿凱爾森林裡。

「同志！同志！」（*Kamerad! Kamerad!*）圍繞森林的德國士兵大聲喊叫，希望把格洛斯特衛隊逼出來。英國大兵蜷伏在灌木叢中，保持低調。半晌之後，一個說著流利英語的聲音透過擴音器喊話：「出來吧！出來吧！希特勒即將贏得戰爭，你們輸了！出來吧，否則我們就用砲彈把你們打出來。放下武器，即刻跑出來！」

B連隊的費恩少尉不打算買帳。他曾經聽說另一支英軍部隊聽信這類喊話，放下武器，出來投降，但最後只落得遭機槍掃射。他對周圍的士兵說起，大夥兒決定奮戰到底，殺出一條血路。

既然他們已經被德軍鎖定了，第一步就是要尋找新的位置。費恩帶領弟兄衝到一百碼外的另一片樹林。沒有用，敵人很快就發現他們的蹤跡。接下來的時間，他們在槍林彈雨下擠成一團渡過。

終於天黑了，這一小群人繼續往北行進。他們排成一列縱隊，盡可能悄然無聲地行動，利用所有可得的掩護。但是假使他們誤以為自己可以不被發現，那麼這個幻想在一枚紅色的維利式照明彈（Very light）劃破夜空時破滅了。霎時間，機關槍、迫擊砲、步槍等等各式各樣的武器朝他們開火。他們遭埋伏了。

曳光彈在天空中縱橫交錯；附近的乾草堆著火，把這群人照得一清二楚。弟兄們在四面八方的攻擊中一一倒下，費恩的右臂和右肩也中彈了。他終於跳進一道壕溝，只要匍匐在十八英吋的高度以下，就可以暫時安全。他陸續找到十多名生還者，大夥兒一起在黑暗中潛行，設法繞過德軍的側翼。這一小群人是格拉斯特第二營僅存的弟兄，不過他當時並不知道。

在周邊防線的範圍外，仍有一名英國士兵繼續奮戰。在大撤退以前，二等兵拉比茲原本只是北漢普頓郡兵團第五營的一名小兵。德軍在布魯塞爾附近的一次襲擊差一點殲滅他的部隊。雙方激烈交火，拉比茲一度舉起步槍，輕輕鬆鬆射中兩百碼外的德國大兵，那人瞬間倒地。

「你能再做一次嗎？」連長問他。拉比茲服從命令，又收拾了另一名德國大兵。

拉比茲當場被指派為狙擊手，從此獨立行動。他並未受過狙擊訓練，但是他擁有一項不尋常的優勢：他從前認識的一名盜獵者，曾教過他一些訣竅。他可以悄然無聲地行動，安靜得「能靠耳朵抓兔子」，而且，他有辦法把自己縮成一團，甚至可以「躲到一根草後面」。

當上狙擊手後，拉比茲很快摸索出屬於自己的幾個小竅門：絕不從樹上狙擊，因為太容易被圍捕；遠離農莊閣樓，因為太容易被發現；最佳位置是沒有太大行動空間的隱蔽地點，例如一片小樹林。

拉比茲靠著這些規則，獨自一人穿越比利時，活了下來。他有意跟部隊保持聯絡，但是他通常深入敵境，有一次甚至在德軍砲兵部隊的後方。他偶爾得跟德軍的狙擊手交鋒。一名狙擊手曾經從某座屋頂的孔洞朝他開槍，只差六吋就擊中他。拉比茲回擊，滿足地望著那人跌出屋頂的孔洞。還有一次，拉比茲大半夜在小村莊的街上潛行，一轉過街角正好撞上一名德國狙擊手。這一次拉比茲先開槍，而他沒有失手。

拉比茲最後抵達紐港附近的海岸，而後緩緩西行，偶爾對德軍陣線展開突襲。五月三十一日，他終於在拉帕內跟英國遠征軍再度會合，雖然仍是獨立一人，而且也許是最後一位進入周邊防禦圈的作戰士兵。

在最南端，畢洛將軍的法國第一軍團仍有五個師在里爾奮戰。五月二十九日清晨，法軍的卡車車隊從阿爾芒蒂耶爾的方向駛來，在途中遇見幾輛裝甲車。法國大兵高聲歡呼，以為終於有英國坦克車前來增援了。直到陌生人上前沒收他們的武器，法國大兵才驚覺他們撞上的是德軍第七裝甲師。

和北方斷了聯繫的畢洛將軍，下午在斯滕韋克的指揮部宣布投降。他已得償所願：跟絕大多數弟兄同生共死，而不是試圖脫逃。他的部隊大部分在里爾蟄伏，持續阻擋敵軍的六個師。

到了現在，頑抗已經沒有太大意義。撤退走廊關閉之後，倫德施泰特的A集團軍和波克的B集團軍終於會師，德國握有對敦克爾克進行最後一擊所需的所有部隊。

不過五月二十九日這天，德國的兵力結構出現重大改變。這次是裝甲師將領自己提出要讓坦克退出戰場的要求。古德里安在二十八日晚上親自巡視前線之後，提交一份報告陳述理由：裝甲部隊的兵力折損了百分之五十，需要時間準備新的作戰任務，而且沼澤地帶不適合坦克車行動，再加上比利時的投降釋出了許多步兵兵力，在這類鄉間地形，步兵的行動更有效率。

除了這些非常實際的論點之外，或許還有另一個無形因素。古德里安和其他裝甲師指揮官的脾氣，完全不適合此刻正逐漸形成的靜態戰爭。他們是屬於猛烈攻擊、突破防線、長驅直入的世界。戰爭一旦進入圍攻階段，他們就失去了興趣。二十八日晚上，古德里安已經開始研究塞納河下游的地圖了。

無論如何，德國陸軍總司令部同意了。五月二十九日上午十點，懷特希姆將軍（Gustav von Wietersheim）的摩托化步兵團接替了古德里安，萊茵哈特將軍的坦克部隊也在當天稍晚撤離。不過，這並不表示飽受重創的盟軍部隊可以就此高枕無憂。相反的，十個驍勇善戰的德國步兵師，正步步緊逼三十五英里長的敦克爾克周邊防線。

在防線西端，德軍第三十七裝甲工兵營於中午左右在菲利普大堡（Fort Philippe）插上納粹的萬字旗，格拉沃利訥也隨即淪陷。在最東端，五十六師堂堂踏入了佛勒。下午三點半左右，第二十五自行車中隊抵達佛勒古城牆的東門，在這裡與一支試圖進入周邊防線的法國縱隊狹路相逢。短暫交火後，二十五中隊的紐加特上尉迫使法國大兵棄械投降。

然後來了兩輛毫無戒心以至於砲塔洞開的法國坦克。自行車中隊的格林福爾格中士跳上其中一輛坦克，拿出手槍對準敞開的砲塔，命令坦克車組員投降。他們不敢不從……第二輛坦克的組員也是一樣，甚至還不用拿槍逼迫。

這時，紐加特上尉派遣一名被俘的法國少校連同兩名士兵走進佛勒，要求全城投降。不過膽大妄為有其極限；這一回，他只從據守街道的盟軍部隊得到一聲輕蔑的回答。

在海灘上，沒有人知道周邊防線的守衛部隊還能阻擋德軍多久。布雷沙丘的科爾中校有預感德軍隨時會衝上沙灘。他跟理查遜中校持續安排部隊登船，不過他們替自己在近海留了一艘船，準備拯救岸勤大隊，以求「有備無患」。這讓他們多了點信心。但是當天晚上兩人低聲交談時，都認為自己最後很可能落入德國的某個戰俘營。

多佛與倫敦掌握的情報更少了。二十八日，海軍總部甚至吩咐坦納特「每小時」匯報一次登船人數，而這種命令只會來自對真實情況毫無所悉的人。坦納特耐著性子回答：「已經盡我所能報告進度，但是接下來好幾個鐘頭恐怕無法進行匯報。」

不過即便相隔遙遠，有一件事情非常清楚：船隻常常出現在不對的地方。有時候，防波堤畔有許多船隻，卻沒有部隊可以登船；其他時候則有部隊而沒有船。海灘上也是一樣。需要有人在外海指揮船隻交通，正如坦納特上校在防波堤和海灘之間指揮部隊的流向。

韋克沃克海軍少將（Frederic Wake-Walker）被挑中了。大家都知道五十二歲的韋克沃克具有強大的組織能力，也是一名優秀海員。他最後一次服役是在復仇號（Revenge）戰艦——這無疑是對他的能力掛了保證，因為皇家海軍只會把最有前途的軍官分派到這類戰艦上。此刻，他在海軍總部擔任參謀，隨時可以扛起這項臨時任務。

五月二十九日，當韋克沃克吃完午餐回到辦公室，得知海軍副參謀長菲利普斯少將在找他。菲利普斯問他是否願意前往敦克爾克，「想辦法讓登船行動稍微有點秩序。」韋克沃克表示「非常榮幸，」願意接受任命。有一點很重要，他絕不可露出強壓坦納特的意圖。上校仍然是岸上的海軍資深官，韋克沃克則負責海上的一切。

一個小時後，他已經在前往多佛的車上。下午六點左右抵達之後，他立刻前往拉姆齊的碉堡聽取簡報。他在發電機室看到一幅描繪敦克爾克東面海岸的地圖；三座海灘——瑪洛、布雷和拉帕內——都標上樂觀的數字，每座海灘又各自分為三個區。英國遠征軍被分配到這些海灘，而瑪洛以西的幾個海灘則保留給法軍。

隔天（五月三十日）清晨四點，韋克沃克搭乘埃斯克號（Esk）驅逐艦抵達布雷外海時，這張精心繪製的地圖並未讓他準備好面對眼前的混亂。轉搭乘青春女神號掃雷艦後，韋克沃克很快從暫代職務的布希上校口中得知「真實戰況」。破曉時分，韋克沃克親眼見到了海灘上黑壓壓的人群、蜿蜒入海的長龍、腰部以下全泡在水中的士兵……這些人全都無止境地等待著。

「癥結在於船隻、船員以及接運過程，」將軍後來回顧。上午六點三十分，他透過無線電信號向多佛表示亟需小型船隻，七點三十分，他再度要求增派船艦，尤其強調小型船隻的需求。

這句熟悉的請求，在過去幾小時內越喊越響。午夜十二點十分，高特的參謀官李斯准將致電陸軍總部，加重語氣表示周邊防線快頂不住了，請盡快且盡可能多派遣船隻過來——而且要快。清晨四點，陸軍總部捎來了好消息，表示拉姆齊將軍會「盡速派遣他所能徵集到的許多小型船隻」。

不過沒有船隻過來。四點十五分，停在瑪洛外海的征服者號驅逐艦發出無線電信號：「西面海灘迫切需要更多大小船艦。」六點四十分，快活號（Vivacious）驅逐艦提出相同請求：「亟需更多大小船艦。」

中午十二點四十五分，李斯准將再度撥了通電話，這次是打給帝國總參謀長狄爾將軍。他抱怨道，還是沒有船隻過來。拉帕內外海上的韋克沃克將軍越來越著急。他派布希上校搭青春女神號回到多佛，親自說明派遣船隻和船員的必要性。

到了下午三點，高特本人也在努力。他首先致電龐德上將，然後打給狄爾將軍，指出仍然沒有船隻的蹤影。他再三強調，每一個鐘頭都至關緊要，分秒必爭。

指揮部的人至少可以發牢騷，但在海灘上等候的部隊甚至無法享受這種滿足。皇家砲兵團的陶德上尉在沙灘上蜷縮著，一夜無眠之後，他趁著第一道晨光凝望大海，只看到空蕩蕩一片。「看不到任何一艘船，」他在日記中寫道，「肯定出了什麼差錯。」

在布雷沙丘，工兵柯爾斯「失望透頂」，無可奈何地勉強自己在沙丘上睡掉一整天。在瑪洛海灘，米克爾約翰牧師茫然不解。一整夜沒有空襲，卻也沒有任何人登船。他的腦海浮現一個可怕的想法：「難道海軍已經放棄我們了？」

5　應指一戰期間風靡英國的進行曲〈It's a Long Way to Tipperary〉

9
THE MIRACLE OF DUNKIRK

小型船隻

在麥爾坎號驅逐艦上，海軍一級上尉伊恩・考克斯簡直不敢相信自己的眼睛；海平面上布滿了密密麻麻的黑點。麥爾坎號正載著整船士兵在返回多佛的路上，這是它的第三趟任務。這些黑點跟它逆向而行，正往敦克爾克前進。那是五月三十日周四晚上。

考克斯仔細端詳，黑點漸漸浮現出船隻的形狀。其中偶有幾艘體面的蒸汽船，例如往來樸茨茅斯和懷特島之間的汽車渡輪，不過多半是各式各樣想像得到的小型船隻：海釣船、漂網漁船、觀光船……亮閃閃的白色遊艇、濺滿汙泥的挖泥船、開放式馬達汽艇、拖曳著救生艇的拖船、掛著獨特棕色風帆的泰晤士河帆船、做工精緻的艙房遊艇、疏濬船、拖網漁船和鏽痕斑斑的平底船，還有樸茨茅斯港口總監（Admiral Superintendent）那艘掛著流蘇、打著繩結的駁船。

考克斯心裡霎時湧上一股驕傲。置身於此不再只是個任務，更是一份恩典與榮耀。他轉身面對被眼前景象嚇得一愣一愣的帆纜士官長，脫口吟誦出莎士比亞《亨利五世》劇中的聖克里斯賓節演說片段：

> 而這會兒正躺在床上的英格蘭紳士，
> 以後將埋怨命運，悔恨怎麼輪不到他上這兒來。

小型船隻局和船務部的努力終於得到回報。始於塔夫造船廠的小型船隻本來如涓滴細水，如今已匯聚成一股洪流。政府仍然沒有公開發布撤退消息，但是英格蘭是個小地方，風聲總有辦法傳入需要聽到消息的人耳中。

貝索·史密斯是倫敦的一名會計師，也是二十四呎艙房遊艇永恆仙女號的船主。他是從海軍總部的夜半電話得知消息的：史密斯能否確認他的船可以隨時下海，並且在接到通知後四小時內出航？隔天（五月二十七日）清晨，召集令來了：即刻帶著船隻前往希爾尼斯。

雷蒙·韋柏船長正小心翼翼開著伊普斯威奇（Ipswich）斜杠帆駁船托爾斯伯里號往泰晤士河上游航行，執行平常的送貨任務。然後一艘機動船緩緩側身靠近，一名海軍軍官命令他前往附近碼頭。在那裡，托爾斯伯里號被拖吊船帶走，也朝希爾尼斯前進。

在馬蓋特，索斯伯勒老爺號救生船的船員接到消息時，正在他們最喜愛的酒吧裡玩飛鏢。一通神祕兮兮的訊息要他們立刻到船庫報到。短短幾小時內，他們直接朝敦克爾克出發，甚至不必先到希爾尼斯集合。對舵手愛德華·帕克來說，這簡直是一趟家庭旅遊。他的弟弟和姪子都是這艘船的船員，一個兒子已經上了馬蓋特領航船先行出發，另一個兒子則是克勞斯頓中校的手下，此刻正在防波堤上工作。

濱海利（Leigh-on-Sea）的輕舟船隊五月三十日受到徵召時，正寧靜地停泊在港灣中。它們有威風凜凜的船名，例如捍衛戰士號、奮進號、果決號和威名號，聽起來彷彿二十世紀初的無畏級戰艦（dreadnoughts）。然而事實上，它們只是長四十呎、吃水二呎半的小船。它們平常做的是最卑微的工作——在泰晤士河出海口的泥灘上採集貝類和甲殼動物。船員都是平民百姓，不過每一個人都自告奮勇地幫忙。十七歲的肯恩．霍納年紀太輕，沒被徵召，但是他不服氣。他跑回家，讓媽媽簽好同意書，然後騎上單車追逐船隊，終於在紹森德追上他的船。

這些船隻都有船員同行，但是情況並非總是如此。為了跟時間賽跑，遊艇經常在還沒找到主人之前就被徵用。還有一些船主是業餘的周末水手，根本不可能放下手邊工作加入海軍要求的一個月。隨著小型船隻在主要的裝配點希爾尼斯和拉姆斯蓋特匯集，普雷斯頓上將的小型船隻局開始尋找替代的船組人員。

當警察騎著單車上門，造船工人艾略特正在濱海利的強森亞戈造船廠工作。警察宣布國家需要幾名志願者，到法國海岸把「一些傢伙」載回來。艾略特二話不說立刻參加。

小型船隻局在東海岸的洛斯托夫特（Lowestoft）徵用幾輛計程車，載一團職業漁民南下。在倫敦，局裡的蓋瑞特中校連續三天晚上打電話給各家帆船俱樂部召集會員，用海軍總部的車輛把他們載往希爾尼斯和拉姆斯蓋特。

卡皮亞中尉正是在這人仰馬翻的期間到倫敦休假幾天。他平時是一名演員兼遊艇駕駛員，目前在北海的海軍拖網船服役，不過船隻正在整修，他暫時無事可做。他知道敦克爾克情勢危急，但覺得事不關己。

他到皇家賽船俱樂部吃早餐時，很驚訝地發現裡頭空無一人，就連俱樂部管理員都沒來上班。他最後找到管理員的妻子，後者告訴他，海軍總部幾天前捎來一通電話，所有人就都不見了。他帶著一點疑惑，獨自一人坐下來休息。

電話鈴響了，他接起來。是海軍總部打來的。電話那頭表示「還需要更多人手」，並且詢問他是誰。

卡皮亞表明身分，對方說道，「你就是我們需要的人，」然後指示他即刻前往希爾尼斯。他仍然滿肚子疑惑，不過一個鐘頭內就在滑鐵盧車站搭上火車。

瓦茲船長的船舶雜貨店位於阿爾伯馬爾街，和皇家賽船俱樂部只有五分鐘的步行距離。船長利用樓下的店鋪販售五花八門的航海圖和航海工具，而在樓上替有心投入皇家海軍志願後備隊的年輕人開課。學生多半是專業人士：在倫敦市中心工作的初級律師、股票經紀人、演員、銀行行員等等。沒有幾個人熟悉大海，有些人甚至沒離開過陸地。

約翰・佛納德是一位年輕的美國劇場導演，每周四晚上來跟船長上課。課程通常是紙上談兵，但是五月三十日的這個周四不同。當他帶著朋友布景設計師大衛・霍曼一起來上課時，瓦茲把他們拉到旁邊說悄悄話。他低聲說明當天晚上不上課，海軍急需志願工作者參與一項「危險任務」。

如此突如其來地從航海理論變成實際上陣，佛納德和霍曼的心裡都很抗拒，可是他們想不出優雅的拒絕方法，只好答應參加。瓦茲船長吩咐他們去拿自己的裝備，然後立刻前往倫敦塔旁的港務局報到。

佛納德跑回公寓，抓了一件老舊的粗呢短大衣，然後依據指示匆忙趕到倫敦塔丘。大多數人都到了。有些人甚至沒時間換衣服，直接西裝筆挺地從市中心趕來。不過，股票經紀人拉斐爾・德索拉倒是穿著皇家倫敦遊艇俱樂部的外套，搭配藍色長褲、遮陽帽以及足以匹配第一海務大臣的大衣，整個人光彩奪目。

除了瓦茲船長的學員之外，還有一些顯然更有臨海經驗的人：駁船船員、碼頭工人、下級水手等等。這群人不分高低貴賤全都擠在港務局大廳，仍然一頭霧水。

然後一名皇家海軍中校出現，向他們簡單說明任務。他們將負責操作從倫敦各個碼頭蒐集來的救生艇。這些救生艇會被拖到泰晤士河下游並橫越海峽，在海峽對岸協助營救英國遠征軍。

一輛巴士將這群人載到蒂爾伯里（Tilbury），救生艇已經在那裡等候他們了。規則是每四人負責一艘救生艇，每艘拖吊船一次拖十二艘救生艇。佛納德和霍曼想辦法待在一起，午夜一過，他們便動身上路。在這深沉的夜裡，唯有湍急的水流和前方拖吊船的脈動劃破寂靜。佛納德不禁揣想著這個匪夷所思的生命轉折，讓他一下子跳開單調的倫敦生活，莫名其妙搭上露天小艇在黑夜中疾行。

第一站是希爾尼斯。這座位於泰晤士河出海口的繁忙港口，已成了所有小型船隻順流而下的集中地點。在這裡，船隻將在泰勒將軍的監督之下維修整理、進入狀態。泰勒將軍是一名退役的海軍少將，平時在海軍總部的經濟戰爭部門處理文書工作。

引擎是最大的問題。許多船隻一整個冬天停航，很難發動；另外一些船隻具有顯然只有不在場的船主才知道的怪癖——泰晤士河觀光蒸汽船的鍋爐不能使用海水。達克希上校和他的工兵竟然可以讓一百多艘船隻達到足以跨海的良好狀態，堪稱一大奇蹟。

每一艘船上都需要有人懂得操作引擎。此刻雖有許多業餘的航海志願者，但是這些銀行家和店老闆卻沒有幾個人真正懂得機械。由船東組成的航運協會（Shipping Federation）被要求幫忙，他們發出志願者召集令，大約三百五十名輪機工程師應召而來。

絕大多數小型船隻從希爾尼斯前往拉姆斯蓋特加油、裝填補給品、編入船隊。許多船隻沒有羅盤，某些負責操作小艇的人則從未出海。航路軍官格蘭迪吉少校發出一千多張航海圖，並在其中六百張替新手領航員標明了航線。

問題可能很大，也可能小得氣人。體育專家羅伯・希爾頓和火爆的戲院經理泰德・蕭一組，負責將萊伊蓋特二號機動船帶往下游。他們預期在拉姆斯蓋特領取補給，卻只拿到兩罐清水。除此之外，船上空無一物，甚至連水杯都沒有。拉姆斯蓋特的海軍補給站似乎幫不上忙。他們最後上了酒吧，喝了點小酒，然後偷偷把酒杯帶走。

每一艘小船都有屬於自己的毛病，不過一開始，它們都有一個共通的問題：所有船隻都缺乏武裝。李察斯上尉拿出他小心貯備的一百零五把路易士機槍，只分發給拖船和護航的船艦。

後來，船員們在海灘上尋寶，蒐集了許多被棄置的勃倫槍，有時甚至有英國遠征軍的砲手搭上船；不過一開始，他們毫無防衛能力。光是這點就足以讓船員惶惶不安。「就連一張《一八一二序曲》的唱片也聊勝於無，」一名艦長評論道。

五月二十九日晚上十點，第一支由小船組成的船隊從拉姆斯蓋特出發，踏上橫越海峽的征途。船隊的八艘小艇全都沒有任何導航儀器。儘管如此，負責操作崔頓號護衛機動船的艾溫上尉依然信心十足。他和其他人不同，他熟知這片海域。在拉姆斯蓋特防波堤外等候時，他大聲吩咐其他船隻緊跟著他。其中三艘船的引擎出問題，必須返航，不過剩下的船隻緊緊跟著崔頓號，在黎明時安全抵達拉帕內外海。

三十日凌晨一點，另一支船隊離開拉姆斯蓋特——這一次是由比利時籍的尤爾號渡輪帶領十九艘小艇。在此之後，船隊便源源不絕而來。到了傍晚已很難分辨一支船隊在哪裡結束，而另一支船隊又從哪裡開始。小型船隻在當天及三十一日的整個晚上前仆後繼地橫越英吉利海峽。

他們經常和回返英國的船艦（例如麥爾坎號）擦身而過。對於擠在甲板上的部隊而言，這些小船是一幅驚人的景觀；他們注視著壯觀的小型船隻艦隊，心中激動澎湃、驕傲不已。船名本身似乎就訴說著「英國」：燕子、皇家泰晤士、松葉牡丹、諾維奇美人、約克公爵夫人、青鳥、福克斯通的驕傲、帕默斯頓、雲雀、尼爾遜、不列顛之南、海格夫人、新威爾斯王子。

許多船名透露出個人特質，顯示這次援救並非單純的海軍行動，更是家族裡的私事：葛莉絲寶貝、布魯斯男孩、我們的瑪姬、我們的麗姿、南茜女孩、巧手比利、威利與愛麗絲、葛絲姑媽。

這些小船成群結隊，在武裝拖船或斯固特的帶領之下橫越溫和的灰色海面。英吉利海峽的險惡是出了名的，不過已經連著四天風平浪靜，五月三十日的海象依舊平穩。最棒的是，海面上霧濛濛一片，德國空軍沒有辦法持續二十九日的瘋狂轟炸之後行動。

「雲層厚得可以躺在上面，」斯圖卡與亨克爾滯留地面時，德國空軍在戰鬥日記中寫道。但第八航空軍的里奇特霍芬少將不相信天候那麼糟糕，畢竟總部那裡豔陽高照。他命令第二斯圖卡中隊的指揮官迪諾特少校至少試著發動攻擊。迪諾特帶領弟兄起飛，不過十分鐘後就返回基地。他致電總部，指出敦克爾克上空濃霧密布。里奇特霍芬大發雷霆，就他所在之地的天候來看，當天顯然可以飛行。假如將軍閣下不相信，迪諾特反擊道，只消打個電話問問氣象局就可分曉。

但是多雲的天氣並不保證小型船隻就能安全航行。還有許多環節可能出錯。海峽上滿是神經緊張又欠缺經驗的水手。

「右舷前方有潛望鏡，」八十呎長的新威爾斯王子號觀光蒸汽船的瞭望員大喊。結果原來是一艘沉船的桅杆突出海面十五呎，上頭還裹著一塊布。

接著，新威爾斯王子號被一艘驅逐艦誤當成德國S艇，差點被撞倒，幸好艦長班奈特中尉及時發出信號表明身分。又過了一會兒，它緩緩接近一艘停泊的法國貨船問路。「請問英國部隊在哪裡？」（*Où est l'armée britannique?*）中尉高聲問道。對方的答覆是一聲槍響。這些日子以來，陌生人問問題是一件很危險的事。

未校準的羅盤是麻煩的另一個來源。法國海岸並不難找，但要找到確切地點就是另一回事了。威廉斯中尉將他的駁船停在距離一片空曠海灘的幾百碼外，然後搭一艘划艇上岸。他往內陸走了四分之一英里，想找個能負責的人。遠方火光映襯之下，他見到兩名士兵的輪廓，高聲喊住他們。

「親愛的上帝啊！」（*Lieber Gott!*）他們其中一人叫道，然後開始朝中尉開火。威廉斯躲到沙丘後頭回擊。兩名德國大兵倒下，不過此時出現了其他聲音，威廉斯連忙衝回海灘。不到五分鐘時間，他就回到駁船上，以六海浬的最高速度開航。

無論如何，絕大多數小型船隻最後都抵達了正確地點、展開救援任務。它們基本上負責接駁，把部隊接到或拖到停在外海的大型船艦上。事情有時候很順利，只要拖曳划艇或充氣筏即可；但有時候卻困難重重且充滿危險，尤其當他們得直接從海中拽起士兵。

「幹得好，機動船，等等我，」當崔頓號側身停在驅逐艦旁接送另一批士兵時，一個聲音喊住了艾溫上尉。一名穿著小羊皮夾克的軍官跳上船。那是史蒂文森將軍（Gilbert Owen Stephenson）；他是一名六十二歲的退役少將，此次奉召前來處理危機，負責拉帕內的一切海上作業。他衣衫不整又渾身濕透，但是當他指示艾溫繼續行動時，似乎對自己的窘迫絲毫不以為意。他補充說道，他等會兒或許有「另外一兩件任務」要交給崔頓號。

史蒂文森緊接著也親自投入救援工作。沒有什麼是他不屑去做的。他掌舵、拋纜繩、幫忙把疲憊不堪的士兵拉上船。在此同時，他不斷保持爽朗的閒聊。「來吧，阿兵哥！」他會這樣叫道。他也曾對快淹死的士兵說，「我以前在哪兒見過你？小夥子長得真精神，我肯定認識你。」

傍晚，史蒂文森要求崔頓號送他到海灘的一個特定地點。他吩咐艾溫不要亂跑，並且說明他是要上岸去找高特勛爵。如果他把將軍帶回來，艾溫就直接把將軍送回英國。就這樣，史蒂文森從船身跳入海中，涉水走回岸邊，海水往往淹到他的脖子。

一小時後，他回來了，再度涉水上船，不過絲毫不見高特勛爵的蹤影。史蒂文森沒有多加說明，艾溫也沒問。他們只是繼續回到救援工作，將軍依然衣衫不整、渾身濕透。除了向士兵加油打氣之外，他也對艾溫本人說了許多。上尉有時是個「好傢伙」，有時是「該死的笨蛋」。艾溫並不介意，他願意為這樣一位高階軍官赴湯蹈火。

在西邊的布雷沙丘近海，永恆仙女號也在奮力行動。一開始，會計師船長貝索．史密斯只能找到法國部隊。他把法國士兵接到充當「母船」的日德蘭號斯固特。然後一名英國軍官游泳過來，表示更西邊還有一整師的英國遠征軍等待救援。史密斯稍微調整方向，開始接運這批部隊。

這從來不是一項簡單的任務。除了種種問題之外，德軍如今進入射程範圍，開始朝海灘猛烈射擊。在拉帕內以東，敵軍升上一顆觀測氣球，在空中毫無攔阻地指揮火力方向。史密斯是少數幾個似乎不受影響的人士之一。他後來解釋，那是因為他耳朵聾了，而且手上有許多事情要做。

在瑪洛沙灘外，萊伊蓋特二號的運氣比較差。它從拉姆斯蓋特出發，首先引擎發生故障，後來發現它吃水太深，無法靠近海灘；最後，它撞上船隻殘骸，堵塞了推進器。艦長薩特菲爾德中尉氣憤地把船隻綁到霍斯特號斯固特，然後把船員分派到另外幾艘船上。

把萊伊蓋特二號帶到泰晤士河下游的羅伯・希爾頓和泰德・蕭，被指派操作霍斯特號本身的救生艇。他們靠近岸邊時，還聽得到斯固特上的收音機傳來響亮的聲音，突兀地播放著英國國家廣播電台的《兒童時間》節目。

希爾頓和蕭衝過碎浪之後，士兵立刻大量湧上，導致船隻翻覆。他們慢慢學會接駁的藝術。基本上，船隻必須夠接近海岸以便接運士兵，但是不可以靠得太近，以免士兵一擁而上。他們連續十七個小時並肩划槳，把部隊接駁上霍斯特號。

小型船隻馬不停蹄地在海灘上工作，唯有當油料不足或船員太過疲累才返回拉姆斯蓋特。這時，他們發現回家的路途同樣充滿艱險。銀色女王號汽艇沒有航海圖也沒有羅盤，不過船員覺得自己應該知道英國在哪裡，因此朝著那個方向出發。

過了半途，他們找到一名士兵的羅盤，大大加強了信心。他們最後看見陸地和一個親切的港口。他們靠近防波堤，受到一陣機槍砲火歡迎。船隻絕望地轉身離開，原來他們不小心闖入了加萊。

銀色女王號瘋狂迴轉時，六組德國大砲對準船身齊發。一枚擊中船尾，一枚落在船首右舷。同行的尤爾號比利時汽艇也被擊中。有人在尤爾號上發射維利式信號槍，緊急呼救。神奇的是，一艘友善的驅逐艦真的看到信號匆忙趕來，為兩艘脫隊的船隻提供砲火掩護，讓它們悄悄溜出德軍的射程範圍。銀色女王號竟能左搖右晃地撐回拉姆斯蓋特，卸下一批士兵，然後安安靜靜地在碼頭沉沒。

對絕大多數小型船隻而言，最大的危險不在往返的途中，而在海灘本身。即便士兵井然有序，船隻仍不斷處於翻覆的危險。海面依舊平靜，但是海風轉向東吹，海浪開始升高。接運工作變得前所未有地緩慢。

在拉帕內，憲兵隊的狄本斯中尉自從前一天下午抵達海灘之後，便對登船狀況感到大惑不解。狄本斯跟絕大多數英國遠征軍不同；他對大海瞭若指掌。他在懷特島長大，從小就繞著船舶玩耍。而且，在選擇進蘇格蘭警場擔任探員之前，他甚至曾經加入海軍短暫服役。戰爭來臨時，他的專業經驗讓他直接進入憲兵隊，「大戰爆發」前，他的生活多半在打擊犯罪和追逐黑市交易中渡過。大撤退結束了這一切，如今他和第一〇二憲兵連的其他人一起，跟絕大多數士兵一樣在沙灘上等待。

狄本斯凝望著海邊的一團混亂：有些船隻翻覆，還有些無人船隻隨波漂流。他判斷這一刻最需要的，就是一道延伸入海的碼頭或防波堤。如此一來，船舶便可以側身停靠，更有效率地載運士兵。但是去哪裡找材料修建這樣一座登岸碼頭？他的目光落在海灘上散落一地的廢棄卡車和軍車。現在，他只需要一點點人力。

「我要一個工兵隊！我需要一個工兵隊！」狄本斯高聲嚷嚷著，並且昂首闊步走向有許多部隊聚集的沙丘。這個行動沒有任何上級指示，完全是他自發的，不過在這樣的危急時刻，智謀勝過一切，只要點子夠好，連上校都會聽從大兵的話。

第二五〇皇家野戰工兵連的史蓋克上尉走出來。你需要什麼？狄本斯無法對一名上尉下命令，但是可以提議交易：假如史蓋克的手下可以用軍車搭建一座登岸碼頭，狄本斯的弟兄會負責尋找建材。還有一個「甜頭」，碼頭蓋好後，工兵隊可以率先使用它登船。

史蓋克答應了，他交代班奈特少尉的小隊著手營建。有鑑於原本的低迷氣氛，這群弟兄以令人驚異的熱忱投入工作。他們才剛剛長途跋涉抵達海灘，而昨天一夜有如煉獄。許多軍官在黑夜裡憑空消失了，整個連隊幾乎分崩瓦解。他們平常有兩百五十多人，不過等到抵達拉帕內時，只剩下三十到四十名士兵。

班奈特少尉是少數不離不棄的軍官之一。他已經竭盡所能，不過，他平時是劍橋藝術學院的教員，而士兵們此刻想要的，是一名真正的職業軍官。許多人嘀嘀咕咕發著牢騷，班奈特最後氣惱地告訴他們，「如果你們要我帶領，我會帶領你們；如果你們要我離開，我也可以離開。」

「老實說，我根本不在乎你做什麼，」有人從行列中嚷嚷著說。

然而，這名藝術教授的領導能力遠超過他們的預期。沒多久，士兵們便全力以赴投入工作。他們把軍車一輛輛併排，往海裡延伸，然後放上沙袋、射穿輪胎，以便固定位置。他們到一家木材廠尋找材料搭建平台，並且拆掉擱淺船隻的甲板做成木頭步道。他們甚至綁上繩索欄杆作為最後裝飾。

他們是在退潮時動工的，現在開始漲潮了，士兵們腰部以下泡在水裡，試圖以纜繩綑綁軍車。有時候，他們必須肩搭著肩扶住登岸碼頭，直到纜繩綑緊。潮水反覆撲打過來，他們全身濕透，而且沾滿了油汙。

第一〇二憲兵連的弟兄非常善於尋找建材，甚至可說是太厲害了。有一次，一位准將怒氣沖沖地找上狄本斯，控訴有人偷了他指定作為救護車的四輛軍車。狄本斯表達適當的驚愕，說他想像不出有誰會幹這樣的事，然後悄悄從別的地方偷四輛軍車取代遺失的救護車。

大家口中的「憲兵碼頭」在五月三十日下午蓋好，證實是一大成功。一整個晚上以及隔天一整天，源源不斷的士兵利用它登上負責接駁的小型船隻和工作艇。諷刺的是，班奈特的弟兄並沒有上船。團本部覺得他們把碼頭蓋得太好了，現在必須負責維修。原本答應讓他們成為第一批「用戶」的承諾，就這麼付諸東流。相反的，他們費了一番苦工才學會一句古老的軍事格言：千萬別把一項任務幹得太好，否則你永遠甩不掉它。

後來，關於是誰最先提出登岸碼頭的點子，各方出現了許多揣測。除了狄本斯中尉之外，人們也將功勞歸給史蒂文森將軍、理查遜中校和亞歷山大將軍等人。有趣的是，各方說詞或許全都成立。這似乎是那種「時機成熟」自然出現的點子，因為從德國空軍的空照圖可以看出，在五月三十日到三十一日，瑪洛海灘和拉帕內之間出現了不下十座由軍車搭成的登岸碼頭。

這意味著除了堅忍不拔的第二五〇野戰工兵連之外，還有許多士兵投入修建工程。其中就包括第十二槍騎兵隊的一支中隊。他們在拉帕內以西三英里處興建一座登岸碼頭。對於這類工作，弟兄們毫無經驗，畢竟他們本是一支裝甲偵察隊；但是周邊防線目前已有充足人力，剩餘的作戰部隊全都湧上海灘集合。

正規部隊進入海灘之後，紀律出現驚人的提升。在布雷沙丘，科爾和理查遜中校首次渡過一個輕鬆的夜晚。正如科爾稍嫌刻薄的解釋，他們終於是在跟「真正的軍人」打交道。

傳統的力量在此昭然若揭。當衛斯托洛普上校命令國王直屬皇家兵團第八營往海灘上的防波堤行進時，他首先召集旗下軍官。他提醒軍官，他們身上的勳章象徵著歷史最悠久的軍團之一。「因此，我們今天下午踏上海灘時，代表的是整個軍團，絕對不可以丟臉。我們必須為海灘上的烏合之眾樹立典範。」

部隊踏出完美的步伐，手臂揮舞整齊劃一，步槍上肩的姿勢標準無誤，軍官和軍士的陣列井然有序。「海灘上的烏合之眾」果然深受震撼。

十九歲的勞森少尉隸屬於皇家砲兵團，他知道儀表非常重要，但是覺得自己現在很有理由蓬頭垢面。他的砲兵部隊在代爾和阿拉斯兩度遭到重創，差一點無法退回周邊防線──他們歷經了兩周的艱辛，而且幾乎從來不曾停下腳步。

現在終於抵達拉帕內，該輪到海軍擔心了。他在海灘上閒晃，突然瞥見一張熟悉的臉孔。那是他的父親──暫時擔任亞當將軍參謀的勞森准將。小勞森甚至不知道自己的父親也在法國北部。他衝上前去，立定敬禮。

「你這副模樣是什麼意思！你讓家族蒙羞！」老勞森大聲斥責，「立刻去把頭髮剪了、把鬍子刮了！」

兒子表示這個時候根本辦不到。老勞森不予理會，只說他的勤務兵──戰前就在他們家工作的僕人──可以打點一切。於是他就在敦克爾克的沙灘上剪髮修面。

防波堤上的克勞斯頓中校也有自己的一套標準。他看見一名岸勤隊員的頭髮長得不像話，命令他去剪頭髮。

「理髮院都關門了，長官，」對方從容不迫地回答。克勞斯頓仍舊堅持。終於，那名水兵拿出刺刀，割下一撮頭髮。「您現在希望我怎麼做，」他問道，「放進紀念盒裡？」

在中校堅定的領導下，防波堤在五月三十日一整天持續運作。絡繹不絕的驅逐艦、掃雷艇、蒸汽船和拖網船停到防波堤旁接運士兵後返航。曾有長達兩個鐘頭時間，克勞斯頓指示士兵在步道上用小跑步行進。當天下午及晚上，總共有超過兩萬四千名士兵登船。

由於多佛逆轉了一項重大決策，使得克勞斯頓的努力得到大力支持。下午稍早，拉姆齊將軍致電倫敦的龐德上將，堅持讓現代化的驅逐艦重返任務。如果要及時撤回所有部隊，這些驅逐艦必不可缺。

雙方經過一番激烈爭執，龐德終於讓步了。下午三點三十分，命令出爐，驅逐艦返回法國。

德軍的砲台如今從格拉沃利訥向敦克爾克港口發射，不過防波堤恰好落在射程範圍之外。德國軍機偶爾對船隻展開打帶跑攻擊，不過凱瑟林將軍龐大的轟炸機艦隊仍然滯留地面。今天的氣氛既輕鬆又愉快，跟昨天的恐懼與困惑有如天壤之別。麥爾坎號接運卡麥隆高地兵團時，領航員梅里斯上尉在前甲板吹奏著風笛。當皇家龍騎兵衛隊的士兵往前行進時，一名高大的陸戰隊員站在走道上分發熱湯。龍騎兵團的一位軍官沒有湯杯，不過他掏出不知從哪兒撿到的雞尾酒高腳杯。陸戰隊員往杯子裡盛滿濃湯，然後鄭重其事地詢問，「上頭要放櫻桃嗎，長官？」

但是最大的改變出現在海灘上。紀律持續改善；等待的隊伍安靜而有秩序，不斷壯大的小船船隊有條不紊地把部隊接駁到外海的大型船艦上。當馬歇爾上尉的十二人維安小隊耐心等候登船時，一名上校跑來，他顯然擔心這支小隊沒事情做，於是命令他們「稍微收拾海灘」。

馬歇爾起初覺得上校肯定在開玩笑；但他錯了，上校嚴肅得很。他解釋道，我們收拾得越整齊，越不容易讓德國佬覺得英國遠征軍是倉皇潰逃；這樣能挫挫敵軍的勝利感，有助於我們的戰情。

馬歇爾的人馬終於相信上校是認真的，開始悶悶不樂地打掃——把被丟棄的外套疊好、空箱子堆好、零散的繩子捆好。他們持續工作，直到看不見上校的人影。

整體而言，五月三十日的成果輝煌。感謝嚴明的紀律、軍車碼頭，以及最重要的、激增的小型船隻；海灘上接運的士兵人數從二十九日的一萬三千七百五十二人，提高到三十日的兩萬九千五百一十二人。在這灰濛濛的一天，總共撤離了五萬三千八百二十三人——絕對是迄今最高的單日人數。

幸運的是，盟軍傷亡很輕。拜厚重雲層所賜，救援艦隊得以不受斯圖卡與亨克爾威脅，川流不息地橫越海峽。當天的第一起事故，是往敦克爾克前進的法國驅逐艦暴風號（Bourrasque）撞上了水雷。除了被附近船隻救起的一百五十人外，其餘士兵命喪海底。

後來，在五月三十日到三十一日間的半夜，另一艘法國驅逐艦熱風號（Sicoro），被潛伏在昆特浮標附近的S艇魚雷擊中。有一陣子，艦長土魯斯羅特列克（名畫家亨利．德．土魯斯羅特列克的表親）以為他有辦法拯救他的船，但是船身發出濃濃煙霧，吸引了德軍巡邏轟炸機的注意。一枚炸彈擊碎船尾，點燃船上現成的彈藥。火柱直衝雲霄，熱風號已無可挽救。

不過，絕大多數的船隻平安抵達英國，衣衫襤褸的乘客在多佛或其他西南沿海港口下船。他們往等候的火車移動，這段期間的磨難全寫在臉上——滿臉鬍渣、眼神空洞、一條條油汙、疲憊不堪。許多人丟掉了裝備，但是有些人一路緊緊抓著原有的或新得的家當。二等兵勞奇的防毒面具底下掛著一雙木鞋、一名法國大兵帶了一隻活鵝、轟炸手亞瑟梅的一萬根香菸還剩六千根，泰勒少尉的勤務兵竟能妥善保護少尉的留聲機。除了士兵以外，必不可少的野狗大隊也成群上岸——光在多佛就有一百七十隻。

這群三教九流之徒渾身寫著「撤退」兩字，但是截至目前為止，消息仍然受到封鎖。隨著士兵湧入家鄉，事情再也瞞不住了；倫敦終於在三十日晚上發布公告，證實撤退的消息。畢竟，《泰晤士報》鄙夷地說，這是「許許多多國民親眼所見的事實」。

在成千上萬的撤退部隊中，有一小群人是經過精心挑選的。不論發生什麼事，高特勛爵希望將足夠多的精兵送回家，形成新部隊的骨幹，以圖日後反攻、討回公道。高特的參謀長波納爾將軍在五月二十九日晚上撤離，總司令的個人助理芒斯特勛爵也是一樣。而三十日當天，輪到布魯克將軍了。他的隨從查爾斯沃斯上尉神奇地變出一頓豐盛的午餐，將軍吃過烤雞配蘆筍之後，最後一次拜訪他麾下的師長。

這並不容易。大家都知道布魯克是個卓越而漠然的將領，然而這個下午，他的心情激動不已。他跟即將接掌軍團的蒙哥馬利將軍話別時，忍不住潸然淚下。蒙弟拍拍他的背，說了許多得體的話。最後他們握手道別，布魯克拖著沉重步伐緩緩離去。

有一個人打定主意絕不離開，那就是高特勛爵。五月三十日上午，當從海灘撤離的芒斯特勛爵返抵英國時，倫敦得知了將軍的決定。當時邱吉爾正在洗澡，不過他本就可以在任何地方辦公，他把芒斯特叫來浴缸邊談話。芒斯特就是在這難以想像的場景中，陳述了高特打算堅守到最後的決定。如果沒有明確命令，他絕對不會離開崗位。

邱吉爾大為震驚。怎麼可以留給希特勒這麼好的宣傳材料，讓他逮到英軍總司令然後拿出來炫耀呢？跟艾登、狄爾及波納爾討論之後，他親筆寫下這道讓高特別無選擇的命令：

假如通訊依舊順暢，我們必須命令你返回英國，並且帶回你自選的軍官，因為我們認為你的指揮部已大幅縮減，可以交由一名軍團團長負責。你應該立刻提名接任人選。如果通訊中斷，那麼當你的作戰部隊不超過等同於三個師的兵力時，你必須移交指揮權，並且依照指示返回英國。這項命令符合正確的軍事程序，你沒有擅自行動的餘地。

高特的接任人選必須持續奮戰，「但是當他判斷不可能繼續進行有組織的撤退、或者無法對敵軍產生成比例的傷害時，他有權跟法軍高層指揮官商議正式投降，避免無謂的殺戮。」

命令在當天午後交到高特手中；下午六點，他在海濱別墅召開最後一次總部會議時，向與會人士朗讀了這些指令。除了第一軍團團長巴克爾將軍，以及如今負責指揮第二軍團的蒙弟之外，當時還未離開的布魯克也參加了會議。他們討論了撤退行動的最終計畫：第一軍團負責殿後，而巴克爾團長將接替高特，如同倫敦的指示。

會議結束後，蒙哥馬利逗留了一會兒，要求單獨會見高特。一旦四下無人，蒙弟立刻說出心裡的話。他說，讓巴克爾負責善後會是個可怕的錯誤。那傢伙已不再適合指揮。最好送巴克爾回家，改派第一師師長亞歷山大少將（Harold Alexander）負責；他正好有應付這項危機所需的冷靜與清醒的頭腦。幸運的話，他甚至可能把後衛部隊安全帶回英國。

高特聽進去了，但是並未做出承諾。

在海灘上，布魯克將軍準備離開。他通常衣著入時，不過此時他丟掉了新買的獵人牌馬褲和挪威靴，換上一套老舊的褲子和鞋子。萬一必須游泳，這樣的裝扮比較實際。事實上他根本不必下水，忠誠的查爾斯沃斯讓將軍騎在他厚實的肩膀上，涉水送將軍上了一艘划艇。七點二十分，將軍出發前往等候中的驅逐艦。

八點左右，總部出現一名新訪客。韋克沃克將軍來找高特勛爵。由於小型船隻開始大量湧入，他想跟陸軍加強協調。過去幾天，船隻往往沒有抵達部隊所在之地，反之亦然。

高特熱情地招呼他。總司令及參謀人員正準備吃晚餐，韋克沃克必須加入他們。一行人移步到一間長型的用餐室，雙扇式落地窗讓海景一覽無遺。對話多半是閒話家常，韋克沃克坐在那裡分享將軍的最後一瓶香檳，心中感受特別深刻。英國正瀕臨歷史上最嚴重的軍事挫敗，然而他們坐著談天說地、啜飲香檳，彷彿只是一場普通的海濱晚宴。只有一件事情似乎不太尋常：他剛剛涉水上岸，整條褲子濕答答的。

高特本人充滿魅力，神采奕奕又泰然自若。他向海軍上將保證，只要將軍一出面，就能達到穩定軍心的力量。韋克沃克覺得很難相信，像他這麼一個坐辦公桌的水手，光出現在現場能有什麼鼓舞人心的效果。

吃完最後一道水果沙拉之後，他們開始聊起正事。韋克沃克立刻明白，高特及其參謀覺得他們的任務已經完成。他們已或多或少完整無缺地把英國遠征軍帶到海岸，現在輪到皇家海軍把部隊送回家——而截至目前為止，海軍還沒使出全勁。

韋克沃克表示，海軍成效不彰並非因為不想努力。他強調從海灘載運大量士兵的難度，並且要求將更多部隊轉送到敦克爾克，利用防波堤登船。李斯准將並不買帳。弟兄們已經走累了；船隻應該遷就士兵的所在之處，並且從海灘接運士兵應該極其可行……除非是「海軍辦事無能」。

韋克沃克被惹毛了。他告訴李斯，他沒有權力或理由那樣放肆地說話。

雙方轉而討論後衛部隊的撤退事宜。不論其他士兵是如何撤離的，這群弟兄肯定九死一生。德國大軍正步步緊逼紐港和佛勒，周邊的防線東端似乎撐不過五月三十一日到六月一日間的晚上。但願能在當天白天撤離其餘每一個人，然後後衛部隊迅速在午夜之前退到岸邊。拉姆齊已經保證會竭盡全力，派遣一整支全新的小型船隻艦隊在近海等候。幸運的話，船隊會出現在對的地方，後衛部隊會在敵軍出手阻撓之前游泳上船。

時間非常吃緊。除了預估五千人的後衛部隊外，還有成千上萬的部隊等著登船。韋克沃克一想到就覺得心情沉重。在敵軍窮追猛打之下，士兵在黑夜的緊急關頭匆忙登船；這並非一幅愉悅的畫面。

晚上十點，該說的都說完了。韋克沃克返回暫時擔任旗艦的伍斯特號（Worcester）驅逐艦。走下沙灘時，他發現一艘充氣橡皮艇，於是號召八名士兵替他划船出海。他們在坦納特和李斯的目送下出發，不過人太多了，小艇開始下沉。他們全跳下船，走回岸邊，減少划船人數再試一遍。「海軍辦事無能的另一個範例，」韋克沃克冷冷地對李斯說。

而在總司令部，參謀人員為陸軍總部準備一份局勢報告，於晚上十一點二十分發出。報告中指出，負責駐守灘頭陣地的剩餘六個師，將在今天晚上逐步縮減兵力，而周邊防線東端則預計在明天晚上（五月三十一日到六月一日間）完全撤離。其餘英國遠征軍的撤退行動進行順暢。不過報告中並未說明，以目前的速度來看，撤退行動能否在六月一日結束以前全部完成。

十一點五十九分，也就是報告發出的三十九分鐘後，帝國總參謀長狄爾將軍從倫敦打電話過來。高特向他保證，這一夜平安無事，海灘上一切順利。狄爾置若罔聞，直接表明這通電話的真正用意。首相希望他盡可能撤離法軍——不僅是撤出「相當」的數量，而是跟英軍「相等」的數量。邱吉爾本人接過電話，證實了這項命令。

這項發展宛如晴天霹靂。相對於在六月一日最後一刻接運小規模的後衛部隊、結束撤退行動，如今整個法軍都涉入其中。沒有人——完完全全沒有任何一個人——知道這意味著多少人數，不過顯而易見的是，當天稍早的一切精心計算與策畫都已變得毫無意義。

10 THE MIRACLE OF DUNKIRK

「手挽手，肩並肩！」

「我們也幫幫法國佬吧，」羅伯・希爾頓對泰德・蕭建議。當時，他們剛剛展開最終長達十七小時的任務，划著小船把海灘部隊接駁到瑪洛外海的船艦上。泰德・蕭欣然同意。之後，他們再也不必費神區分眼前的大兵究竟是法軍還是英軍。反正兩國是同一邊的，道理似乎再簡單不過。

然而對高層而言，道理並非那麼簡單。撤退一開始時，海軍總部理所當然地假設英國部隊搭英國船，法國部隊搭法國船。其他事情向來是如此辦理的。兩國盟軍各自撤退到海岸、各自鎮守自己的周邊防線區域。英國就是本著同樣精神自行決定撤軍，然後才通知雷諾總理；至於法軍是否如法炮製，就由法國自己決定了。

而法國當時甚至沒有動過撤軍念頭。五月十九日，也就是魏剛上任那天，達朗上將告訴最高統帥部，這樣的行動最終只會以「災難」收場。達朗主張據守灘頭陣地，持續威脅德軍側翼。奧方上校就是抱持這樣的念頭開始徵調幾百艘法國漁船，目的是為灘頭陣地提供補給，不是進行撤離。在敦克爾克，艾博利亞上將的想法也如出一轍。

五月二十七日，當奧方、勒克萊爾將軍和歐登達爾將軍到多佛城堡會見拉姆齊時，法國終於面對了現實。這三人是來討論敦克爾克補給事宜的，到頭來卻發現英國已開始撤軍。法軍如今得迎頭趕上了。奧方的漁船可供使用，但是遠遠不夠。沒有幾艘法國戰艦可供調派；基於與英國皇家海軍的約定，它們大都駐紮在地中海地區。

法國軍官與拉姆齊將軍匆匆敲定協議，第五項條文言明：「所有海上撤離工具皆由多佛與敦克爾克共享」。這句話無疑十分含糊，但是對法國而言，它似乎保證法軍至少得以使用英國的部分船隻。

他們很快得知所謂「共享」的意義。當比利時在五月二十八日投降，法國駐利奧波德國王的使節團團長尚蓬將軍（Champon）設法回到拉帕內，另外有大約一百到一百五十名使節團幕僚隨行。這是一群菁英份子，盟軍區域指揮官喬治將軍下令他們「即刻撤離」。尚蓬要求高特勛爵在英國船隻上騰出空間。

高特立刻發電報給陸軍總部，要求跟英國駐法國最高統帥部的聯絡官斯韋恩准將（Swayne）確認命令。「斯韋恩應該指出，」高特好心的補充說道，「每多一個法國人登船，就意味著犧牲掉一個英國人。」至於這個論點為什麼能說服法軍總部，高特並未說明。不過他倒是提出一項最後建議：「何不派一艘法國驅逐艦，用自己的船？」

隔天二十九日周三，尚蓬和他的參謀依舊滯留拉帕內。喬治將軍再次催促高特行動，斯韋恩准將隨後也打了一通電話給高特的參謀長波納爾將軍追蹤後續情況。波納爾表示已經下令載運尚蓬和「他的幾名軍官」，然後尖銳地質問使節團是否具有最高優先權，「因此要擠掉同等數量的英國士兵？」

不，斯韋恩回答，他很確定喬治將軍不是這個意思。將軍只想確保尚蓬的使節團跟英軍享有同等權利。

問題繼續拖著。又過了三十六個小時，尚蓬才終於在五月三十日的晚上八點離開。

如果替一百位菁英騰空間都這麼困難，那麼對此刻湧入周邊防線的成千上萬名法國大兵而言，前景恐怕不怎麼樂觀。法國第一軍團的殘餘部隊從南邊湧入、嚴重受創的第六十師從東邊而來、第六十八師撤出格拉沃利訥後由西邊過來，他們全都同時匯集到海灘。他們可有得等了：五月二十九日總共有四萬七千人撤離，其中只有六百五十五個法國人。

邱吉爾懂得算數，也深諳箇中的政治影響。他在二十九日發函給艾登、狄爾和伊斯梅等將軍：

應該盡可能讓法軍參與敦克爾克撤退行動，此事至關緊要。他們無法全然依賴自己的船運資源。必須立即做好安排，以免引發——或盡可能減少——法國埋怨。

在此同時，喬治將軍再度向高特勛爵求助。這一次，他的訊息不僅關乎尚蓬使節團，還包括如今齊聚海灘的全體部隊。喬治請唯唯諾諾的斯韋恩准將打電話轉達他的意思，呼籲英軍和法軍應「相互合作與協助」，共同執行撤退行動。

「我很樂意合作，」高特拍電報給倫敦的狄爾將軍，「但是協助這兩個字意味著資源全靠我們這邊。我強烈要求法國共同分攤資源、提供他們的海軍設備。」

當然，這段話完全忽略了法國艦隊目前在地中海區域駐防，因此極度缺乏「海軍設備」的事實。高特指出他已經撤離了「一小批法軍」，並且再次提醒倫敦：「每多一個法國人登船，就意味著犧牲掉一個英國人。」他接到的命令是以英國遠征軍的安全為優先。有鑑於此，他問道，政府對法國人又抱持怎樣的政策？

狄爾將軍苦苦思索幾個鐘頭，最後終於發電報回覆高特，蹩腳地表示英國遠征軍的安全仍然是第一優先，但他應該設法撤離「一定比例」的法國部隊。

當晚在倫敦，邱吉爾一直放心不下。儘管他已下達命令，但是幾乎看不到法軍共同撤離的證據。晚上十一點四十五分，他發出另一通電報，這回是給雷諾、魏剛和喬治：

> 我們希望法軍以最大限度參與撤離，並已指示海軍總部隨時協助法國海軍陸戰隊行動。我們不知道最後會有多少人被迫投降，但是我們必須竭盡所能共同承擔損失，而且最重要的，必不可因難免的困惑與壓力而心生怨懟。

這時，橫越海峽在外海指揮調度的韋克沃克將軍，對海軍總部的政策有著截然不同的理解。出發之前，第一海務大臣龐德上將向他簡單說明任務。龐德告訴他，他們覺得法軍沒有盡自己的本分；「假如英軍已做好登船準備，」他必須「拒絕讓法國人上船。」

隔天五月三十日早晨，邱吉爾召集三位軍務大臣和各參謀長到海軍總部作戰室開會；剛從拉帕內回來的波納爾將軍是會中的重要來賓。首相再次強調撤離更多法軍的重要性。

波納爾開口為目前的數字辯護，重申大家熟悉的老調：只要法國不提供自己的船隻，「每多一個法國人上船，就意味著犧牲掉一名英國人。」

波納爾覺得自己迫使邱吉爾正視一個「難以面對的真相」，但是這個論點首相已經聽了兩天了，如果他面露不悅，更可能是因為惱怒。

當天，高特陸續接到更多通電話。下午四點二十分，狄爾將軍確認高特的首要考量是英國遠征軍的安全，但是他也必須盡全力撤離「相當比例」的法國部隊。晚上八點十分，陸軍總部再度通知斯韋恩准將，法軍將獲得「最大程度」的撤離。

然後拉姆齊將軍呈報了當天的撤離數字：英軍四萬五千兩百零七人，法軍八千六百一十六人。

很顯然，所有人都可以對「一定比例」、「最大程度」和「相當比例」等詞彙做出自己的詮釋——幾千名部隊，或者甚至只有一名士兵。如果確實要讓法國人分享英國船隻，指令必須更加精確。當邱吉爾終於正視問題，時間已接近五月三十日午夜了。

「從現在起，英軍與法軍的撤離人數必須接近一致，」狄爾將軍致電高特轉達首相的新命令時，特意加重語氣。唯恐雙方有任何誤解，狄爾在電話中重述三次這項指令。後來邱吉爾親自接過電話，強調此舉攸關兩國聯盟的整體未來。

他說的沒錯。巴黎近日流言滿天飛，主要是斥責英國人溜之大吉，留下法國人獨嚐惡果。邱吉爾於隔天五月三十一日早晨飛到巴黎參加盟軍最高軍事會議，希望藉此機會澄清誤會；狄爾將軍和幾名高級副官隨行，他派駐雷諾身邊的私人代表史畢耶茲少將（Sir Edward Spears）前來接機；這些日子以來，史畢耶茲首當其衝，成為法國人發洩的主要對象。

下午兩點，英法兩國領袖在聖多米尼克街的戰爭部大樓會面。貝當元帥首次參加會議；他身穿便服，是個老派又悲觀的人物。魏剛將軍則穿了一雙超大馬靴，史畢耶茲覺得他就像那隻穿長靴的貓（Puss in Boots）。法國人坐在呢布大桌的一邊，英國人坐另一邊。透過敞開的大窗往外看，花園沐浴在陽光底下。又是一個燦爛的春日——今年特別多這樣的日子——天氣似乎在嘲笑這群試圖阻擋災難的凝重政治家與將軍。

邱吉爾首先以輕鬆的語調開場，表示撤退行動已達到所有人作夢都想不到的成果。截至當天中午為止，已有十六萬五千名士兵撤離。

「但是其中有多少法軍呢？」魏剛尖銳地質問。首相暫時閃躲問題，「我們是難兄難弟，拿彼此的共同災難互相指責，對誰都沒有好處。」

但是問題是躲不掉的。短暫討論挪威戰役之後，議題又重回敦克爾克。答案揭曉，在十六萬五千名撤離士兵當中，只有一萬五千個法國人。邱吉爾盡全力解釋這個尷尬的差距：許多英軍屬於後方部隊，原本就駐紮在敦克爾克附近，而法軍的撤退距離較長；如果只計算作戰部隊，雙方的撤離人數沒那麼懸殊。

魏剛打斷他的話。不論基於什麼理由，嚴酷的事實依舊存在：二十二萬英國部隊已撤離了十五萬人；而在二十萬名法國部隊當中，只有一萬五千人得救。他無法拿這樣的數據面對鄉親父老，必須想辦法撤離更多法軍。

邱吉爾表示贊同，並且說明了最新的「相等人數」命令。他同時強調，英軍目前仍留在敦克爾克的三個師會跟法軍並肩作戰，直到撤離結束。

於是達朗開始草擬電文描述會中決議，預備發給坐鎮三十二號稜堡的艾博利亞上將。文中提到當周邊防線關閉，英軍會首先登船。

邱吉爾拍案而起。「不！」他大喊著，「共享——手挽手，肩並肩！」（Partage—bras-dessus, bras-dessous!）他的破爛法語是出了名的，不過這一回不可能受到誤解。他以誇張的手勢，活靈活現地做出手挽手離開的動作。

這還沒完。他激動得失去自制，接著宣布剩餘的英軍將組成後衛部隊。「法軍目前撤出的人數那麼少，」他聲明，「我不能讓法軍進一步犧牲。」

這已遠遠超過單純攜手合作，史畢耶茲將軍覺得情況有點過火了。幾番討論後，電文最後只表示英軍將組成後衛部隊，「直到撐不下去為止。」文中也授命艾博利亞負責整體指揮。

幸好高特勛爵沒聽說首相的失控；光是「相等人數」政策就已經很難下嚥了。起碼不必溯及既往，倫敦同意這條規則只適用於從今以後。儘管如此，代價恐怕仍然相當慘重。陸軍總部指示他多堅持一會兒，以便幫助最大數量的法軍撤離。但是要堅持多久呢？這個早上（五月三十一日），種種跡象顯示德軍將大舉進攻佛勒。如果他為了拯救更多法軍而支撐太久，很可能折損一整個衛兵旅。

當冷靜而能幹的第一師師長亞歷山大將軍上午八點半造訪總司令部時，高特還在思索這個問題。高特悶悶不樂地指示他縮減兵力，因為在他看來，絕大多數弟兄最後得陪著法軍一起投降。至少，陸軍總部的命令似乎是這個意思。

上午九點，艾登打電話過來闡述命令，他的說法想必讓高特如釋重負。艾登向李斯准將說明：

昨晚發出命令，要求堅守下去以協助最大數量的盟軍撤離。這項命令必須這樣解釋：〔高特〕應該撐到手上兵力堅持不下去為止。然而，他不能試圖撐過那個時間點而危害剩餘部隊的安全。

換句話說，為了撤離相等數量的法軍而堅持下去是可取的——前提是不危害自身安全。

上午十點，高特開開心心開車南下敦克爾克會見艾博利亞上將。上將照例待在三十二號稜堡。在場的除了擔任參謀的海軍軍官以外，還有法軍的周邊防線指揮官法加爾德將軍，以及帶領唯一一支法國部隊逃離被德軍圍困的里爾、剛剛抵達敦克爾克的勞倫斯將軍。

高特和艾博利亞的會面往往劍拔弩張。那傢伙躲在三十二號稜堡，似乎永遠搞不清楚狀況。然而今天氣氛友善。高特傳達了「相等人數」政策，表示他已經答應撤離勞倫斯的五千名弟兄。然而艾博利亞指出，魏剛寧可把空間留給幾支機械化騎兵小隊。對此，勞倫斯並未出言抗議。高特還提議讓法軍共同使用東面防波堤。英國人慨然提供法國人免費使用法國港口的法國設施；儘管這個提議聽來有些荒謬，艾博利亞世故地保持沉默。

接著，高特和法加爾德針對各自的周邊防線區域交換詳盡資訊——這顯然是雙方首次這麼做。然後高特宣布他已被下令撤離。就在這時，布蘭查德將軍出現了。他是名義上的陸軍軍團指揮官，最近簡直無所事事，遊手好閒。高特邀請他及勞倫斯將軍一同前往英國，兩人都婉拒了。正如勞倫斯所言：「我的旗幟會一直插在沙丘上，直到最後一名弟兄登船。」

大夥兒舉杯道別，彼此承諾很快會在法國重逢。

回到拉帕內後，高特把亞歷山大將軍召來總司令部所在的海濱別墅。總司令做了一項重大決策：高特本人返回英國後，將由亞歷山大（而非巴克爾）接替他的工作。他自始至終沒有解釋換將的理由。也許他被蒙哥馬利前一晚的激情抗議感動了，但是沒有人認為個性淡漠的高特，會輕易受喜怒無常的蒙弟所影響。

無論如何，當亞歷山大在中午十二點半左右抵達時，書面命令已經在那裡等著他了。在技術層面上，他將解除巴克爾做為第一軍團指揮官的職務，接管殘破的三個師，奉命「協助法國盟友防衛敦克爾克」。

依照巴黎決議，他將接受艾博利亞指揮，不過有一項重要的豁免條款，「倘若他下達的命令在你看來有可能危及英國部隊，你應該立即向國王陛下的政府申訴。」

以上就是高特一開始向作戰官布里奇曼上校口述命令時所說的話。然而，他省略了一項重要指令。高特沒提到陸軍總部授權投降，「以避免無謂的殺戮。」布里奇曼覺得有必要納入這項指令，但是沒敢跟長官開口。最後，他拿著倫敦原始電文的副本，用手指著相關段落，然後詢問將軍是否要把這段話納入命令中。高特同意了。到頭來，他們成功避開實際說出那個可怕的字眼：「投降。」

總司令部計畫在下午六點關閉，技術上而言，高特的命令屆時才會生效。然而實際上，他們幾乎馬上開始行動。草草吃過午餐之後，亞歷山大開車回到他的指揮部，將手底下的一個師移交給旅長負責，然後開車南下敦克爾克，由他的參謀長摩根上校和無所不在的坦納特陪同。下午兩點，他們走進以蠟燭照明、陰森森的三十二號稜堡。這是亞歷山大第一次跟艾博利亞上將以及法加爾德將軍開會。

會議進行不順。艾博利亞打算堅守範圍縮小的灘頭陣地，最東到比利時邊境；法國部隊負責右翼，英法聯合部隊則在亞歷山大的指揮下駐守左翼。這些兵力將作為後衛部隊，在盟軍其餘士兵登船之際無限期防守灘頭陣地。然後這些後衛部隊想必會在最後一刻倉皇撤離到安全的地方。

亞歷山大認為行不通；長期抵抗是不可能的，部隊目前的狀態根本無法無限期作戰。而且，建議中的周邊防線太接近港口及海灘，敵軍短距離的砲火很快就能徹底阻斷撤退。相反的，他提議盡速撤離，殿後的部隊應在隔天晚上（六月一日到二日之間）退到海灘。

艾博利亞不為所動。假如英軍無論如何都堅持撤離，他補充說道，「港口恐怕會被迫關閉。」

亞歷山大覺得是時候訴諸命令中的豁免條款了。他表示自己必須向倫敦請示，然後開車回到拉帕內，鬆了一口氣地發現電話線還保持暢通。

晚上七點十五分，他終於接上安東尼・艾登，簡單說明了狀況。艾登一小時後回電，帶來振奮人心的內閣新指令：

> 你應在與法軍成等比例的基準上，盡速撤離你的部隊，設法在六月一日到二日間的深夜完成。
>
> 你應告知法方這項明確指令。

艾登解釋，「與法軍成等比例的基準」這句話並不要求亞歷山大彌補過去的差異；只是單純意味著從今往後，法軍與英軍應有相等的撤離人數。亞歷山大得到內閣的支持，匆匆趕回三十二號稜堡。

在此同時，艾博利亞也向他的上級投訴。他發電報給魏剛，抗議被納入他麾下的亞歷山大拒絕服從命令繼續奮戰；不論情勢如何變化，這名英國指揮官竟然計畫在六月一日到二日間的深夜登船，「擅離防衛敦克爾克的職守。」

魏剛無計可施，只能轉向倫敦抱怨。晚上九點，他向帝國總參謀長狄爾將軍發送無線電信號，提醒他盟軍最高軍事會議在當天下午達成的決議。第四條條文明確指出由艾博利亞負責指揮。

亞歷山大帶著英國內閣的指令返抵三十二號稜堡時，艾博利亞上將還在等候魏剛的回音。亞歷山大宣布，他會防守他的周邊防線區域，直到六月一日（也就是隔天）晚上十一點五十九分，然後在夜色掩護之下撤到海灘。歡迎法軍一起走，並且共用英國船隻。不過無論法軍如何決定，他都要撤了。

艾博利亞別無選擇，只能黯然同意。

這時已過了晚上十一點。亞歷山大雖然早已將指揮部移到敦克爾克郊區，不過這一帶的道路很陌生，而且到處是坑洞，留在三十二號稜堡過夜似乎比較安全。就這樣，他跟摩根上校蜷縮在水泥地上——地面又冷又硬，正如兩個堅強盟國之間日益破裂的關係。

五月三十一日下午在拉帕內，一名老兵待在寢室剪碎軍裝上的獎章和參戰彩帶，渾然不知兩軍上層間的種種角力。高特將軍準備啟程回家。撤退行動現在是亞歷山大的煩惱了，在這一刻，高特最關心的是不留下任何東西給德軍當紀念品。

他預計下午六點啟程。有兩組人馬分別為他制定了登船計畫，而雙方都不知道彼此存在；在這艱難的日子裡，溝通不良是稀鬆平常的事。根據其中一套計畫（由總司令部的海軍聯絡官制定），四艘魚雷快艇從多佛出發，火速前往海灘接走高特及其幕僚。指令非常含糊；這支小艦隊的指揮官只知道要接運「一群人」。抵達之後，艦隊指揮官找到負責外海行動的韋克沃克將軍，尋求下一步指令。

韋克沃克所知更少。沒有人知會他，而他壓根沒想到這些魚雷快艇是被派來接總司令的。他以為那是他的責任。他派魚雷快艇去處理一些雜事，然後繼續埋頭計畫。高特會在六點剛過的時候離開別墅，前往拉帕內以西兩英里的一處指定地點，一艘摩托艇將從這裡接運他們，送到停在外海的基斯號（Keith）驅逐艦，然後由基斯號將他們帶回多佛。史蒂文森准將親自執行計畫，韋克沃克本人則負責監督。

高特一行人按計畫六點離開別墅，不過之後就開始脫稿演出。不知基於什麼原因，載運這群人的兩輛指揮車沒有前往指定地點，反而停在更接近拉帕內的地方。這意味著沒有小型船隻專程在那裡等候他們，後續的撤離行動變得七零八落。高特的幕僚最後上了基斯號，司令本人上了青春女神號掃雷艦，而他的勤務兵、駕駛兵和行李則全上了希樂號動力遊艇。

高特安全登上青春女神號後，走進艦橋跟艦長溫波少校打招呼。只有簡短的寒暄時間，接著，海上、天上和船舶似乎全都瞬間爆炸。天氣放晴，德國空軍回來了——當天晚上分別執行了十次轟炸。在青春女神號的船員衝向高射砲台之際，高特頓時明白他的角色到了最後是多麼沒有用處。他安安靜靜在艦橋一隅坐定、舉起望遠鏡，心不在焉地東張西望。

「您到底下躲一躲好嗎，長官？」布許上校提議。他是拉姆齊的聯絡員之一，負責跟坦納特及韋克沃克協調。

「不了，謝謝。我在這裡挺好的，」將軍客氣地回答。轟炸終於漸漸平息，高特走到下層甲板吃點東西，和往常一樣從容不迫。

載著這名貴客的青春女神號仍然沒有朝英國出發。這時，數百名大兵蜂湧著上船；他們是川流不息的小型船隻從海灘上接駁過來的。韋克沃克決定等青春女神號滿載之後再派它回國。

多佛和倫敦越來越焦躁不安，甚至急得發狂。自從海軍總部派遣四艘魚雷快艇接運高特，七小時過去了，仍然不見高特的蹤影。那些快艇可達四十海浬的速度，早就應該回到英國。雪上加霜的是，最後一通無線電信號顯示魚雷快艇甚至沒有被用來接運將軍。他到底發生了什麼事？

「立刻回報，被派去接總司令的魚雷快艇為什麼轉做其他用途？」海軍副參謀長菲利普斯將軍在晚上十一點三十六分向韋克沃克發送信號。「立刻採取行動讓總司令登船，並且回報情況。」

在基斯號上，韋克沃克派遣一艘魚雷快艇到青春女神號接高特，但是他已經不在那裡了。他搭上一艘摩托艇，希望趕上基斯號。半小時過去了，這艘摩托艇仍然不知去向。

現在輪到韋克沃克心急如焚了。這個夜晚一片闃黑，沒有任何燈火。摩托艇錯過基斯號了嗎？高特在黑暗中的某個地方漂流嗎？韋克沃克想像著他搞砸任務、弄丟英國遠征軍總司令的丟臉畫面。

午夜過後，六月一日的第一分鐘，摩托艇終於在黑暗中隱隱浮現。高特爬上基斯號，總算跟他的幕僚團聚。

但只有片刻。他和李斯准將隨即搭上 MA/SB 6 快艇奔回多佛。上午六點二十分，他們在海軍部碼頭上岸。高特灌了一杯茶，趕搭前往倫敦的下一班列車。

艾登與戰時內閣閣員到車站接風，但這一小群人差點隱沒在維多利亞車站的洶湧人潮裡。到了此時，狼狽不堪的士兵擠滿了從南部沿海北上的每一班列車，在這裡投入引頸等待的親友懷中。高特無非只是其中一人，他已經成了過時的歷史人物。

比起丟了臉面的司令脫逃成功，更重要的是，五月三十一日當天有五萬三千一百四十人得救，有助於建立英國新陸軍的核心。

其中成千上萬人利用布雷沙丘和拉帕內的臨時軍車碼頭登船。雖然碼頭的建造者心靈手巧，但是這些碼頭幾乎快要散架，在海浪和潮汐中起起落落，讓人心驚膽戰。儘管如此，接踵而來的士兵依舊吃力地爬上臨時步道，跳進停在旁邊的划艇和小船。

「欸，幸運小子，你會划船嗎？」當第一四五野戰救護車隊的二等兵約克跌進一艘小船時，一名水手跟他打招呼，「不會？唉呀，你該趁這個機會他媽的學一學了。」約克邊做邊學，成功抵達伊莉莎白公主號觀光蒸汽船。

第三師信號隊的魏恩少校走到碼頭尾端，俯視一艘等候中的動力小艇。掌船的是這艘船的乘務員，他穿著無懈可擊的白色短外套，畫面非常不真實，幾乎就像要搭乘冠達公司（Cunard）的郵輪一樣。

有些部隊善用海灘上堆積如山的廢棄物。北漢普頓郡兵團第五營的二等兵班納特找到一艘帆布做的軍用艇。這艘小艇原本是渡河用的，可乘坐六人；如今十名士兵跳上船，企圖靠它渡海。他們拿步槍當划槳，希望一路划回英國。幸好一艘機動快艇沒多久就發現他們，然後引領他們登上艾凡赫號驅逐艦。

第一二七步兵旅的史密斯准將召集了十九名士兵，圍著一艘擱淺上岸的救生艇。他們使盡全身力氣，才把這個巨大而笨重的東西推入水中。麻煩還沒完：這是一艘十六槳的划艇，但是史密斯召來的士兵全都不會划船。

他們還是想辦法開航，由史密斯掌舵、士兵們操槳。划了幾下之後，「船組人員」開始七手八腳地動作；划槳糾纏在一起，船隻瘋狂打轉。史密斯後來追憶，「我們八成像是一條喝醉的蜈蚣。」要傳授基礎划船課，沒有比現在更不湊巧的時機了。德國空軍選在這時展開空襲，准將的口令夾雜著砲火、炸彈和水柱的噴發聲。這群人再度嘗試，這一次，史密斯高喊划船口令，「一、二，進、出！」船員跟上節奏，船隻開始朝等候中的驅逐艦穩定前進。他們甚至可以破浪狂飆，跑贏他們師長搭乘的超載汽艇。

在海灘的更遠處，皇家運輸勤務隊的二等兵史特拉頓幫忙把一艘棄置救生艇拖回岸邊，然後看著一群人爭先恐後地占用這艘船。史特拉頓不甘心白費力氣，於是縱身一跳，落在這群人身上。可想而知，這艘船沒多久就開始下沉。史特拉頓很善於游泳，但是身上的大衣拖累了他。就在他即將沒頂之際，一艘海軍快艇出現了。有人把他拉到船邊、甩到船上，「活像一條魚似的。」

衝突在所難免。在瑪洛海灘附近，一隊士兵涉水拖回停在近海的兩艘小型划艇。突然有人嚷嚷，「站住，否則我就開槍！」那是一名蘇格蘭上校，他是附近一支小隊的領袖，而他顯然認為是自己的弟兄先看到那兩艘船。雙方最後互相妥協，兩支隊伍都能使用。

在拉帕內附近，義勇騎兵團的古德巴迪跟總司令部的八名海軍信號兵一起搭乘小艇出發。啟航之際，岸上的一名軍官命令他把硬擠上船的另外四名士兵帶回來。古德巴迪拒絕了，他表示這艘小艇和上頭的所有人員都歸他管。軍官聞聲拔槍，古德巴迪也掏出他的，兩人面對面站立片刻，拿槍對著彼此。這時，四名士兵悄悄地主動上岸，又一場危機就這麼化解開來。

在布雷沙丘，工兵柯爾斯被朋友叫醒，後者發現沙灘上有一艘擱淺的大型划艇。他們把船拖到水邊之後，兩人立刻被一擁而上的士兵推到旁邊。這艘船即將二度沉沒，幸虧一名憲兵鳴槍把所有人趕下船。

恢復秩序之後，柯爾斯跟他的朋友再度嘗試。這一次，他們安全啟程，載了一批士兵到一艘斯固特上，然後回頭載另外一批。十幾個人游泳過來跟他們會合，不過這時，坐在附近一片木筏上漂流的軍官叫住他們。軍官揮舞著左輪槍，下令他們先送他上船。柯爾斯覺得游泳的人應該有優先權，反正木筏暫時安全無虞，但是左輪手槍非常有說服力，軍官得以遂行其是。

海象是讓人神經緊張的原因之一。自從開始撤退以來，風向首次吹往陸地，在五月三十一日的整個早上掀起險惡的巨浪。登船速度變得前所未有的緩慢，布雷沙丘的理查遜中校最後決定停止行動。他下令海灘上的部隊前往敦克爾克，然後他、科爾中校和岸勤大隊撈出一艘擱淺的小艇、蒐集幾支槳，開始朝英國駛去。

他們不知道自己有多疲憊，每一個划槳動作都讓他們全身發疼。沒多久，他們幾乎停滯不前，隨時可能打橫、沉沒，幸好及時被一艘馬蓋特救生艇發現。後者急忙趕過來，把他們接上船。

上午十點三十五分，韋克沃克將軍以無線電向多佛的拉姆齊匯報情況：

絕大多數划艇失控橫轉，而且沒有船員：基於越來越強勁的向岸風，海灘上的狀況非常惡劣。即便白天也只有極少數人登船。我認為敦克爾克是登船的唯一希望……

所謂「敦克爾克」，他指的當然是東面的防波堤。坦納特和他的助手越來越倚重防波堤來解決所有問題，不斷試圖把所有船隻往那個方向集中。拉姆齊也明白防波堤的重要性，但他估計仍有數千名士兵等待撤離，所有東西都必須派上用場——甚至包括進度遲緩的海灘。

上午十一點零五分，韋克沃克再試一次。「敦克爾克是我們的唯一希望，」他向拉姆齊發送電文，「可否炸毀德軍的西面砲台、壓制敵軍攻擊防波堤的火力？」

這是個新問題。五月三十一日以前，德軍的砲火很討人厭，不過僅此而已。他們胡亂發射，往往沒射中任何目標。如今，德軍將砲台設置在格拉沃利訥這一側，成果立見。

上午六點十七分，格倫高爾號（Glen Gower）掃雷艦沿著防波堤停靠，準備迎接它當天接運的第一批部隊。艦長畢德納夫中校在艦橋等候時，突然聽到一聲尖嘯，然後砰的一聲，緊接著連續出現好幾聲撞擊。前甲板噴出一大團黑色碎片，就在槍砲官威廉斯中尉站立之處。一開始，畢德納夫以為他們肯定是遇到連續轟炸，但是空中沒有任何飛機。他頓時明白船隻是遭到砲彈齊射，其中一枚正好貫穿威廉斯兩腿之間的甲板。奇蹟似的，槍砲官毫髮無傷，不過下層的爆炸造成了十二人傷亡。

冥冥中似有神明保佑，防波堤本身依舊未遭摧毀。自從五月二十九日被德國空軍發現以來，防波堤便不斷遭斯圖卡轟炸、受到砲火重擊，並且被停得太急的救援船隻衝撞。奧里國王號撞擊之後，防波堤靠海的尾端已被完全切斷。不過整體而言仍然可以使用。偶爾有些地方出現裂縫，不過立刻用木板、門板和船隻的跳板銜接起來。登船行動持續進行。

然而，朝著等候船隻狂奔的過程，總令人心驚膽戰。沒有人比皇家砲兵團的二等兵鮑德溫更能體會箇中滋味了。他扛著斷腿的朋友二等兵波伊德準備登船。鮑德溫踉踉蹌蹌走在步道上，來到只用一根木板銜接的裂口前。旁邊兩名水手高喊，「跑過去，朋友，」補充說道，「別往下看。」鮑德溫聽從建議，只不過他確實往下看了。黑漆漆的海水在二十呎下的木樁之間翻騰洶湧。他設法保持平衡，木板盡頭有另外兩名水手抓住他，為他歡呼：「幹得好，繼續加油！」

他繼續掙扎著向前，氣喘吁吁、跌跌撞撞，一直跑到又遇上另外兩名水手，他們幫他把波伊德抬過跳板，登上等候的船隻。結果，那艘船竟是奧爾良少女號海峽郵船，戰爭一開始時，他就是搭乘這一艘船朝法國出征的。

鮑德溫是在漲潮時奔跑前進的。遇到退潮時，防波堤上的登船行動甚至更加費力。洛克比中士費盡艱辛抵達毒液號（Venomous）驅逐艦旁，才發現他們跟船隻的甲板有十五呎的高度落差。好幾根電線桿斜倚著防波堤，士兵靠它們垂降登船。問題是，不論船隻或電線杆都沒有固定牢靠，兩者都不可預期地上下左右搖晃。只要稍一閃失，就意味著墜入大海，在船隻和碼頭之間粉身碎骨。

「我做不到，小歐，」洛克比倒抽一口氣，然後對他的朋友歐尼斯特・漢明這麼說。

「下去，你這笨蛋，不然我把你扔過去！」漢明吼著，「我替你扶著桿子頂端。」

洛克比想辦法鼓起了力量和勇氣。他滑下電線桿，並且替隨後滑下來的漢明扶住桿子底部。

法軍迄今尚未使用這道防波堤，不過從五月三十一日開始，海灘隨處可見相等人數政策開始發揮效用。當從希爾尼斯出發的馬賽陸號機動遊艇下午四點抵達時，第一項任務就是協助載運在瑪洛海灘等待的大批法軍。遊艇的平民船長奧立佛派出小艇，大約五十名法國大兵一擁而上，小艇立刻翻覆。他緩緩往東移動，找到「法國士兵好像比較冷靜的地方」，然後再試一次。這次沒有問題。接下來四十八個小時，他載走了超過四百名法軍。

在附近，一小支皇家海軍掃雷艇艦隊也在執行任務。三王號接起兩百名法軍……傑基夫號接起六十人……理格號又接起另外六十人，布雷沙丘和拉帕內的情況大同小異。

在這項相等人數政策之下，究竟還有多少法國士兵有待撤離？不論巴黎或三十二號稜堡中的艾博利亞上將似乎都毫無頭緒。對於在倫敦和多佛為撤退行動殫精竭慮的策畫人而言，這個數字其實無關緊要。他們已經出動了所有可以下水的船隻。

在整個勤務生涯中，七十八呎長的瑪西蕭號（Massey Shaw）從未出海。它原本是泰晤士河上的消防艇，之前跑過最遠的地方，是到泰晤士河下游的利德哈姆港口（Ridham）救火。它沒有羅盤，而船上的工作小組是專業的消防人員，不是水手。

不過瑪西蕭號吃水很淺，只有三點九英呎，海軍總部無法抗拒它的誘惑。而且，海軍總部隱隱約約認定這艘船可以幫忙撲滅敦克爾克港口的熊熊大火。這個想法傳達的倒不是瑪西蕭號的用處，而是仍然瀰漫在海軍總部某些角落的天真。

五月三十日下午發出志願者招募令。有十三人被挑中，兩小時後，瑪西蕭號就在梅伊副隊長的帶領之下上路。他們幾乎連買一個小型航海羅盤的時間都沒有。順著泰晤士河而下時，工作小組忙著在船艙窗戶上釘木板，拿灰色油漆塗抹各項銅製配備和水槍。情況必定非常危急，畢竟瑪西蕭號光可鑑人的器具向來是神聖不可侵犯的。

它在拉姆斯蓋特接了一位帶了航海圖的年輕海軍中尉，橫越海峽之際，又有人找到一張小型潮汐表，為船隻提供額外的幫助。他們在五月三十一日傍晚抵達布雷沙丘外海，工作小組著迷地端詳海灘。

乍看之下，那裡跟一般周末假期的海岸沒什麼兩樣——密密麻麻的人群四處走動，或者三三兩兩地坐在沙灘上。不過有一點很不同：相較於鮮豔的夏季服飾，每個人都穿著卡其服。而一開始看似延伸入海的「防波堤」，其實是一條條穿著卡其服的人龍。

瑪西蕭號派出一艘划艇接近一條人龍，小艇卻立刻因為蜂湧而上的士兵而翻覆下沉。接著，有人撈出擱淺的皇家海軍快艇，希望能派上用場，不過五十個人一擠上船，這艘船也報銷了。將近晚上十一點的時候，又找到另一艘小船。此刻，瑪西蕭號跟海灘之間拉起了一道繩索，小船便沿著這道繩索來回拖曳，有如一輛海上纜車。小船一次只能載六個人，不過它就這麼來來回回，接駁一批又一批的士兵。

最後，瑪西蕭號再也擠不下了。現在，有三十個人塞在前一天晚上六個人就嫌擠的船艙，另外還有幾十人癱在甲板上，似乎沒有一丁點剩餘空間。

當瑪西蕭號終於拔錨、啟程回拉姆斯蓋特時，夜色已深。截至目前為止，它一直非常幸運。德國空軍始終在頭頂上盤旋，但是沒有一架飛機發動攻擊。如今開拔了，船身劃出一道磷光閃閃的水痕，被目光銳利的敵軍飛行員發現。他向下俯衝，投擲一顆炸彈。落點很近，不過沒擊中。瑪西蕭號繼續平安地航行，載回六十五名士兵。

蒂爾伯里疏濬公司的索斯伯勒夫人號漏斗式挖泥船，也跟瑪西蕭號一樣從未出海。鏽痕斑斑的船身，原本在樸茨茅斯港無人聞問，如今前往拉姆斯蓋特報到，在五月三十一日清晨隨著另外三艘蒂爾伯里公司的疏濬船前往敦克爾克。索斯伯勒夫人號在中午十二點半抵達瑪洛近海，立刻派三名人手放下左側救生艇，開始接運海灘上的士兵。

索斯伯勒夫人號在離岸幾百碼的地方停泊時，一架德國軍機連續投擲四枚炸彈。雖然沒有命中，但是船隻的救生艇卻因炸彈威力而被拋出水面，再重重落下，每一片船板都散開了。沒有人受傷，但是救生艇報廢了。趁著退潮，普爾船長將索斯伯勒夫人號正面衝上海灘，讓部隊直接涉水上船。士兵們一股腦兒地衝出來，一名法國人顯然沒聽說英國新出爐的相等人數政策，竟試圖賄賂代理二副約翰．塔瑞讓他上船。

另一艘蒂爾伯里公司的疏濬船首要101號在附近錨泊。隨處可見紊亂失序的跡象：被海浪打翻的船、無法負荷士兵重量而下沉的船、沒有划具或槳手而隨波逐流的船，然而在這團混亂中，出現了一股寧靜的力量。一名下級軍官在岸上的池塘找到一艘玩具獨木舟。此刻，他一次送一名士兵前往等候的船舶。當他在碎片殘骸中穿梭時，似乎完全不被水中的游泳者打擾。彷彿大家給他發了一張通行證，讓他可以安安靜靜工作，不受妨礙。

暗夜返航是最困難的一環。索斯伯勒夫人號在黑暗中摸索著前進時，一艘驅逐艦森然迫近，對它打出閃光信號。疏濬船的船員都不懂摩斯密碼，所以無法回答。驅逐艦再度閃動信號，還是沒有回答。最後，船上的一名士兵說自己是信號兵：可以讓他幫忙嗎？信號又閃了幾次之後，士兵說明驅逐艦已三度要求他們表明身分，要是再不回答，它會把他們擊沉。塔瑞二副看著信號兵打出船隻名稱，不禁咒罵這艘船囉囉嗦嗦的教名。那十六個字母似乎一輩子都打不完。不過驅逐艦終於滿意了，索斯伯勒夫人號繼續緩緩朝拉姆斯蓋特航行。

在此同時，各式各樣的小型船隻接踵而來，包括最高時速達二十海浬、拉風的閃銀號遊艇；濱海利的輕舟船隊；克理斯公司出品、有優雅紅木船身的邦妮海瑟號遊艇；與三名完全不會講英語的荷蘭船主一同前來的約翰娜號捕鰻船等等，不及備載。還有被拉姆齊將軍稱為「自由業者」（free lances）的無數船隻，也陸續從福克斯通、義本、紐黑文和布萊頓等南部港口湧出。絕大多數從未費事跟多佛那邊打招呼，也從來沒有人為他們在史冊上留名。

奧方上校徵用的法國與比利時漁船也開始出現，為救援行動增添一股異國風味。擁有法文船名的皮耶與瑪莉、波浪女王和卡丹工程師，跟巧手比利、南茜女孩以及起碼九艘雲雀號並肩行動。法國郵船銀色海岸號開始使用東面防波堤，一如任何一艘英國蒸汽船。

大多數法國船員來自布列塔尼，就跟泰晤士河河口的採蚵船夫一樣不熟悉這片海域。不過難免有人例外。聖西爾號（St. Cyr）掃雷艇的助理輪機員費爾南．史奈德恰好是敦克爾克人。此刻，他既因為看見家鄉慘遭蹂躪而悲慟不已，卻同時因為有機會回家而備感寬慰。

身為地頭蛇，史奈德知道上哪兒找東西吃。聖西爾號的艦長偶爾派他出去覓食，為船上粗陋的糧食加菜。五月二十八日，他趁出外覓食時決定回家看看。房子還挺立著，更棒的是，他的父親奧古斯丁．史奈德在家。奧古斯丁原本逃回鄉下老家避難，這次也是回來看看房子的狀況。他們熱情相擁，因為這天不僅是家人團圓、不僅是要慶祝房子完整無缺——更是費爾南的二十一歲生日。

老頭子走到地下室酒窖，拿出一瓶武弗雷白酒（Vouvray）。接下來一小時，兩人開開心心喝光整瓶酒，把戰爭拋到腦後。最後終於分別，父子兩人一直到五年之後才再度聚首。

在敦克爾克，費爾南．史奈德是唯一可以回家過生日的水手，不過援救船隊中不乏各種奇人異士。凡漢默上尉是一名風度翩翩的荷蘭海軍軍官，整個船隊只有他插了荷蘭國旗，特別醒目；哈金斯中校是從擲彈兵衛隊退下的老兵，目前在海軍總部擔任枯燥乏味的聯絡工作，身為經驗豐富的周末水手，他趁著休假前往多佛報到，現在負責操作戰爭部的工作小艇燕子號，皮姆上校平常執掌邱吉爾的地圖室，今天則帶領一艘荷蘭斯固特乘風破浪橫越海峽；山繆．帕默爾是普利茅斯的管區員警，不過他曾經在海軍服役，這樣的資歷便已足夠，他負責七噸重的迷途水仙號，這是一艘任性古怪的動力遊艇，老是故障，最後，他拆下船艙門板劈成一片一片，吩咐船上水手開始划船。

羅伯．哈靈是一名印刷字體設計師，不過身為瓦茲船長的航海課學員，他跟其他同學一起志願參與救援行動。此刻，他跟另外三人被分派到一艘救生艇上，這艘救生艇是從蒂爾伯里碼頭的某條郵輪卸下來的。他的同伴包括一名廣告公司主管、一名修車廠老闆和一位推銷員。四個人幾乎沒有任何共通之處；然而此刻他們一同坐在這艘扁舟、踏上這趟奇異的旅程，彼此卻又如此息息相關。

這條小船是由拖吊船太陽四號拖曳過海的十二艘船舶之一，太陽四號目前由拖船公司的總經理擔任艦長。那天下午風和日麗，戰爭似乎遠在千里之外。好長一段時間，大夥兒除了談天說地以外無事可做。然而當他們逐漸接近法國海岸，看見敦克爾克上空的黑色煙柱，對話驟然停止，在哈靈的船上，氣氛變得緊張凝重。

「他們在那裡，那些渾蛋！」有人突然指著空中吼道。哈靈仰望天空，很快認出那是五十架編列整齊的飛機朝他們飛過來。飛機大約在一萬五千呎高空；在這樣的距離下，一切似乎都是以慢動作進行。慢慢地，飛機越靠越近，然後出現在他們正上空。他目眩神迷地望著炸彈懶洋洋地墜落，然後霎時以驚人的速度俯衝、撞擊入海，差點擊中附近的兩艘驅逐艦。

沒多久，皇家空軍的戰鬥機現身，劃破德國飛機的陣列。哈靈略感驚訝：一如公報上所言，颶風式和噴火式戰機確實能趕跑敵軍。不過事情還沒完。為了表達最後挑釁，一架德國軍機向下俯衝，以機槍掃射太陽四號以及它拖行的十二艘小船。子彈在空曠的大海激起陣陣漣漪，飛機急速爬升，然後便不見蹤影。太陽四號和它負責的船隻完整無缺地繼續向前。

危險並非只來自天空。接駁了一整夜後，六艘捕蚵船在六月一日凌晨三點啟程返回拉姆斯蓋特。大多數船隻表現傑出，不過莉蒂希亞號壞掉了，現在被班與露西號漁船拖著。接著是威名號的引擎故障，被栓在莉蒂希亞號上。這三艘船一路磕磕絆絆地緩慢航行，威名號在最後面大幅度擺盪。

三點半左右，威名號掃過某架德國轟炸機或S艇剛剛施放的水雷，引爆出一道炫目的閃光，威名號及船上四名船員從此消失無蹤。

德軍井然有序的砲彈攻擊造成一定的傷害——而且往往迅雷不及掩耳，讓人猝不及防。當新威爾斯王子號觀光船三十一日在布雷沙丘外海停妥後，班奈特中尉離開艦橋，去幫忙發動一具不聽使喚的引擎。他剛剛抵達甲板，就聽到一聲尖嘯劃破天際，直直朝他的頭頂墜落。然後是驚天動地的爆炸……他匆匆一瞥，只見灰色煙霧夾雜著炸彈碎屑，他的左腳、左大腿和左邊臉頰疼痛不已。他發現自己倒臥在甲板上。逐漸失去意識之際，他認為自己的生命必定已走到終點。他在太多戰爭電影中看過士兵口中汩汩流出鮮血，逐漸死去。情節總是一成不變，而他此刻也要上演同樣的故事。

幾分鐘後，他很高興地發現自己還活著。但是他的兩名弟兄喪命，新威爾斯王子號也報廢了。崔頓號機動船正好在附近，艾溫上尉把船緩緩靠過來營救生還者。班奈特這時站起來了，甚至覺得鬥志昂揚。他的臉上血肉模糊，但是腦筋很清醒，他立刻接手船上的工作，替艾溫上尉擔任舵手。

並非所有人都是英雄。在布雷沙丘外海，一艘荷蘭斯固特連續幾個鐘頭一動不動，什麼事都不幹。艦長喝醉了，而副艦長似乎意興闌珊。不過士兵們還是划著小艇想辦法上船，直到達到一定人數。這時，皇家運輸勤務隊的梅雷迪斯中士聽見艦長解釋：「依照計畫，我應該把你們送到停在更遠處的驅逐艦，不過今天真夠受的了。很遺憾，今晚我是納爾遜[6]，我把望遠鏡放在瞎掉的那隻眼睛上，沒看到任何一艘驅逐艦，所以我要直接把你們帶回家。」

無論如何，五月三十一日當天，盟軍共有六萬八千零一十四人撤離。和往常一樣，最戲劇性的事件發生在海灘上，而最有效率的行動，則靠東面防波堤完成。麥爾坎號驅逐艦將船舶的實力發揮得淋漓盡致——凌晨兩點十五分接回一千人，下午兩點半再接回一千人，六月一日清晨又接回一千名士兵。它的效率讓任務看似輕鬆愉快；然而事實全然相反，准尉輪機員史考金斯在熱氣蒸騰的引擎室操作機械，艙內溫度高達攝氏六十到六十五度。

英國船舶首度接回人數可觀的法軍，當天有一萬零八百四十二名法軍獲救。這數字不足以讓雷諾總理滿意，但起碼是個開端。而且，其中的難度遠超過巴黎評論家所能體會。法國大兵往往希望帶上所有裝備，而且許多人拒絕跟所屬部隊分散。他們似乎學不會教訓：如果太多人同時擠上小船，船隻很可能翻覆或擱淺。英國船員傾向於認定法國人是天生的旱鴨子，跟「我們島上民族」不同。然而證據顯示，種種麻煩其實是源於語言障礙。

「前進吧，我的英雄！鼓起勇氣吧，我的孩子！」（*En avant mes héros! Courage mes enfants!*）杭特中尉搜索肚子裡有限的法語詞彙，慫恿幾名遲疑不決的大兵涉水上船。幾分鐘後，他揮舞著左輪手槍，試圖阻擋洶湧的人潮。

「下去！該死的笨蛋，下去！下去！我們淤塞了！」（*Débarquez! Nous sommes ensablés!*）瓦茲船長的一名學員大吼大叫，他的船無法承受超載的法軍而擱淺了。沒有人聽得懂，也沒有人下船。終於有一名法國士官摸清楚狀況，他重新組織語言，士兵們乖乖聽從命令。

法語流利的索羅門中尉被臨時抓去東面防波堤擔任克勞斯頓中校的翻譯時，沒有遭遇任何麻煩。英國軍官高喊「走了！」（*Allez!*），士兵置若罔聞——因為這字有羞辱之意——不過正確用詞再加上一點點技巧，就可以發揮神效。

於是士兵繼續登船，又一場危機化解了。相等人數原則完全沒有打亂拉姆齊的時間表。多虧了克勞斯頓的組織能力，從防波堤上撤離的人數，遠超過任何人作夢所能想像。蜂擁橫越英吉利海峽的小型船隻也幫上了忙。現在的船隻足夠撤離包括法軍和英軍在內的每一個人。

不過，另一場新危機已迫在眉睫。五月三十一日一整天，德軍持續砲轟拉帕內的海灘及船隻。此時，暮色籠罩這座飽受戰火蹂躪的小鎮，轟炸的力道卻越來越猛烈。這表示周邊防線東端的情勢大為不妙。防線一旦瓦解，身經百戰的波克大軍就能衝進灘頭陣地，徹底終結撤退行動。

6 指英國十八世紀末到十九世紀初的著名海軍將領 Vice Admiral Horatio Nelson；他曾在一場戰役中失去了右眼。

11 THE MIRACLE OF DUNKIRK

堅守周邊防線

當德軍砲彈呼嘯著劃過頭頂上空，達勒姆輕步兵團第六營的傑佛瑞上尉正好彎下腰，在慕埃爾（Moeres）城堡的花園裡摘花。慕埃爾是一座比利時小村莊，位於周邊防線東端。傑佛瑞不知道面前是什麼花——大概是某個品種的杜鵑吧——不過他發誓要查清楚，如果回得了家，他要在自家院子裡種幾株。

就此刻來看，他的機會並不樂觀。傑佛瑞是達勒姆第六營的副營長，他們是受命阻擋德軍、好讓其餘遠征軍及法軍逃回英國的幾支部隊之一。兩天以來，敵軍正步步進犯達勒姆軍鎮守的運河防線區域，攻擊力道越來越強。如今五月三十一日上午，德軍的砲彈開始落在營指揮部一帶，近得讓人心慌。

德軍的第一次實際突破並不是在慕埃爾，而是更往東，在作為周邊防線東陲的紐港附近。在這裡，德國步兵清晨五點穿著膠鞋大舉踏過運河，對東薩里第六營第一連據守的磚廠進行強力猛攻。到了中午，英軍深陷被側翼包夾的危機。幸好他們的「姊妹營」——東薩里第一營——及時馳援。兩支部隊設法聯手阻擋敵軍，每一兵一卒都派上了用場。曾有一次，兩位營長攜手操作一把勃倫槍。一位上校負責發射，另一位擔任副手、替他裝填子彈。

槍砲聲越來越近。就在東薩里軍死守磚廠之際，德軍發動一波新的攻勢，重創了三英里以西的英軍第八旅。中午十二點二十分，一名歇斯底里的工兵跌跌撞撞闖進佛勒、也是這塊地區的重鎮，脫口說出前線已被突破、德軍正暢行無阻穿越運河的消息。

危機迫在眉睫。在瓊斯少尉決斷下，精銳的擲彈兵衛隊第二營及時趕來增援。當時，瓊斯發現旅上的兩營士兵準備擅離戰場。他們要是真的走了，周邊防線會出現一個大洞，讓德軍湧入守軍後方。在場少數幾名軍官想辦法動員弟兄，但是沒有人聽從命令。

瓊斯使出激烈手段。他發現有必要開槍對付幾名驚慌失措的士兵，並且拿刺刀逼迫另外幾個人回頭。然後他跟指揮部回報情況，表示部隊已穩定下來，但是亟需資深軍官及彈藥。於是總部派遣擲彈兵衛隊第二營的特拉特中尉前來支援，順便帶來一萬四千發子彈。到了下午三點，全體弟兄回到戰鬥位置，士氣高昂——再次證明「領導力」這個難以捉摸的特質，在瞬息萬變的戰爭情勢中扮演了多麼重要的角色。

當天下午，德軍轉而進攻佛勒西南方，但是同樣未見成效。在布爾斯坎普，他們強力穿越了運河，但是過河之後立刻受阻。淹水的原野和頑強的守備讓他們無法繼續前進。面對這種窘境，標準策略就是以砲火削弱抵抗力量，因此不久後，砲彈便如大雨般打在達勒姆輕步兵團位於慕埃爾城堡的指揮部。傍晚時分，達勒姆軍毫不遲疑地棄守這塊地區。這裡原本是美食之鄉，但是三天以來，他們只能靠番茄醬沙丁魚罐頭維生。

到了晚上，德軍再度鎖定紐港。筋疲力竭的東薩里軍是否經得住任何一輪猛攻，恐怕是個很大的問題。幸運的是，正當德國縱隊大舉集結，一支意想不到的援軍翩然駕臨。英國皇家空軍出動十八架轟炸機，配合海軍航空隊（Fleet Air Arm）的六架軍機從海上橫掃而來，把敵軍打得落花流水，倉皇四散。英國大兵忘記自己的疲憊，興奮得揮舞雙手、又跳又叫。在此之前，他們以為只有德國人才耍得出如此精彩的把戲。

正當英軍在東面浴血阻擋德軍前進，西面的盟軍部隊倒是過了相當平靜的一天。從馬爾蒂克堡到貝爾格古城間的防線是法軍的責任；第六十八步兵師的波佛利耶將軍（Beaufrère）在拼綴而成的壕溝後面靜待德軍來襲。貝爾格古城本身則由英軍和法軍聯合戍守。德軍發射了幾枚遠程砲彈，不過中世紀城牆在現代化砲火下依舊挺立，堅固得令人出奇。

最暴露的範圍，要屬古城以東的貝爾格佛勒運河防線。平坦的原野讓進犯的敵軍無所遁形，卻也同樣暴露了守軍的位置。除了幾棵樹和幾間農舍之外，毫無掩蔽的地方。

冷溪衛隊第二營繃緊神經注視他們負責的兩千兩百碼範圍。第三連的藍里中尉把排上弟兄安置在運河正北方的一棟紅磚農舍。藍里完全不像圖畫書裡的衛兵，他的身高只有一七三公分；不過他充滿幹勁，足智多謀，三兩下就把這棟磚房改造成迷你版的直布羅陀。

藍里的手下搜索棄置在運河河岸的二十幾輛卡車和軍車，帶回豐碩的戰利品。光是武器就很驚人，共有十二把勃倫槍、三挺路易士機槍、一支博斯反坦克步槍、三萬發彈藥以及二十二枚手榴彈。鑑於連上只剩下三十七名弟兄，這確實是非常強大的火力。

食物也得講究。廚房裡堆滿了醃漬牛肉、罐頭蔬菜和罐裝牛奶；藍里特別愛吃的橘子果醬和威特夏燻肉也有充足的補給。他思忖著，他們或許得在這裡長期抗戰，所以必須做好過日子的準備——於是又加了兩箱葡萄酒和兩箱啤酒。

下午，連長麥克科戴爾少校過來視察，免不了也做出一番貢獻：他帶來一瓶威士忌和兩瓶雪利酒。麥克科戴爾是個老派的軍人，一心渴望回歸英國早年光榮的軍事歷史。他鄙視新的戰鬥制服，總是把身上的徽章和皮革擦得光可鑑人。「我不介意為國捐軀，」他說，「但我不願意死的時候穿著三流司機一般的裝束。」

他十分欣賞藍里安排的環境，決定把連隊的前鋒總部設在這棟磚房。兩人隨後到裡屋的小房間鋪床，小睡片刻。他們在六月一日破曉前起床，緊接著拆掉屋瓦，把閣樓改造成機槍的巢穴。儘管如此，不論屋頂或房屋外牆都不夠堅固，但是現在擔心已經太遲了。藍里拿著望遠鏡坐下來靜待德軍，身旁擺了兩桶冰水。這兩桶水是要用來冰鎮葡萄酒、啤酒或勃倫槍的槍管——就看哪一個最需要冷卻。

佛勒的夜晚毫不平靜。這座古老的佛蘭德斯城鎮面臨槍林彈雨，一如白天一整天的情形。在圍繞市場的十七世紀建築下，擲彈兵衛隊第一營縮成一團躲避滾滾落下的石片和磚瓦。聖沃爾堡（Saint Walburge）肅穆的教堂墓地覆蓋著一層厚厚的子彈碎片，走在草地上，彷彿踏過一塊用碎玻璃編織而成的地毯。

在營指揮部所在的寬敞地窖裡，信號兵鍾斯抱著一台可攜式收音機，聆聽英國國家廣播電台的晚間新聞。這是三周以來他首次聽到外界的聲音。新聞要聽眾放心，目前已有三分之二的敦克爾克困軍獲得撤離，安全返抵英國。

鍾斯百感交集，獨缺放心。他跟其他後衛部隊被困在這個搖搖欲墜的小鎮上，離家千里。如今聽說絕大多數軍隊都已安全回到英國，這是一種非常寂寞的感覺。

同屬於擲彈兵衛隊第一營的布里吉斯上士深信他們逃不掉了。他一開始是以鼓手的身分從軍，希望看看世界、踢踢足球，最後成為一名作家。然而夢想如今被埋在佛勒的瓦礫堆中。他的連長赫伯特少校教他挖掘圓形的散兵坑，以便朝四面八方開火。這只能意味他們即將被敵軍包圍。

然後來了一道意想不到的特赦令。傍晚時分，赫伯特上校從旅部開會回來，立刻召集麾下軍官及士官開會。他毫不浪費時間，直陳重點：第一句話是，「我們要回家了。」會中畫出一張地圖，一名中尉參謀標出通往海灘的路線。沒有煽情的言語或誇張的表現。如此平鋪直敘，在布里吉斯看來，簡直就像是在規畫家庭旅遊。

晚上十點，部隊開始「收兵」——首先是指揮部人員、信號兵和軍需單位；接著是一支接一支的步兵連；最後則由第二連及第四連精心挑選特別擅於後防行動的精兵殿後。一切順利。畢竟，自從撤離布魯塞爾之後，他們便一直做著同樣的事。

前提是他們得無聲無息，絕不可被敵軍察覺。後衛部隊在鞋跟綁上沙包，設法掩抑踏在石頭路上的腳步聲。儘管如此，當縱隊魚貫踏過瓦礫、磚塊、碎玻璃和糾結成團的電話線時，仍然發出讓人心驚肉跳的嘈雜聲。德軍怎麼可能沒聽見動靜？

然而，目前被敵軍占領的城區沒有傳出任何不尋常的動作，只有兩天以來持續不斷的砲擊聲。六月一日凌晨兩點半，最後一名擲彈兵撤出了陣地。

對布里吉斯上士來說，往拉帕內的路途是一場綿延三英里的噩夢。他特別痛恨迫擊砲，然而今晚，德軍的每一發迫擊砲似乎都對準他而來。砲彈多半落在縱隊前方，這表示人員沒什麼傷亡，但也造成一種恐怖印象，彷彿部隊總是筆直朝煉獄前進。有一次，布里吉斯的步槍被糾結的電話線纏住了，而他越急著扯出步槍，電話線就纏得越緊。終於，軍士長在他瀕臨崩潰之際解救了他，不過也結結實實賞了他一巴掌幫助他恢復清醒。

還有好幾百頭無主的牛、羊、豬、雞跑來添亂；牠們四處亂跑，夾雜在步履蹣跚的士兵當中。布里吉斯不由得想起以前聽過的、關於野生動物在發生森林大火之前四處逃竄的故事。

在第二軍團負責的周邊防線東緣，部隊也開始收兵，朝拉帕內撤退。跟擲彈兵衛隊第一營一樣，他們的行動多半在晚間十點左右展開，直到凌晨兩點半撤離最後一批後衛部隊。在所有單位當中，最後撤離的或許是冷溪第一營的運輸排；他們為了掩護同營的步兵，在佛勒逗留到凌晨兩點五十分。

和往常一樣，規矩是無聲無息——而這可以瞞過敵人，也可能騙過朋友。當天晚上，二等兵法爾利獨自一人在佛勒東面的灌木叢站哨。他知道他的部隊（密德薩斯第七營第一連）正準備撤退，不過反正時機一到，自然會有人過來招呼他。幾小時過去了，音訊全無。他偶爾聽見幾聲模糊的動靜：一輛車子發動、一句含混的口令。然後鴉雀無聲。他再仔細聆聽，雖然哨兵是不可以輕易離開崗位的，但他決定溜班，去查明狀況。

所有人都走了，士官忘記跟他報信。他急忙躍過灌木叢，跳上主要道路，剛好趕上全營最後一支縱隊的最後一輛卡車，他們正要啟程前往拉帕內。

車隊在城鎮邊緣停下，士兵魚貫而出，緊接著用慣用手法摧毀卡車——射穿散熱器，讓引擎空轉直到報廢。法爾利加入從四面八方湧來的部隊。整個東面防線都棄守了，所有人奉命前往拉帕內。

到了拉帕內後，似乎別無任何指令。有些人倚在門邊坐著，有些人累得癱倒在石頭路上，還有些人漫無目的到處閒晃。軍官和士官大聲喊著部隊編號和集合口令，設法把部隊聚集在一起。

砲火莫名其妙停息了，剎那間，一切顯得如此寧靜。士兵等待指令之際，黑暗中閃現一千根香菸的點點星火。

終於有動靜了，不過不是往海邊移動，部隊反而奉命退回兩條街以外的地方。他們現在距離海邊較遠，但是散得較開。這樣也好，因為這時有一架偵察機在上空盤旋。它投擲了照明彈，現場一片通明。然後遠方傳來隆隆的砲火聲，緊接著是砲彈墜落的尖嘯聲。

第一批砲彈落在海灘附近的十字路口時，掀起了巨大的碎裂聲響。這一帶的旅館和商店大多呈現三〇年代的「現代」建築風格，大量採用鉻鋼和平板玻璃。如今碎玻璃傾瀉而下，為尋常的戰火聲更添幾分喧嘩。

「進入商店！退離街道！」呼叫聲四起，弟兄們不需要進一步催促。他們用槍托擊破還沒被炸碎的門窗，在第二波砲彈落下之際衝進室內。

法爾利和密德薩斯第七營第一連的其他弟兄闖進寬敞的街角店鋪，謝天謝地，這裡有一道階梯通往一座地下室。他們躲在這個相對安全的地方，外頭德軍正有條不紊地掃射街道、發射一波又一波的砲彈、將城鎮化為煙塵滾滾的廢墟。到處起火燃燒，火舌開始撲上高層的樓窗。

有一點很重要：他們絕不可完全躲入地下，以免錯失任何重大指令。弟兄們輪流到門邊站哨——當周圍建築物一一倒下，這確實是一件很苦的差事。法爾利摸索出訣竅：每當敵軍火力似乎非常接近，就趕緊跳回樓梯底下。他後來變得非常熟練。

一個半小時後，本部連的強森上尉帶著最新指令溜進來：砲火一旦平息，立刻聆聽哨音；哨音一響，則全速衝向海灘；碰到室外音樂台後左轉，繼續走半英里。營隊會在那裡集合、登船。所有人不得基於任何原因停下腳步。必須把傷員留在原地，交由後勤醫務兵處理。基本上，一有機會就立刻撤出街道，不得耽擱。

就在凌晨兩點四十五分前，二等兵法爾利聽到一聲清清楚楚的哨音。他們一行人衝出地窖、跑上街道。其他小隊也從各個建築物湧出。他們亂成一團，全都朝海灘衝刺。起火的建築為他們照亮路途，四射的砲彈鞭策他們拔腿狂奔。原來，砲火的「平息」只不過是暫時轉移目標而已。不過最難忘的聲音（甚至淹沒了砲火的嘈雜聲）是成千上萬隻靴子踏過無數片碎玻璃，發出有節奏的碎裂聲。

他們很快抵達室外音樂台，穿過海濱步道，踏上海灘——瞬間進入一個迥異的世界。輾過碎玻璃的刺耳嘎嘎聲沒了；如今只有雙腳跑在濕沙子上的吱吱聲。被火焰照得通明的街道，換成了夜裡黑漆漆的沙丘。讓人窒息的硝煙與塵埃不見了，取而代之的是清爽濕潤的海風，以及鹽巴與海草的味道。

然後砲彈再度轉移目標，這次專門瞄準弟兄們正在奔跑的海灘。一枚砲彈落在密德薩斯軍二等兵法爾利的正前方；他看見一道閃光、感覺到爆炸威力，不過怪的是沒聽到「砰」的一聲。他毫髮無傷，但是另外四名同伴倒下了。其中三人一動不動地躺在沙灘上，第四個人單手撐起身體求救，「幫幫我，幫幫我。」

法爾利繼續往前奔跑，畢竟那是命令。不過他打從心裡知道，他之所以沒停下來，完全是為了自保。那個呼救聲的記憶，四十年後依然糾纏著他的良心。

沿著海灘跑半里路，就是密德薩斯軍受命集合登船的地點。二等兵法爾利想像著登船的場景。他腦海裡的畫面是一塊井然有序的地區，部隊排隊走上等候船隻時，資深士官會站在舷梯頂端登記姓名、軍銜和編號。然而事實上，海灘此刻沒有登船人員、沒有等待中的船隻，更毫無組織可言。

海灘似乎沒有任何負責人。皇家阿爾斯泰來福槍步兵團第二營聽說，等他們抵達海灘，會有接待營在那裡等候，師部管制參謀會接手負責、帶領他們上船。他們沒看到任何營帳或管制參謀，當然更沒看到船隻的蹤影。

擲彈兵衛隊第一營全員抵達海灘，但由於沒有進一步指令，部隊很快就解散了。有些人往敦克爾克前進，其他人則加入在海邊翹首等待的士兵。布里吉斯上士帶領六到八名弟兄退到沙丘後等待黎明，或許晨光能讓他們看清楚該怎麼做。

但是他們能堅持多久呢？布里吉斯一度聽見一股不祥的轟隆聲朝他們而來。聽起來像是一整支德國陸軍；他匍匐在沙灘上，等待著最後交鋒。結果只是被法國砲兵隊遺棄的幾匹馬在沙灘上漫無目的地遊蕩。

不過，下一次出現任何巨大聲響，都可能是敵軍來襲；而他們依然看不到任何船隻的蹤影。對留守拉帕內的海軍資深官麥克萊倫少校來說，情勢已轉變成一道可怕的算術練習。現在是凌晨一點，而等到四點天一亮，拉帕內恐怕就守不住了。目前大約有六千名士兵湧入海灘，然而入夜後僅僅撤走了一百五十人。照這個速度，幾乎全體部隊都會遭到殲滅。

他跟沙灘上的陸軍資深官強森少將（G. D. Johnson）簡短會談。是的，麥克萊倫向將軍保證，他已親自在這個地點前前後後偵查，沒有任何船隻。是的，這裡確實是規定的集合地點。不，他不認為現在會有船隻過來——必定出了什麼差錯。在麥克萊倫心中，皇家海軍的缺勤無異於他的個人恥辱。他為了船隻未依計畫抵達而向強森將軍正式道歉。

他們認為當今之計，就是將海灘上的大軍轉移到敦克爾克，設法從那裡登船。說不定途中會在布雷沙丘一帶遇上幾艘船隻。

少數受傷或用盡力氣的脫隊士兵不適合行軍。這些人會被留下來，而麥克萊倫會在軍車碼頭上照顧他們，仍然期盼船隻出現。

隨著德軍步步進逼，海灘現在已在絕大多數槍砲的射程範圍內了。麥克萊倫兩度中彈倒地。一枚砲彈打碎他的信號燈，另一枚擊中他的左腳踝。一如常見的狀況，一開始並不怎麼疼——只覺得麻麻的——他繼續一瘸一拐地走下海灘。

到了登船地點，情況依舊：半個多小時以來沒有任何一艘船。麥克萊倫決定命令剩餘弟兄加入前往敦克爾克的長征。即便他們跟不上主力部隊，也必須盡力一試。他親自召集所有脫隊士兵，督促他們上路，然後拖著腳步在最後面押隊。

大概在離布雷沙丘兩英里的地方，他乍然看見自己讓搜尋了一整晚的船隻！三艘船舶停在岸邊不遠處。一小群士兵站在水邊鳴槍，企圖吸引注意。船隻毫無反應，只是悄然無息地坐在黑暗裡。

麥克萊倫眺望遠方的海灘。夜空中依舊瀰漫著戰火，他可以透過火光看見蜂湧的士兵，卻看不到其他船隻。這三艘停泊的船是唯一機會。船上人員無論如何必須獲知部隊正往西朝敦克爾克前進的消息。一旦這些船隻獲得消息，就可以通知其他船，救援船隊終將可以在正確的地點集合。

他跳入海中，開始游泳。他累得要命，腳踝開始發疼，但是他持續往前。當他游到最近的一艘船邊，有人拋出一根繩索把他拉上船。原來這艘船是薄紗號——拉姆齊手下最賣力的掃雷艦之一。麥克萊倫被帶到艦長羅斯中校面前，上氣不接下氣地勉強說出訊息：拉帕內棄守；所有船隻應往西集中。他一說完就不支倒地。

對羅斯艦長而言，這是他下午六點離開多佛以後接到的第一個確切訊息。薄紗號是被指定在防線東端接運大約四千名後衛部隊的船隻之一。依照計畫，拖吊船將拖著三批救生艇渡海，停靠在拉帕內岸邊三個精心挑選的指定地點。後衛部隊聽令前往指定地點，凌晨一點半，救生艇開始將士兵分別接駛到等待中的掃雷艦。如果敵軍企圖阻攔，護衛的驅逐艦會發射砲火進行掩護（「所有坦克都屬於敵方，」命令中特別提醒驅逐艦）。最後的指令是在五月三十一日清晨四點發布的，拉姆齊口中的「特派拖吊船」下午一點開始從拉姆斯蓋特出發。

每一項突發狀況都已納入考量——只除了戰爭的風雲變化。德軍對周邊防線的壓迫力量太強，四千名後衛部隊無法繼續堅守陣地。在敵軍的強大火力下，部隊提早撤離，提前抵達比預定地點更往西的地方。必須有人通知拖吊船在另一個時間前往另一個地點。

但是多佛已無法直接聯繫特派拖吊船。拉姆齊只能以無線電信號通知同行的掃雷艦，希望將更動過的計畫傳遞給拖吊船和它們拖行的救生艇。他發送訊息，但是可想而知，消息未能傳遞過去。

船隊依照原定計畫抵達指定地點，但是當然，這片海灘此刻已空無一人。由於沒有進一步指令，它們只能沿著海岸摸索，設法跟部隊取得聯繫。事實上，當麥克萊倫泅泳而來、上氣不接下氣地提醒他們往西前進時，薄紗號正巧碰到一支人數可觀的分遣隊。

關於特派拖吊船的位置，區希勒爾將軍（Georg von Kuechler）第十八軍總部的無線電破譯隊比英國遠征軍所知更多。三十一日下午七點五十五分，總部的伊斯曼上尉致電第二十六軍及第九軍指揮部，向他們提供最新情報並且下達行動指令。

從半夜開始，強大的擾亂射擊集中在通往指定登船地點的道路上，武裝偵查巡邏機並查看是否有敵軍企圖撤離，一旦偵查到任何跡象，大軍將立即衝向海岸。

對於準備一舉殲滅敵軍的部隊而言，這並非一個能激勵軍心的行動藍圖。事實上，絕大多數德軍參謀這兩天似乎都無精打采。在周邊防線西端，克魯格將軍的第四軍作戰官伍德曼上校認為這是個警訊。「部隊普遍存著一個印象，以為這裡已經沒有戰事，以為所有人都對敦克爾克失去了興趣，」他在五月三十日對克萊斯特將軍的參謀長抱怨。

確實如此。此刻，所有目光焦點都轉向南方。旨在一舉擊潰法國的偉大戰役紅色計畫（Fall Rot），即將在六天後於索姆展開。其龐大的規模以及讓人目眩神迷的可能性，輕易轉移了人們對敦克爾克的注意。曾經因為希特勒的休止令而氣憤難平的古德里安和其他裝甲師將領，此刻只想抽出他們的坦克、讓部隊休息，準備投入一場新的大規模行動。三十一日，B集團軍司令波克將軍也從陸軍總部收到一疊厚厚的文件，指示他重新部署兵力。在德國陸軍總部，參謀長哈爾德將軍一整天待在後方檢查通訊設備、補給線以及陸軍C集團軍的狀態，他在為一場新的龐大攻勢做準備。

至於敦克爾克，德軍很難擺脫戰爭已經結束的感覺。如今，十來個德國步兵師將幾千名散亂的盟軍逼退到海邊。克魯格的參謀長柏楠奇或許咆哮著：「我們可不想看到這群人日後帶著全新武裝重新站到我們面前，」可是沒有任何一個德軍指揮部比柏楠奇自己的第四軍更全神貫注於即將展開的南向進攻。哈爾德將軍也許會抱怨：「現在我們只能站在一旁，看著成千上萬敵軍從我們的眼皮底下溜回英國，」但是他自己並未緊盯敵軍行動，他也忙著為新的大舉進攻做準備。

每個人似乎覺得只要再加把勁就可以徹底解決敦克爾克，但是沒有人名正言順地承擔起這項責任。隨著包圍圈日益縮小，戰場上有太多重疊的縱向指揮、太少的橫向聯繫。最後，為了統一指揮權，區希勒爾將軍的第十八軍受命全權負責。五月三十一日凌晨兩點，各師級部隊在他掌控之下，越過了綿延三十五英里長的整條周邊防線。

沒多久區希勒爾就開始接到各方忠告。隔天晚上，陸軍總司令部的米特將軍（Mieth）來電，傳達高層的幾點「個人建議」。布勞希奇提議讓部隊從海上登陸，襲擊英軍後方；另外，不妨把陸軍部隊撤離運河防線，以便為德國空軍打開機會而不危害我軍安全。最後，希特勒本人也有想法：一般砲彈在沙灘上威力大減，因為沙子往往悶熄了爆炸力道；區希勒爾可以考慮使用有定時信管的高射砲彈。正如世上許多一呼百應的大人物，元首偶爾也喜歡跑來瞎攪和。

此刻，這些錦囊妙計全被拋在一邊。區希勒爾有他自己的計畫，在英軍後方登陸這類的奇招即便真的可行也用不著。相反的，他單純計畫投入全副兵力，在六月一日沿著周邊防線全面同步進攻。

首先，砲兵部隊立即展開擾亂射擊，並且持續一整夜，藉此削弱敵軍的抵抗。六月一日上午十一點，進攻部隊將在凱勒將軍（Alfred Keller）第四航空隊的全力支援下發動攻擊。

所有力量都要留待主要攻擊行動一舉發揮。三十一日下午，第十八軍頒布一道特殊指令，要求部隊當天不得投入任何不必要的行動。相反的，他們的時間應該用於搬運火砲、蒐集情報、進行偵查，為明天的「系統化攻擊」做好一切準備。

計畫無懈可擊，不過如此不可變通，也說明了德軍為什麼沒有多加運用無線電破譯隊攔截到的、有關拉姆齊特派拖吊船的訊息。訊息明確指出英軍當天晚上將棄守周邊防線東端——導致門戶洞開——然而德國戰機紋絲不動，毫無作為。

沒有任何證據顯示五月三十一日晚間，陸軍第十八軍總部有任何人察覺自己錯失良機。為了明天的聯合進攻，所有準備工作順利進行：砲兵部隊將以英國大兵永難忘懷的速度發射砲彈，德國空軍也將聯手幫忙削弱敵軍的抵抗。

這次行動特別強調德國空軍的角色，而在攻擊期間，德國空軍基本上由陸軍第十八軍負責指揮。凱瑟林將軍的第二航空隊只被指示持續轟炸敦克爾克，直到第十八軍下令停止。

三十一日中午左右，區希勒爾運用他的權力指示空軍每隔十五分鐘便對紐港以西的沙丘地帶進行特別攻擊；因為英國砲兵部隊在這塊地區讓第二五六步兵師傷透腦筋。凱瑟林答應從命，但是隨後提出報告，表示地面濃霧阻礙了軍機起飛。

天候惡劣是個熟悉的故事。天氣導致三十日當天的行動幾乎全數取消，也限制了三十一日的作業。所以當六月一日出現萬里晴空時，確實是個大好消息。

12

THE MIRACLE OF DUNKIRK

「我從未如此努力禱告」

隨著敵機逐漸迫近、機群的轟鳴聲愈來愈強，資深海員巴里斯小心翼翼地摘下假牙，放進胸前口袋——對溫莎號（Windsor）驅逐艦的人員來說，這舉動向來表示一場硬仗已近在眼前。那是六月一日上午五點半，清晨的霧氣已開始消散，預示炎熱而晴朗的一天。

幾秒鐘後，敵機映入眼簾，Me109從東面低空來襲，槍口閃閃發亮。幾架飛機掃射溫莎號正在接運部隊的東面防波堤，另外幾架攻擊海灘、救援船隊，甚至是正朝著船隻涉水或游泳而去的士兵。德國戰機通常不執行掃射任務，它們的指令是留在高空，為斯圖卡和亨克爾提供掩護。今天的戰術透露出幾許不尋常的味道。

擲彈兵衛隊第一營的布里吉斯上士躲在拉帕內西側的沙丘，安然渡過這場風暴。其他六到八名擲彈兵聚集在他身旁；這是前一天夜裡營隊一哄而散時，他集合到的一小群弟兄。當時沒有人知道該怎麼做，等待黎明似乎是最好的辦法。

現在天亮了，選擇並未變得比較容易。加入敦克爾克的行軍隊伍看來太過危險，往那個方向望去，布里吉斯只看見閃爍的砲火和衝天的煙柱。另一方面，加入底下海灘上的等待人群似乎也徒勞無益。船那麼少，而士兵卻那麼多。布里吉斯最後選擇留在海灘，他們一行人或許可以找到一條較短的隊伍，不必等到望眼欲穿。

一聲槍響結束了這場實驗。一名軍官指控他們插隊，然後往布里吉斯的腳邊開了一槍以示警告。上士沒受到驚嚇，他轉念一想，說不定有辦法離開海灘，根本不需要排隊。他發現一艘顯然空無一人的救生艇在離岸邊一百碼的地方漂流，於是建議大夥兒游泳登船。結果竟沒有人會游泳。

他決定自己去把船拖回來。他脫掉衣服、游到船邊，卻只發現船上不是空無一人。兩名穿著濕答答卡其服的士兵正在船上想辦法鬆開划槳。他們很歡迎布里吉斯加入，但他的朋友就免了。他們沒打算為任何人回到岸邊。布里吉斯跳下船，再度游回海灘。

但是此時，弟兄們已為了躲避空襲而四散開來，不知去向。只有馬汀中士留在原地，忠心耿耿地替布里吉斯看管裝備。他們凝望大海，又看到另一艘救生艇，兩人決定設法登船。當然，馬汀不會游泳，但是一逕樂觀的布里吉斯認為他總有辦法帶上馬汀，哪怕得又推又拉。

假如布里吉斯輕裝簡從，事情可能簡單一點。不過他已穿好衣服、背上背包和防毒面具，腦子裡除了馬汀中士之外，還有許多事情需要惦記。部隊移防佛勒的時候，駐紮在一家珠寶皮草店的地窖。部隊經常提醒他們不要留下任何東西供德軍劫掠，布里吉斯何曾想到，他自己轉頭就幹起了打家劫舍的勾當。此時，他的背包和防毒面具塞滿了腕表、手鍊，以及由十二張銀狐皮製成的披肩。

兩人朝海裡走去，布里吉斯一邊想辦法幫忙馬汀，一邊還得緊緊抓著他的財寶。不知不覺間，兩人竟抵達了船邊；原來，船上已有一位滿頭白髮、慈父一般、還戴著種種榮譽肩帶的准將在主持大局。將軍以高超技術操作救生艇，四處打撈落單的士兵。馬汀被拖上船，布里吉斯準備跟著上去。

「你得丟掉裝備，上士，」准將高喊。每一吋空間都要留給士兵使用。連布里吉曼自己都意想不到，他毫不猶豫地拋下一切——手鍊、腕表、珠寶、皮草，或許最重要的是，良心上的重負。

被拉上船後，他立刻抓起一根槳幫忙划船。他們由將軍掌舵，慢慢划向停在不遠處的驅逐艦。敵機展開掃射，布里吉斯身旁的弟兄中彈。船隻繼續緩緩前進，然而就在即將抵達之際，艦上一名軍官嚷嚷著叫他們趕緊閃開。驅逐艦卡在沙洲上，正打算全速衝刺脫離擱淺。

准將努力過了，但也許是因為海潮、洋流、吸力，或者純然因為缺乏經驗，他們無可救藥地被吸引到船邊。布里吉斯的槳因為一股洶湧的潮水而撞上船身，透過他但願自己永遠無法理解的物理力量，他被拋向空中，離開了救生艇。他抓住一根橫條，結果是驅逐艦的繩梯。船上伸出幾隻友善的手把他拉上去。

下一個瞬間，救生艇再度跌入海裡，被捲進高速轉動的螺旋槳中。小艇、准將、馬汀和其他每一個人都被絞成碎片。布里吉斯及時回頭，在馬汀驚恐的臉龐消失於海面之際，捕捉到短暫的最後一瞥。

他跌坐甲板上，倚著隔艙板。這艘驅逐艦是艾凡赫號。布里吉斯開始脫掉濕衣服，一名水手遞給他一張毯子和一包香菸。他沒有時間享受。飛機的引擎聲預告著來自天上的另一波危險。

德國轟炸機來了。幸運的是，艾凡赫號終於擺脫沙洲，哈杜艦長躲掉了亨克爾的第一波水平轟炸。可惜沒能躲過斯圖卡。上午七點四十一分，兩枚近距離脫靶的炸彈劃過船身兩側，第三枚撞進前通風管的底座。

當驅逐艦猛然一震、燈火霎時熄滅的同時，從拉帕內海上被撈起的二等兵克萊瑞奇正在底下的鍋爐室烘他的軍服。炙熱的灰燼灑落一身。他當時站在通往甲板的階梯旁，立刻穿過一片霧濛濛的蒸汽往上衝。只有他和另一個人死裡逃生。

布里吉斯從隔艙板旁觀望一切，還因為自己的遭遇而心有餘悸。不過，他仍保有足夠警覺，察覺到艾凡赫的船員正開始脫鞋。這只能意味他們認為這艘船即將下沉。

他不需要更確鑿的證據。他立刻脫掉毯子，從船邊一躍而下，除了一直設法戴好的鋼盔之外，全身一絲不掛。靠著他最喜歡的、結合蛙式和狗爬式的泳式，他慢慢游出了船邊。他可以永遠游下去——或至少撐到某艘看起來比艾凡赫號更靠得住的船船出現。

但是艾凡赫號並未就此沉沒。火勢控制住了；彈藥倉灌滿了水防止爆炸；受損的鍋爐也補好了。哈凡特號驅逐艦和婆婆納號（Speedwell）掃雷艦側身停靠，接走絕大多數部隊。婆婆納號離去之前，撈起了獨自在海中游泳的一名生還者，那就是布里吉斯上士。

在艾凡赫號上，輪機官馬奧尼上尉試著靠僅剩的最後一具鍋爐產生蒸汽，朝英國返航。它在拖吊船協助下，以七海浬的速度緩緩爬行，成了絕佳的攻擊目標，兩度遭亨克爾轟炸。每一次，哈杜艦長都等到第一批炸彈落下之後，跑到各個船艙點燃煙幕筒，製造出遭受重擊的假象。障眼法奏效了：敵機攻擊完畢隨即飛離現場，顯然認定這艘驅逐艦已經完蛋。

在哈凡特號，從艾凡赫號接過來的部隊還來不及喘口氣，斯圖卡便再度猛烈來襲。兩枚炸彈擊毀輪機艙，第三枚則落在船頭正前方，在船身通過時轟然爆炸。

燈光熄滅，好幾百名士兵再度摸黑東奔西跑，試圖衝到頂層甲板。哈凡特號嚴重傾斜，這讓士兵更像無頭蒼蠅般搞不清楚方向。幸而援手就在不遠處。索爾塔什號（Saltash）掃雷艦靠過來接走部分士兵。其他人則轉搭一艘小型的觀光蒸汽船娜西莎號（Narcissa），這艘船平時在馬蓋特一帶經營假日觀光導覽生意。

哈凡特號的船組人員堅持了一會兒，但是這艘船已回天乏術。船身破裂、輪機艙被炸成碎片。上午十點十五分，哈凡特號在海上消失無蹤。

「敦克爾克近海有一艘驅逐艦爆炸，」在布雷沙丘外海，有人從基斯號的艦橋上發出扼要評論。韋克沃克將軍舉目眺望，看見敦克爾克港口旁有一艘船籠罩在煙硝之中。他當時不知道那是艾凡赫號，也不知道它竟能支撐下來。他只知道德國轟炸機再次出動，接下來很可能輪到他遭殃。敵機很難錯過在布雷外海接應基斯號的眾多船舶：巴西利斯克號（Basilisk）驅逐艦、飛魚號（Skipjack）及蠑螈號（Salamander）掃雷艦、聖艾比斯號及芬西亞號拖吊船，以及希爾達號斯固特。

果不其然，西南方出現了緊密排列的三十架到四十架斯圖卡。船隊出動每一門火砲，密密麻麻的砲火似乎打亂了敵機的編隊。但是沒有拖太久時間。上午八點剛過，三架斯圖卡猛然俯衝，對準基斯號而來。

基斯號急遽側傾。舵房裡所有人伏在地上，舵手抓著舵輪最底下的幾根輻條控制方向。甲板上的茶杯滑向一邊。然後傳來三聲驚人的爆炸，最靠近的一枚炸彈落在船尾十碼外，卡住了舵，基斯號開始兜圈子打轉。

伯松上校改採手動操舵。就在船隻正要恢復正常運作時，另外三架飛機又展開俯衝。這一次，韋克沃克望著飛機施放的炸彈對準船身落下。他知道自己束手無策、只能眼睜睜等待爆炸；那是一種很奇怪的感受。一聲碰撞，緊接著天搖地動，船尾某個地方噴出一道煙霧和蒸騰的水氣。

令人驚訝的是，他沒有看見船隻受損的痕跡。原來其中一枚炸彈筆直落入二號通風管，在最底下的第二鍋爐室爆裂。電力失靈、船板掀起來了，基斯號朝左側大幅傾斜。

不遠處，德雷爾上尉從 MTB102 魚雷艇看見基斯號被擊中，急忙趕來救援。韋克沃克認為自己在癱瘓的基斯號上無法發揮作用，立刻移師德雷爾的魚雷艇。這是將軍二十四小時來的第八艘旗艦。

基斯號如今在水中載浮載沉，伯松上校下令棄船。二十幾個人跳船，包括高特將軍在內的絕大多數參謀都是。布里奇曼上校只確定一件事：他不想游回拉帕內。他奮力泅泳，終於找到緊緊抓住一根漂木的兩名水手。他們最後被芬西亞號拖吊船救起，被帶回拉姆斯蓋特。

斯圖卡機群遠遠沒打算罷休。八點二十分左右，它們對基斯號發動第三波攻勢，再度擊中輪機室。這一次，它們保留了一點火力對付附近船隻。蠑螈號掃雷艦安然無恙逃過一劫，但是它的姊妹艇飛魚號就沒這麼幸運了。領頭的德國飛機擊中兩枚，第二架斯圖卡緊跟著呼嘯而下。在船上的測距儀平台上，一等水兵麥克里歐抱著路易士機槍對準飛機、持續發射，直到它投下炸彈為止。這架斯圖卡從未從俯衝中爬升，直直衝入了大海。

但是傷害已然造成，船身又中了三枚炸彈。飛魚號嚴重左傾，上級下令棄船，刻不容緩。兩分鐘後，飛魚號徹底傾覆，困住船上兩百五十到三百名士兵。它船底朝天漂流了二十分鐘，最後終於沉沒。

基斯號繼續撐著，各式各樣的小型船隻趕來接運生還者。斯圖卡第四次拜訪之後，海軍總部的聖艾比斯號拖船在八點四十左右側身停靠，接走伯松上校及最後幾名船員。離去之前，伯松指示蠑螈號和巴西利斯克號擊沉船隻，以免落入敵人手中。

兩艘船舶發出同樣的回答：它們都已失控，自身難保。伯松太專注於自己的船隻，顯然沒看見斯圖卡也重創了另外兩艘船。巴西利斯克號的情況特別嚴重。一艘法國拖網船幫忙拖曳，但是它撞上沙洲擱淺，在中午左右遭到棄置。白廳號（Whitehall）驅逐艦接走絕大多數船員，然後用兩枚魚雷終結了它的命運。

在此同時，斯圖卡再度對準已被遺棄的基斯號發動另一波攻擊，這是當天上午的第五次了。九點十五分，基斯號終於被擊沉。海面如今被沉船的油汙覆蓋，在海上泅泳的生還者境況堪憐——沾滿黑色油汙、視線模糊，在掙扎求生之際窒息嘔吐。

聖艾比斯號拖吊船四出搜索，把他們一一救起，然後迂迴前進，運用書上教的每一個訣竅來擺脫斯圖卡。除了沉船生還者之外，它還載了科爾文少校，以及一整船試圖一路划船回英國的擲彈兵。大約一百三十人擠在拖吊船甲板上，有些人傷勢嚴重，有些人沒有受傷卻害怕得啜泣。一名陸軍軍醫兼隨軍牧師在人群中穿梭，不斷提供急救與安慰。炸彈持續如雨落下，牧師告訴科爾文少校，「我從未如此努力禱告。」

斯圖卡終於走了，聖艾比斯號得以平靜地航行片刻。九點三十分，一架水平轟炸機從頭頂上飛過，沿著拖吊船的航線連續投擲四枚定時炸彈。炸彈在船隻通過時爆炸，炸穿了整個船底。

被爆炸威力擊倒的科爾文少校企圖起身，但他的一條腿使不上力。然後船身傾斜，所有物品嘩啦啦墜落。他覺得自己被洶湧的水勢推入一個無底洞，被傾瀉而下的煤炭包圍。等到回過神來，他已經在海中游泳，離船隻殘骸大約五十碼距離。聖艾比斯號完了，在短短三十秒內沉沒。

只有少數幾名生還者。其中許多人原本搭乘基斯號或飛魚號，這是他們今天早晨第二度落海了。這一次，他們得跟強力的海潮搏鬥，潮水把他們推向海岸，幾乎直奔東邊。很快就會進入德軍占領的海域，但是他們似乎無計可施。突然間，他們看見機會來了。前方有一艘失事船隻。身手敏捷的游泳者設法爬到船上。

科爾文少校游到船尾下方，抓住垂入海中的舷梯，儘管腿不方便，仍然想辦法將自己拉上船。這艘遇難船隻原來是五月二十九日遭到轟炸而被棄置的麥卡利斯特氏族號。它在離拉帕內兩英里的海上嚴重擱淺，部分船身沉入水中。

另外十五名聖艾比斯號生還者也游到了船邊。爬上船後，他們發現自己置身於一個詭異的情境，足以媲美傳奇的瑪麗賽勒斯特號[7]。悄然無聲的船艙裡一切如故。幾名水手扶著科爾文少校躺到床鋪上，並且替他找來幾張毯子和一套乾衣服。

基斯號的海軍官校見習生普斯迪甚至更懂得享受。他全身沾滿油汙地走進船長室，找到一套最適合十八歲軍校生的完美服飾：船長的藍色軍服，袖口還鑲著四圈金色滾邊，氣派非凡。

船上也有食物。有人在廚房東翻西找，變出罐頭梨子配餅乾的簡便午餐。對又累又餓的生還者而言，這無異於一場豐盛饗宴。

大問題是：接下來怎麼辦？他們顯然不能在這裡停留太久。現在是退潮期，麥卡利斯特氏族號四平八穩地聳立水面之上。從空中俯瞰，它似乎未受損害，因而引來敵機猛烈轟炸。而且不用多久，敵軍的砲兵部隊就會闖進僅僅咫尺之遙的拉帕內。

船上的一艘工作艇仍掛在吊柱上，基斯號的前艦長、現場最高軍官伯松上校，下令卸下小艇，並且裝滿補給品。幸運的話，他們可以一路划回英國。

當一艘泰晤士河駁船映入眼簾時，他們正準備啟程。那艘船看起來是更好的選擇，這群漂流者大吼大叫、鳴槍示意，想辦法吸引它的注意。駁船把他們接駁到一艘水泥運輸船；這艘船卑微得甚至沒有命名——只叫做希爾尼斯船廠六十三號工作艇。不過它夠結實，足以送這群人回家。

在拉帕內西面海灘上，斯圖卡攻擊巴西利斯克號的過程，薩福克第一營的弟兄全看在眼裡。更往西、在聚伊德科特附近的一座沙丘，擲彈兵衛隊第三營的參謀注視著基斯號慘遭荼毒。在最西邊，防波堤上的水手看著另一群斯圖卡以不到一分鐘的時間擊沉法國的霹靂號（Foudroyant）驅逐艦。坦納特上校則目睹了艾凡赫號及哈凡特號遭受的襲擊。

種種情境有一股遙遠而不真實的感受——尤其是不時爆發的空中戰鬥。許多個別畫面凍結在人們腦海裡，就像相本中的停格照片：戰機與轟炸機相撞的轟然巨響、墜入地面的飛機機翼、亨克爾起火時的耀眼火光、導致Me109失事墜海的強力俯衝、從天而降的降落傘、劃破降落傘的曳光彈，很難相信這些都是真實事件，並非只是某部老戰爭電影中的熟悉畫面。

對林恩少校及第十九戰鬥機中隊來說，一切再真實不過。在霍恩徹奇（倫敦東部的小型空軍基地），六月一日的一天從凌晨三點十五分展開。飛行員在半夢半醒間吞下一杯茶和幾片餅乾，然後立刻奔向停機坪：噴火式戰鬥機已經開始暖機了。技工進行最後調整時，引擎的怒吼聲此起彼落，排氣管的火焰在第一道晨光中仍然呈現明亮的藍色。

林恩爬上飛機、檢查機上的無線電和氧氣、確定其他人都準備好了，然後在頭頂上揮手——這是起飛的信號。升空之後，他聽見意味著起落架已收起的兩聲巨響，然後熟練地查看儀表板上的各種錶盤和測量儀器，彷彿已經幹了一輩子的飛行員。事實上，大戰爆發之前不久，他還一直是個做電燈泡的平民百姓。

十五分鐘後，他通過英國海岸，準備橫越北海。透過鏡子，他看見中隊的其他飛機在他身後整齊編隊，再後頭是另外三支中隊——總共有四十八架噴火式戰鬥機，氣勢磅薄地往東奔向日出和敦克爾克。

又過了十分鐘，他們抵達海灘上空，然後左轉，飛往這趟偵查任務的東邊界線——紐港。現在是清晨五點，天色足以讓他們看清楚沙灘上的等候人群以及岸邊的各式船艦。從五千呎高空俯瞰，那副景象看起來就像國定假日時的黑潭（Blackpool）。

突然間，噴火式戰鬥機不再獨享天際。在右前方、他們飛往紐港的路線中，出現了十二架雙引擎戰機。林恩彈開無線電開關：「前方有十二架 Me110。」

德軍見到他們來襲。雙方的整齊編隊消失了，取而代之的是一場混戰，讓地面上的士兵不由得聯想起好萊塢的場景。林恩尾隨一架梅塞施密特，望著它進入視線範圍，然後按下控制八座機槍的發射按鈕。八道光芒落在這架 Me110 上，它的左側引擎因此停止運轉。正當它試圖逃離時，又傳出一聲爆炸，這次擊毀了右側引擎。林恩繼續逗留，直到看見敵機墜毀。

大功告成之後，林恩尋找其他目標，卻沒見到任何敵機。他的油箱只夠在海灘上巡邏四十分鐘，現在快沒油了。他在海面上低飛、越過海峽，返回霍恩徹奇。中隊其他成員也一一回到基地，直到全員到齊，沒有任何折損。

他們在停機坪興奮地分享經驗時，中隊情報官計算出戰績——總共擊毀了七架 Me110，以及不知道什麼時候加入這場混戰的三架 Me109。飛行員陸陸續續走進食堂。實在很難相信現在才上午七點，他們連早餐都還沒吃。

值得一提的是，這次空中戰役並未遵照標準情節。通常的情況是非常少的英國戰機對上數量龐大的德國戰機，但是這一次，噴火式竟以四比一的數量壓倒 Me110。

這並非巧合，而是一場戰術豪賭。最初，戰鬥機指揮部企圖對海灘提供持續性掩護，但是如此一來，為數有限的戰機就得分散出勤，以至於毫無實質的保護作用。舉例來說，他們在五月二十七日執行二十二趟偵查任務，但是每趟的平均戰力只有八架飛機。德國空軍便輕易扼殺他們的行動，進而大肆蹂躪敦克爾克港口。

災難之後，皇家空軍減少偵查次數，但是以強大許多的戰力飛行。他們也在海灘似乎特別脆弱的時刻，也就是黎明和黃昏加強偵查。這正是林恩帶領四十八架飛機出勤、而在他之後又有另一組戰力相當的偵查隊出勤的原因。

不過飛機的總數永遠維持不變——對此，空軍元帥道丁將軍毫不讓步，因為他已經開始思考為英國的本土防衛預做準備。正因如此，海灘有時難免毫不設防，而在六月一日，最早的不設防時段出現在上午七點半到八點五十分之間——基斯號和它的接應船隊就是在這悲慘的一小時二十分鐘內遇險。

上午九點，空軍再次出巡，德軍的攻擊漸漸消停，但是皇家空軍當天還有四個時段完全不提供空中掩護，而德國空軍從不錯過這些大好良機。上午十點半左右，炸彈摧毀了大型火車渡輪布拉格號，並且把美麗的蚊子號江河砲艇變成一團燃燒的殘骸。

接著輪到斯科舍號海峽郵船。在它慢慢傾覆的時候，大約兩千名法軍設法逆勢爬上甲板，最後一個挨著一個坐在船沿。埃斯克號驅逐艦緊急接走絕大多數部隊，送往安全之地。法國的霹靂號驅逐艦就沒那麼幸運了。它在空軍暫停保護的另一個空檔遭到攻擊，短短幾秒內便翻覆、下沉。

屠殺行動持續不斷。下午，一枚五百磅的炸彈落在布萊頓女王號掃雷艦甲板上，導致三百多名法國和阿爾及利亞士兵喪生，人數差不多是船上的半數人員。隨後，伍斯特號驅逐艦和韋斯特沃德霍號（Westward Ho）掃雷艦遭受重創，但仍設法返抵國門。韋斯特沃德霍號載了九百名法軍，包括一位將軍及其參謀。當它終於抵達馬蓋特，將軍高興得當場授予兩名船員軍功十字勳章。

十七艘船艦被擊沉或故障。這是德國空軍在六月一日的戰績。一整天下來，魂不附體的軀殼——眼神空洞的生還者、擔架上的蒼白傷員、包裹著破布的屍體——不斷從多佛、拉姆斯蓋特和其他西南沿海城鎮上岸。對於船隻正好在港內的船員來說，衝擊可想而知。

在福克斯通，馬林納號渡輪的船員尤其被布拉格號的悲慘遭遇嚇壞了。這兩艘船屬於同一家公司，船員之間關係親密。馬林納號的部分船員原本就是鹿特丹一起船難事件的生還者，而馬林納號本身也曾遭遇強力轟炸。歷經兩趟艱辛的敦克爾克旅程後，它此刻在福克斯通等待煤料，船員開始鼓譟。船醫證明三位輪機員、無線電操作員、乘務長、一名海員以及好幾位機房人員全都身體不適，無法出勤。

六月一日晚上，馬林納號再度接到前往敦克爾克的命令，但是由於船員瀕臨叛變，船長拒絕從命。當曼島郵船班恩號及汀瓦爾號目前也停靠在福克斯通，這兩艘船的船長同聲支援，他們也拒絕出海。當地的海軍指揮官發送公函，詢問班恩號是否願意出航，艦長開門見山地答覆：「恕我直言，鑑於昨天在敦克爾克的經歷，我的答案是：『不。』」

騷動已醞釀多時，尤其在大型郵船和渡輪當中。這些船舶仍然由它們平時的船組人員操作與管理；這群人完全沒受過海軍訓練，也缺乏周末水手及其他志願工作者抱持的熱忱。

早在五月二十八日，坎特伯里號輪船就拒絕出海。它已執行兩趟任務，早就受夠了。發電機室最後派一支海軍小隊上船增援，幫助船員進行心理建設。此舉奏效，於是查塔姆海軍營區被緊急要求派來兩百二十名水兵和司爐。他們將形成一群紀律嚴明的幫手，隨時準備登上工作人員似乎意志動搖的船舶。

當聖塞里奧號在二十九日拒絕出海，一名軍官帶著武裝衛兵和七名司爐在十點登船，船隻在十一點立即啟程。在納羅馬號郵船，問題出在輪機員身上。他們立刻被兩名皇家海軍鍋爐員取代，另外加上六名武裝人員支援，納羅馬號也回到工作崗位。

但這些都屬於個別案例。馬林納號、汀瓦爾號和班恩號讓人頭疼的地方，在於這三艘船似乎串通好一致行動。多佛接到緊急電話，要求加派救援及武裝人員，但他們恐怕幾個鐘頭後才能抵達。六月一日到二日之間，這三艘船閒置了一整夜——每艘都足以接運一千到兩千名部隊。

其他人也逐漸失去信心。當競賽號拖船在拉姆斯蓋特奉召前往敦克爾克，船員刻意讓船隻觸礁擱淺。重新浮起以後，輪機員拒絕出海，聲稱過濾器被沙堵住了。

在布雷沙丘外海，韋克沃克將軍指示另一艘拖船前來幫助擱淺的掃雷艦脫困。船長置之不理，一心只想離開。韋克沃克最後必須拿槍指著他，並且派一名海軍中尉上船指揮。

皇家救生艇學會的船隻也來搗亂。來自海斯（Hythe）的救生艇斷然拒絕行動。艇長表示，他被要求把船隻直接開上海灘，要是擱淺，他就永遠走不了了。他在海斯不會做的事，也絕不會在敦克爾克這麼做——顯然忽略了敦克爾克的海潮會自然幫他做好的事實。

他也煽動了來自沃爾默（Walmer）和鄧杰內斯（Dungeness）的船隻罷工。海軍不齒於他們的行徑，索性接管皇家救生艇學會的整個艦隊，只除了已經載著自己的船組人員前往敦克爾克的拉姆斯蓋特和馬蓋特救生艇。

這些救生艇人員並非愛哭鬧的懦夫。海斯救生艇的艇長已在這一行出生入死三十七年，擔任艇長也有二十年資歷，曾經贏得學會的英勇銀質勳章。然而敦克爾克不太一樣——持續不斷的危險、無法掌控事件發展的無力感、戰火下的真實面，在這些因素之下，就連最堅強的人都有可能動搖決心。

皇家海軍也不能免疫。軍方往往抱著「我們不可能發生這種事」的態度，以為冥冥之中，海軍的訓練與紀律可以讓士兵免於困擾著尋常百姓的恐懼與忐忑。然而事實不盡然如此。真誠號驅逐艦的士氣從五月二十七日起便搖搖欲墜，三十日自敦克爾克歸來之後，似乎徹底瓦解。十二個人當了逃兵，到了三十一日還有六人未歸營；回來的人只說那些人再也「受不了」了。上級下令真誠號留在多佛港內。

急性恐懼就像疾病——兩者都是生理性的，而且極具感染力。青春女神號掃雷艦或許最受其苦。它一直在布雷沙丘外海擔任類似指揮船的角色，工作人員幾乎五天不曾闔眼。五月三十一日晚上，船上的中尉昏厥過去，全身痙攣抽搐。隔天，二十七名船組人員以同樣症狀倒下去。最後，當青春女神號在六月一日早上返抵多佛，船醫也垮了，喃喃地說他無法應付另一趟敦克爾克之行。

休息是解藥，但休息是他們負擔不起的奢侈。麥爾坎號和溫莎號在歷經極度緊張的任務之後放了一天假，但是船隻通常只能不斷奮勇向前。換班的最大希望，來自仍持續湧入的新船艦和新人手。

海軍當局繼續梳理名冊，尋找可以從其他任務借調過來的軍官。梅若勒中校原本派駐於目前在貝爾法斯特（Belfast）建造的可畏號（Formidable）航空母艦；他的責任重大，但是抽出一周的時間無妨。他在六月一日中午抵達拉姆斯蓋特，五點半就踏上前往敦克爾克的征途。他發現自己從堂堂的航母任務，搖身成為一艘拖吊船、一艘平底駁船和五艘划艇的指揮官。

霍吉科中尉是一名年輕後備軍官，目前在普利茅斯的航海學校就讀。他整天埋首書堆，五月三十一日在課堂上被叫出來、送上前往多佛的火車之前，他甚至不知道前方戰事吃緊。當火車沿著那片白堊峭壁準備進站，他從車窗眺望遠方，看見海峽對岸砲火連天，這才乍然醒悟情況或許不妙。隔天（六月一日）早晨，他啟程前往敦克爾克，展開生平第一次指揮任務——執掌一艘名為奧拉的小型艙式遊艇。

迪凡恩則壓根不是海軍軍方人員。他是一名自由作家兼業餘航海員，五月底油然被吸引到正在發生大事的多佛。他跟城裡的其他記者一樣，會站在白色峭壁頂上的草地，拿著望遠鏡凝望船隻傾巢而出橫越海峽的壯觀景象。但和其他人不同的是，他的血液裡流淌著海水，看得越多越蠢蠢欲動。

要加入並不難。基於他的寫作需要，他在海軍總部人面很廣。五月三十日，他拿到進入海軍服役三十天的一切必要文件。他前往拉姆斯蓋特，端詳港口此刻聚集成堆的小型船隻，挑中一艘名為小安的小型機帆船。沒有正式任命或其他一切繁文縟節，他逕自跳上船，準備好出海。沒多久，一位志趣相投的人加入——迪凡恩從來沒問他的名字；這兩人連同另外幾人在六月一日清早動身前往敦克爾克。

賴特勒是另一個率性而為的人，而且對危險毫不陌生。他是鐵達尼號的二副，在那舉世皆知的一夜，他以冷靜挽救了無數生命。現在他六十六歲，已經從海上退休、在赫特福德郡（Hertfordshire）養雞，但仍保有一九一二年助他克服逆境的勇氣與爽朗。

而且他仍然享受水上生活。他有一艘完全為他量身打造、名為流浪漢的五十八呎動力遊艇，而他最喜歡的，莫過於帶著一群朋友上下遊覽泰晤士河。船上甚至一度載了二十一人。

五月三十一日下午五點，賴特勒的一個朋友從海軍總部打來一通神祕電話，要求當天晚上七點碰面。原來是海軍迫切需要流浪漢號。他可以把它從奇斯威克（Chiswick）的遊艇港開到拉姆斯蓋特，在那裡由海軍人員接手航向敦克爾克嗎？

不論這是誰的主意，賴特勒義憤填膺地說，那人大錯特錯。「假如必須有人帶它過海，那麼必定是我的大兒子跟我。」

他們在六月一日早上十點從拉姆斯蓋特出發。除了賴特勒和他的兒子羅傑之外，船上還有一名十八歲的海童軍擔任甲板水手。他們在途中遭遇三架德國戰鬥機，不過伍斯特號驅逐艦就在附近，能夠幫忙趕跑敵機。幸虧如此，因為流浪者號完全沒有武裝，船上甚至連鋼盔都付之闕如。

下午三、四點鐘，他們抵達敦克爾克近海。現在是退潮時刻，當他側身停靠東面防波堤邊，賴特勒明白步道到流浪漢甲板之間的高度落差太大了。士兵絕對上不了船。於是，他轉而停在一艘正在接運部隊的驅逐艦旁邊，士兵可以穿過驅逐艦、登上他的船。他從流浪漢號的底層開始裝載，羅傑在甲板下方指揮全局。

羅傑以無人可比的熱情處理這椿雞毛蒜皮的任務。為了壓低船隻重心，他讓士兵盡可能躺下，填滿每一吋空間，甚至包括浴室和廁所。

「你那裡怎麼樣了？」當統計人數超過五十時，賴特勒對底下大喊。

「噢，還有很多空間呢，」羅傑輕快地回答。達到七十五人時，他終於承認塞不下了。

賴特勒將目標轉向露天甲板。同樣的，部隊被要求躺下、盡量壓低重心保持船隻平穩。即便如此，等到又多了五十人上船，賴特勒可以感覺流浪漢號越來越不穩了。他決定到此為止，準備啟程回家。

全體德國空軍似乎都在等他；敵機一趟又一趟地轟炸、掃射。幸運的是，流浪漢號可以瞬間轉向，而賴特勒曾經跟一位專家學了一些技巧。在戰爭初期捐軀的么兒是一名轟炸機飛行員，經常談起閃避戰術。父親如今將亡子的理論付諸實行。秘訣是等到最後一刻、待敵機鎖定目標，然後猛然轉彎，讓飛行員來不及調整方向。賴特勒一路蛇行、閃躲、橫越海峽，將流浪漢號毫髮無傷地帶回英國。

他們在晚上十點滑行進入拉姆斯蓋特，賴特勒將船隻綁在碼頭旁的一艘拖吊船上。岸邊照例湧來一群看熱鬧的群眾。所有人都假設甲板上的五十人是流浪漢接運的全部人數——光是這個數字就很了不起了。然而士兵持續從船艙和梯口湧出，直到一百三十人全部上岸。一名目瞪口呆的旁觀者轉身看著賴特勒，囁嚅地問：「天哪，老兄！你把他們藏在哪兒了？」

撤退行動就這樣持續進行。六月一日當天，在敵軍持續轟炸、士兵瀕臨崩潰的情況下，總共有六萬四千四百二十九人返抵英國。各種人都有，從脾氣暴躁的蒙哥馬利將軍，到成功帶著法國新娘奧葛絲塔上船的二等兵賀塞。奧葛絲塔穿上英軍戰鬥服，稍微掩飾了身分。由於部隊撤出拉帕內，海灘的撤離人數降低了，但是敦克爾克本身創下撤離四萬七千零八十一人的記錄。東面防波堤歷經轟炸、砲擊以及船隻操作不當，迄今依然挺立。

下午三點四十分，牝馬號（Mare）小型掃雷艇緩緩靠近防波堤，意圖接走另一批在長長的木頭步道上等待的英國士兵。一切再尋常不過。然而，緊接著發生一件史無前例的事情——附近一艘英國驅逐艦艦長命令牝馬號轉而前往西面防波堤，在那裡接運法軍與英軍部隊。這是英國船舶首次被明令調離接運英軍的任務，轉而接運盟軍人員。

牝馬號穿過港灣，發現一艘來自樸茨茅斯的漏斗式漂網漁船已經在西面防波堤展開工作了，另外三艘掃雷艦也陸續加入；這六艘船在大約一小時的時間裡，總共接運了一千兩百名法國士兵。

這類行動提出的統計數據，遠超過任何單一事件的意義：六月一日當天，英軍撤離了兩萬九千四百一十六人，相較之下，法軍共有三萬五千零一十三人登船。邱吉爾終於可以抬頭挺胸拿出數據給巴黎看，不必覺得無地自容。皇家海軍已將「手挽手、肩並肩」變成了一項既定事實。

一整個早上，倫敦、多佛和敦克爾克的最高指揮層望著救援船隊遭受的重擊，心中越來越憂慮。中午左右，查塔姆岬角指揮部的德拉克斯上將（Drax）提醒海軍總部，驅逐艦的折損情況越來越嚴重。他表示該停止在白天出動驅逐艦了。拉姆齊很不情願地同意。他在下午一點四十五分發出信號：「所有驅逐艦即刻返回港口。」

麥爾坎號才剛要啟程前往海峽對岸，準備執行另一趟任務。沒有其他船隻比得上他們的士氣，但是就連梅里斯上尉的風笛也無法繼續提振人員精神。沉船事例充塞在空氣氛圍中，大家都覺得接下來就輪到麥爾坎號了。然而，正當它駛離防波堤，拉姆齊的訊息到了，下令它返回港口。梅里斯覺得他終於可以理解被特赦的囚犯是什麼心情。

伍斯特號則正要進入敦克爾克港，艦長艾利森中校覺得沒道理空船而返，卻不接走防波堤上的另一批士兵。它終於在下午五點載著整船部隊撤出，卻立刻遭遇攻擊。一波又一波的斯圖卡對準它俯衝，投擲了一百多枚炸彈——總共有三到四支飛行中隊攻擊他們，每支中隊大約九架飛機。敵機還進行強力壓制，俯衝到兩百到三百呎的低空。奇蹟似地，伍斯特號沒有直接中彈，然而擦肩而過的炸彈激起巨大水柱衝向船身，炸彈碎片讓它單薄的鋼板體無完膚。等到攻擊漸漸平息，船上共有四十六人喪生，一百八十人受傷。

坦納特上校從他在防波堤底座的指揮哨望著伍斯特號的恐怖經歷，決定該有所了結。他在下午六點發送無線電信號給拉姆齊：

船隻的遭遇變得極為艱險；自從五點三十分，這裡有一百多架轟炸機對船隻進行攻擊，傷亡慘重。已下令船隻不得在白天出航。因此，撤退運輸將在三點停止……假如周邊防線能守住，將於明日（周日晚上）完成撤離，包括絕大多數法軍。

但是周邊防線能再多堅持一天嗎？倫敦存有疑慮。「必須想盡辦法在今晚完成撤離，」狄爾將軍下午兩點十分對魏剛發電。四點鐘，邱吉爾透過電話向雷諾提出警告，表示撤退行動有可能多撐一天，但是「如果等得太久，我們會冒上失去一切的風險。」晚上八點，拉姆齊對整個救援艦隊發出一句擲地有聲的請求，呼籲大家「盡最後一次努力」。

在敦克爾克，亞歷山大將軍原本想法一致，但他如今希望能有更多時間。他下定決心把剩餘的遠征軍全帶回家，然而在六月一日上午，周邊防線範圍內仍有三萬九千名英軍，外加十萬名法軍。根據相等人數政策，這意味著接下來二十四小時至少得撤走七萬八千人——顯然絕無可能。

上午八點，他帶著一套新的撤退計畫造訪三十二號稜堡，將撤離行動延長到六月二日到三日間的晚上。艾博利亞將軍欣然同意：對於堅守周邊防線，法軍向來比英軍更具信心。到了傍晚，坦納特上校也同意了。一旦決定停止白天的撤退行動，他已別無選擇的餘地。

倫敦依然抱持懷疑，但是到最後，海軍總部及陸軍總部的辦公桌戰士必須面對一項難堪的事實：他們所知不多，根本不足以制定決策。六點四十一分，狄爾將軍對亞歷山大發電報：

我們不下令限時撤退。你必須盡可能堅守防線，以便撤出最高人數的法軍與英軍。我們無法從這裡判斷當地局勢。與艾博利亞上將密切合作之際，你必須運用自己的判斷。

於是，亞歷山大得到了通行令。正如他跟坦納特上校提議的，撤退行動將持續到六月二日至三日間的晚上。不過成功依舊取決於坦納特提出的前提：「假如周邊防線能守住。」這是個很大的疑問，而答案超出了倫敦、多佛或敦克爾克各地領導人的掌控。

7 Mary Celeste：史上著名的鬼船，一八七二年在葡萄牙海域被人發現，船上精密儀器及人員全體失蹤。

13 THE MIRACLE OF DUNKIRK

「遠征軍撤離完畢」

在冷溪衛隊第二營負責的貝爾格佛勒運河防線上，藍里中尉在他精心加強防禦並且儲備了補給品的屋舍等待著。關於英軍計畫何時撤離，他毫無頭緒——尉級軍官是不參與這類內情討論的——但他的人已做好長期鏖戰的準備。當六月一日晨光初現，藍里透過他在屋頂挖的觀測孔往外看，可惜什麼都看不見。運河河面和南方的平野上，整個霧茫茫一片。

太陽出來了，霧氣消散。而六百碼外的運河對岸，站著一隊德國工兵。大約一百人只拿著鐵鍬；藍里始終沒搞清楚他們在執行什麼任務。小屋發出一陣槍響，將他們全數弭平——這是他當天遭遇的最後一批「軟腳蝦」。

隨著敵軍部隊加入戰局，戰火持續升溫。對方一度推出一門反坦克砲，藍里興味盎然地看著他們把砲口對準他的小屋。幾秒鐘後，一枚反坦克彈貫穿屋頂，在閣樓裡瘋狂彈跳。另外四枚砲彈來襲，冷溪衛隊趕緊連滾帶跳地下樓、衝出屋外。等到敵軍放鬆火力，藍里的人馬隨即收復要塞。

重大危險來自右側。上午十一點，區希勒爾將軍發動了他所謂的「系統化攻擊」，中午左右，敵軍大舉橫渡緊鄰貝爾格東面的運河。東蘭開夏第一營節節敗退，若非歐文安德魯斯連長英勇異常，他們很可能全軍覆沒。當時，連長號召了幾位志願者，然後隻身爬上一座糧倉的茅草屋頂，拿一把勃倫機槍擊退德軍。

東蘭開夏的左鄰是邊境軍第五營。敵軍現在大舉渡河，也對他們展開強力攻擊。要是他們潰守，位於他們左側的冷溪衛隊第二營將緊接著遭遇重擊。一名邊境軍軍官匆忙趕到麥克科戴爾少校的指揮哨，預示他的營隊已精疲力竭，準備撤離。

「我命令你留在原地，戰到最後，」少校如此答覆。

「你不能這麼做。我有來自上校的最高命令，授予我在適當時機撤退的權利。」

麥克科戴爾覺得多說無益：「你看見路上那棵白楊樹，旁邊有座白色里程標的那棵？一旦你或你的任何弟兄越過那棵樹，我們就開槍射殺。」

軍官再度抗議，但是少校受夠了。「立刻回去，否則我現在就斃了你，然後派我的軍官接手指揮。」

邊境軍軍官離開了，麥克科戴爾轉頭對旁邊的藍里說，「去拿一把步槍，瞄準兩百五十公尺。一等他越過那棵樹，立刻開槍射殺。明白了嗎？」

麥克科戴爾自己也挑了一把槍。這兩名冷溪衛隊隊員坐著等候，槍口對準樹幹。沒多久，邊境軍軍官帶著兩名弟兄出現在那棵樹附近。他們停頓片刻，然後軍官越過了麥克科戴爾劃下的界線。兩把步槍在同一瞬間開火。軍官倒下。藍里始終不知道兩人之中究竟是誰射中了他。

這樣的措施仍不足以嚇阻。邊境軍第五營撤退，導致冷溪衛隊的側翼洞開，藍里的小屋防禦工事隨即遭受攻擊。當天下午是由幾起獨立事件構成的混亂局面：靠著大家都瞧不起的博斯反坦克步槍擊毀一具德國火砲；喝白酒配美味燉雞；從閣樓發射勃倫機槍，導致三輛德國軍車起火燃燒，阻礙了運河邊的道路交通，爭取到寶貴的幾分鐘。一度有一名老婦人不知道從哪兒冒出來，央求庇護。藍里叫她滾蛋，但是隨即懊悔不已。他把她安置在後面的房間，他覺得那裡也許比較安全。

還有一次，他前去營指揮哨查看麥克科戴爾的狀況。少校躺在戰壕旁邊，身上顯然中彈。「我累了，很累很累，」他告訴藍里。然後他說，「你回去小屋，繼續作戰。」

德軍此時占領了運河對岸的一棟房屋，就在藍里小屋的正對面；雙方駁火越見激烈。閣樓上的一把勃倫機槍突然故障，藍里命令弟兄把其他機槍帶下樓。假如敵軍試圖游過運河、衝向小屋，機槍在樓下能發揮更大效用。藍里本人則留在閣樓拿步槍進行狙擊。

突然一聲撞擊……瓦片和屋樑如雨落下，一團熱氣撞倒了藍里。他在令人窒息的煙塵中聽到一個微弱的聲音，「我受傷了」——然後恍然發現那是他自己的聲音。

他還不覺得痛，但是左手臂已經不聽使喚。一名醫務兵趕來，胡亂撕開一件衣服，開始包紮他的頭部。原來頭部也中彈了。他被仔細抬下閣樓、放進一台手推車、送往後方——少數幾位個頭小得可以用這種方式退出戰場的冷溪衛隊隊員之一。

天黑了，戰火漸漸平息。區希勒爾的步兵部隊在運河對岸奠定根基，準備紮營過夜。「系統化攻擊」可以等明天早上再重新展開。英軍開始靜悄悄地朝海邊撤退，指令非常精準：各營帶走自己的勃倫機槍和博斯反坦克步槍；漢普夏第二營扛起步槍、三人一列，由指揮官率領行軍；絕大多數陣地在晚上十點棄守。

野戰兵團第五十三營的砲兵朝敦克爾克越野行軍時，一句尖銳的盤問劃破黑夜的寂靜，繼而響起一陣劈哩啪啦的槍聲。這塊地區有交錯縱橫的水道，剛剛進駐這片陣地的法國守軍把他們誤認為德軍了。

沒有人受傷，雙方也很快澄清誤會。英國砲兵繼續上路，但是心裡對他們的盟友肅然起敬。這些法國人一絲不苟，他們是第三十二步兵師的成員，之前在里爾跟隨軍團司令、拚勁十足的勞倫斯將軍，逃出德軍的圍困。他們跟駐紮當地的佛蘭德斯強化部隊（Secteur Fortifié des Flandres）聯手，接管英國遠征軍撤退之後留下的周邊防線重鎮。

在此同時，同樣從里爾逃出的法軍第十二師則移防比利時前線沿線的各個古老要塞。新的防線比以前短；他們在這裡駐紮，可以幫忙掩護防線的東面側翼。由於西面側翼向來由第六十八師的波佛利耶將軍負責防守，現在，整條周邊防線全靠法軍撐著。

很難相信邱吉爾昨天（五月三十一日）才在盟軍最高軍事會議慷慨陳辭，激動地表示剩餘英軍會形成後衛部隊，協助法軍逃生。在那之後，情況便一點一滴地翻盤。相較於英軍替法軍殿後，現在反倒是法軍替英軍殿後。

後來，法國人指控這樣的翻盤是「背信棄義的英國佬」耍的另一齣把戲。然而事實上，英國人對這樣的安排也不盡然滿意。他們對盟友的信任已蕩然無存。綠霍華第五營穿越比利時邊境、通過由法軍駐守的新防線時，布希中校召集連上軍官，禮貌性地拜訪當地的法軍指揮部。真正的用意並非為了鞏固盟軍團結，而是要掂量法軍是否有能力勝任工作。事實證明這是由第一流軍官帶領的第一流部隊。

六月一日下午，當區希勒爾的「系統化攻擊」從東面緩緩逼近時，這群法軍面臨了第一次考驗。結果，顏森將軍（Janssen）的第十二師悍然遏止了德軍的攻勢。

最西邊的情勢如出一轍。德軍在這裡有幾輛裝甲車（唯一一批沒有南下的坦克），但是波佛利耶將軍的砲兵採用缺口照門瞄準器開火，設法守住了陣線。

六月一日到二日間的晚上，剩餘的英國部隊在法軍掩護下紛紛朝敦克爾克匯集。達勒姆第六營穿越被戰火蹂躪的羅桑達埃勒（Rosendaël）郊區時，奧斯汀上尉聽著弟兄們的靴子輾過碎玻璃的嘎吱聲，想起在冷冽冬日踩過碎冰晶的情景。那是個沒有月亮的漆黑夜晚，但是燃燒的建築物和砲彈爆裂的閃光為弟兄們照亮了路途。入夜之後，德國步兵也許偃旗息鼓，但是他們的砲兵毫不放鬆攻擊。達勒姆軍弓著身體前進，彷彿在躲避風暴；他們的鋼盔在火光照耀下閃閃發亮。

拉姆齊將軍的船隻已經在等他們了。撤退行動的執行時間是晚上九點到凌晨三點；不過當第一艘驅逐艦停靠防波堤邊，還沒有幾支從周邊防線退下來的部隊抵達登船地點。從布雷沙丘方向來的士兵多半躲在海濱步道沿線的房屋和旅館，在槍林彈雨中尋找掩護。

剛入夜不久，康鐸少校帶著惠特榭號（Whitshed）驅逐艦在防波堤畔停妥時，看不到半個人影。只有硝煙、火焰和幾條到處嗅著氣味的野狗。康鐸瞥見一輛倒在堤道上的自行車，立刻騎上它衝向岸邊，尋找有待救援的士兵。他最後找到幾名法國大兵，然後在防波堤底部又找到幾名英兵。他將他們以及如今開始出現的其他幾支部隊全送上船。

晚上十點三十分，艾德爾少校帶領仍舊扛著勃倫機槍的擲彈兵衛隊第三營出現，登上紐黑文號海峽輪船；十一點，好幾百名法國士兵加入人群，有一陣子，部隊以四人一列並肩前進——在無意中象徵出陷入困境的盟軍；十二點，野戰兵團第九十九營的砲兵魚貫登上溫切爾西號（Winchelsea）驅逐艦；偶爾襲來的零星砲彈催促著他們向前。「我中彈了，」韋伯上士旁邊的弟兄輕聲說著，然後退出隊伍。

「遞送傷員」、「放下死者」、「傷員往前」、「小心坑洞」，岸勤大隊的水兵一邊指引部隊前進，一邊嚷嚷著一連串命令與指示。大夥兒想辦法留下一條通道給擔架員，但是沒有時間處理陣亡士兵；

死者只能被推進防波堤下的木樁之間。

東薩里第六營第一連終於抵達防波堤時，已經過了午夜。現在隊伍很長，等候時間拉長到數小時。防波堤上人山人海，隊伍幾乎一動不動，當凌晨兩點傳來消息，表示今晚的最後兩艘船——一艘大型輪船，以及在它前面的一艘驅逐艦——已停妥時，東薩里軍還在隊伍中寸步難移。等到東薩里軍抵達輪船旁邊，已經快三點了。營長阿姆斯壯上校當下判斷沒時間浪費，立刻將士兵分成兩群，下令前面一半往前登上驅逐艦，後面一半則登上輪船。傳出「到此為止」的呼叫聲時，還有幾名東薩里弟兄等著上船，阿姆斯壯斷然推開舷梯上的最後一名士兵，然後自己在船隻啟程之際趕緊跳上船。

凌晨三點，綠霍華第五營才排到防波堤中段。他們花了大半夜時間從布雷沙丘趕來。路程雖然只有六英里，但是沙子、黑暗以及全然的疲憊在在拖慢他們的腳步，一行人花了將近五個鐘頭才走完全程。現在，他們混在其他幾支英軍小隊以及一大群法軍之間，沿著步道慢慢排隊，隊伍經常莫名其妙停下來，沒有人知道原因。一次暫停之中，消息傳來：「今晚沒有船了。退離防波堤！」

綠霍華軍失望透頂地轉身，卻只迎頭撞上還沒聽到消息的其他部隊。一群人一時互相推擠，僵持不下。這時，德軍的一波砲彈不偏不倚落在防波堤底部，擊斃二十幾名士兵。

如果克勞斯頓中校在場，撤退行動也許會順暢一些。不過，他當天晚上返回了多佛。他已經連續五天五夜在防波堤指揮大局，從未休息，總共送走了逾十萬名將士；如今，他希望跟拉姆齊商議撤退行動的最後高潮階段，或許可以順便好好地睡一覺。

按照拉姆齊的計畫，驅逐艦和海峽輪船在防波堤接運部隊時，掃雷艦和較小型的明輪蒸汽船則往東邊海灘工作，最遠到瑪洛海灘。成千上萬的英軍和法軍排成三到四列，蜿蜒進入涉水能及的地方。

野戰兵團第五十三營的砲手努恩等了整整兩個鐘頭，海水慢慢淹過他的腳踝、膝蓋、腰部、然後直抵他的下巴。然後，當東方天際出現黎明的第一道痕跡，有人大聲喊叫：「今天到此為止！船隻晚上會再回來！」

冷溪衛隊第二營是另一支姍姍來遲的小隊。長期堅守運河防線之後，弟兄們累到腰痠背疼，但仍扛著他們的勃倫機槍。他們揮舞著手臂、以完美的步伐踏上瑪洛海灘的海濱步道。絕大多數等候的士兵以敬畏與崇拜的眼神注視著他們，但並非所有人都如此。「我打賭那是支該死的衛隊，」黑暗中傳出一聲尖酸的評論，「試試踮著腳尖行軍！」

一名冷溪衛隊隊員倒是來得不遲，那就是藍里中尉。他傷得迷迷糊糊的，依稀知道自己坐在手推車裡被推出戰場、送上一輛救護車；車子一路走走停停，彷彿永遠也到不了。他還是不覺得疼痛，但是很渴，難受得半死。在他上方，另一名士兵的血不斷滴到他的臉上。

救護車終於停下來，藍里的擔架被抬了出來。「往這邊，」有人說，「海灘在前方兩百碼。」

擔架隊抵達水邊；一艘救生艇在那裡等著，船身輕輕摩擦著沙灘。一名穿著海軍大衣的軍官走過來問藍里：「你可以下擔架嗎？」

「恐怕沒辦法。」

「那麼我很抱歉，我們不能載你。你的擔架會占據四個人的空間。依照命令，我們只能載可以站或坐的人。」

藍里沒有多說什麼。就差這臨門一腳，現在回頭實在太痛苦了；不過他可以理解。擔架員默默不語地抬起他，送回救護車上。

大約同一時間，另一名冷溪衛隊隊員科爾特上士加入了海灘上的隊伍。他隸屬於第一衛隊的旅本部，負責保管旅部的戰爭日誌——記錄在厚厚一疊的陸軍 C2118 表格上，卷帙浩繁。科爾特慢慢走入海中之際，腦海完全被三件事情占據：他結婚不到一年的新婚妻子、剛剛在比利時陣亡的哥哥，以及他試圖挽救的、成堆的 C2118 表格。

當海水淹到他的胸口，他再度想起年輕的妻子。他們還沒生兒育女，如果他回不去，妻子沒有任何東西可以紀念他。他沉浸在憂傷的念頭中，直到突然驚覺幾張 C2118 表格漂走了。身為一名至死不渝的優秀總部人員，他摒除所有雜念，瘋狂地四處打撈他的檔案，激起層層水花。

科爾特終於排到隊伍前面；在這裡，一艘海軍工作艇負責把士兵接駁到外海的大型船艦。然後凌晨三點了，有人從工作艇上宣布這是他的最後一趟接駁任務，不過隨後會有另一艘船過來。科爾特繼續等著，但是再也沒有出現任何船隻。有些人走回岸邊，但是科爾特跟其他幾人涉水走到附近的一艘擱淺漁船。他被拖上船，仍舊緊緊抓著旅部的戰爭日誌。

海水慢慢漲潮；四點半左右，船身開始鬆動。船上現在有九十到一百人，士兵多半擠在平常放魚的船艙裡。幾個懂得航海技術的人揚起船帆，朝英國出發。但是海上平靜無風，將近十二小時後，他們仍然在離敦克爾克一英里半的近海。這時，一艘路過的驅逐艦把他們接上船，包括科爾特以及他精心保存的珍貴文件。

還有其他數人不願意枯等十八個鐘頭、靜待皇家海軍在隔天夜裡返回。威靈頓公爵兵團第一營的三十六名弟兄，占據了一艘恰好叫做鐵公爵號的帆船[8]。葛立芬威廉斯上校搶救出另一艘擱淺的遊艇，接上他的砲兵，朝英國出發。他對航測技術一無所知，不過在船上找到一本兒童版地圖集和一只玩具羅盤。那樣應該夠了。當後來被巡邏艇攔下的時候，他們正筆直朝德國前進。

儘管比較勇於冒險犯難的人會想辦法脫逃，絕大多數的士兵則跋涉回到岸邊，靜靜等待十八個鐘頭。他們有各種方法消磨時間。現在是六月二日的周日，有些人隨著牧師在瑪洛海灘舉行聖餐禮。漁民泰德・哈維由於汽艇故障而受困這裡，他參加了一場克難的足球賽。皇家龍騎兵團第七營第四連則玩起了沙灘摩托車，互相追逐，並且打賭下一枚德國砲彈會先打中岸邊的哪一棟建築。

但是最重要的競賽是留住性命。絕大多數等候士兵會擠進任何一個看似有一點點庇護作用的地方。在瑪洛海邊，一群人躲進法國驅逐艦靈巧號（l'Adroit）遭受重創的殘骸裡。儘管支離破碎，但是船身扭曲的鋼板似乎提供了某種保障。另一群人挑中拿破崙時代遺留下來的一座老瞭望塔；它的厚重石牆彷彿是一種安全承諾。

還有許多人擠進附近建築物的地窖。野戰兵團第五十三營的殘餘弟兄選中花朵咖啡館儘管看起來不怎麼堅固，但它就在海邊。綠霍華第五營的總部設在甘貝塔街二十二號，這棟舒服的房子大約離海邊一條街。部隊在這裡收留了一名脫隊的法國大兵，後者立刻走入廚房。他不負祖國的偉大傳統，馬上變出香噴噴的燉牛肉搭配美酒。大夥兒立刻幫他取了「阿方斯」這個教名，他成了營中的榮譽隊員，從此戴上英軍的鋼盔。

綠霍華第五營呈現出敦克爾克難得一見的景象：一支井然有序、陣容龐大的部隊，由自己的軍官帶領，所有人默契十足。營長布希中校想起防波堤在黎明時分停止接運而引發的混亂場面，認為在緊接著而來的六月二日至三日間的夜晚，綠霍華軍可以扮演有用的角色。他們可以形成一條警戒線來控制交通，確保船隻抵達時，士兵可以有秩序地登船。四名軍官和一百名士兵就足以執行任務。當然，被選中的人必須最後離開，而且很可能走不了。軍官們抽籤決定誰能得到這份榮譽。

多佛也正在為晚上的行動做準備。當天清晨，韋克沃克將軍從敦克爾克搭一艘魚雷艇回來。休息一兩個鐘頭後，他走進發電機室參加一場海軍與陸軍的聯合會議。沒有人知道還有多少士兵有待撤離，但是韋克沃克推測，大概還有五千名英軍以及三萬到四萬名法軍。

幸運的是，當下有許多船隻待命。由於白天暫停了撤離行動，艦隊得以全數回到多佛及其他西南沿海港口集合。拉姆齊計畫把大量集結的船隻，用於他所謂的敦克爾克港「聚集撤退」行動。所有部隊都從敦克爾克本身出發，海灘不再有船隻進行接運。登船行動從晚上九點持續到凌晨三點。船舶分批出航，確保流程順暢、源源不斷，防波堤邊隨時停泊三到四艘船隻。慢速的船隻先行，快速的船隻則隨後出發，以此確保流量平均。

丹尼上校認為這套計畫過於複雜，只會造成更多混淆，不如乾脆派遣所有船隻渡海，再由工作人員就地決定行動細節。然而，絕大多數參謀認為拉姆齊的計畫值得一試。

根據最後定案的計畫，這次行動出動的大型船艦足以撤離三萬七千名士兵，持續穿梭海峽兩岸的小型船隻也可以接回若干部隊。另外，法國將使用自己的船隻從防波堤東面的沙灘、以及外港的西岸碼頭接運部隊。任務應該能夠就此完成。於是在六月二日上午十點五十二分，拉姆齊對麾下全體人員示意：

> 最後的撤離行動預計今晚展開，全國上下皆仰賴著海軍貫徹執行。我希望每艘船隻盡速呈報

自己是否狀態良好、準備好扛起這項我們基於的勇氣與毅力而發出的挑戰。

「迫不及待執行您的命令」、「狀態良好且準備就緒」——這些答覆是英勇的納爾遜式的。不過下，大多數救援人員私底下的感受，和金鷹號明輪掃雷艦上的克羅斯比中尉沒什麼不同。當他聽說還要再回去一趟，心情沉到了谷底。他以為撤退行動全都結束了，拉姆齊昨天才說：「盡最後一次努力。」

不過絕大多數人員就跟克羅斯比一樣立刻接受事實，認命地準備再次面對驚心動魄的一夜。「該做就做，」他後來寫道，「沒什麼好說的。」

但並非所有人都同意。福克斯通的三艘客輪班恩號、馬林納號和汀瓦爾號持續滋事。船隻一整天停在港口裡。下午六點五十分，班恩號開到碼頭邊，準備執行夜間任務。全體船員站在欄杆旁邊示威，叫囂著說要棄船。幾分鐘後，當他們打算上岸，一群海軍武裝衛隊從舷梯爬上來，拿著上了刺刀的槍把他們逼退回去。接班人員立即接管船隻，班恩號終於在七點零五分出航。原班人馬只有大副、三名砲手和無線電操作員。

接下來輪到汀瓦爾號。船員沒打算棄船，不過當它在晚上七點十分抵達碼頭邊時，船員對著底下的海軍哨兵咆哮怒罵。七點三十分，船還停在碼頭邊耗時間。

在此同時，沒有人注意馬林納號的動靜。下午四點半，它安安靜靜地起錨，未經任何許可私自溜到南漢普頓。船長後來解釋，「這樣似乎皆大歡喜。」

事實上，這些海峽輪船的平民船員心生恐懼是情有可原的。這些船幾乎毫無武裝，而且是敦克爾克一帶最顯眼的目標。如果還需要證明，那麼六月二日上午十點開始的一連串意外就是最佳證據。這時，發電機室收到坦納特上校從敦克爾克發來的緊急訊息：

傷員激增。醫護船應於白天前來。一般認為敵軍會遵守日內瓦公約，克制其攻擊行動。

幾天以來，傷員的處境越來越糟，尤其當上級做出一般船隻只接運健全士兵的決策後，更加劇了傷員的問題。現在，坦納特試圖利用特派醫護船來緩解情況。當然，他全然不知敵軍是否會尊重紅十字會，不過他公然傳遞訊息，希望德軍攔截電文，因而下令空軍暫時休兵。

發電機室立刻投入行動。下午一點半，沃辛號醫護船朝海峽對岸啟程。白色的船身熠熠生輝，並且畫上標準的紅十字會標誌，絕無可能被誤認為一般的運輸船。但是今天不靈了。在中途的三分之二處，沃辛號遭到十幾架 Ju88 攻擊。沒有直接命中，但是九枚炸彈的落點夠近，導致輪機室毀損，沃辛號被迫返回多佛。

下午五點，巴黎號醫護船出發。在沃辛號遇襲的地點，三架飛機朝它猛撲而來。同樣沒有直接命中，但是炸彈擦撞導致輪機室的管線滲漏、爆裂。當巴黎號開始失控漂流，拜爾斯船長放下救生艇，發射幾枚信號火箭，結果引來了另外十五架德國飛機。

發電機室派遣拖船前去解救，並且繼續準備當天晚上即將進行的「聚集撤退」行動。由於牽涉的船隻數量龐大，有必要派出最頂尖的人才來指揮交通、控制船隻與部隊的流量。幸運的是，最適合的人選回來了。克勞斯頓中校休息一夜之後神清氣爽，他將再度前往防波堤指揮大局。丹尼上校加派三十名海軍岸勤人員予以協助。從三十一日開始便因為流利法語而被克勞斯頓當成天賜之福的索羅門中尉，再度出任翻譯兼聯絡官。

下午三點半，克勞斯頓一行人從多佛搭乘兩艘空軍救難艇出發：第二四三號救難艇由中校本人指揮，第二七〇號救難艇則由年輕、積極、海軍科班出身的魏克中尉負責。他們比其他船隻出發得更早，先行前往敦克爾克為當天晚上的行動做準備。

那是個懶洋洋的平靜午後，兩艘船噗哧噗哧地橫越空蕩蕩的海峽，戰爭彷彿遠在千里之外。突然間，魏克中尉聽到「一聲轟鳴，接著嘎嘎作響，最後砰的一聲」。他嚇了一跳，抬頭一看，剛好看見一架斯圖卡對準前方兩百碼外的船隻俯衝。那是克勞斯頓的船。它投擲一枚炸彈，沒中，然後打開機關槍掃射。

沒時間緊盯事件的發展了。又有七架斯圖卡衝向這兩艘救難艇，機關槍砲火四射。魏克下令舵手向左急轉，在斯圖卡輪番轟炸與射擊之際，連續十分鐘瘋狂閃躲。在船尾的露天甲板上，法國聯絡官盧思上尉蜷伏在路易士機槍底下，猛烈攻擊德國飛機。他毫不退縮——即便一顆子彈打掉距離鼻子只有六英吋的機槍瞄準器也不例外。一架斯圖卡墜落，其他飛機終於撤走。

現在，魏克終於有時間看看克勞斯頓的船隻是否安然渡過這場風暴。他只看得到船頭，船上所有人員都落海了。魏克連忙衝去營救生還者，但是克勞斯頓揮手趕他走，叫他遵照命令趕緊前往敦克爾克。魏克希望至少接走克勞斯頓，但是中校拒絕拋棄他的弟兄。魏克別無選擇，只能轉頭繼續前往敦克爾克。

克勞斯頓跟他的手下聚集在破損的船頭四周游泳著。緊緊抓著船隻殘骸的一名法國聯絡官表示，有一艘空的救生船在大約一英里外的海面上漂浮。索羅門中尉請求上校允許他游泳過去，把船划回來營救生還者。克勞斯頓不僅准許這項請求，還決定一起前去。這是他們獲救的唯一機會，索羅門一個人也許應付不來。

克勞斯頓是個出色的運動員、善於游泳，而且對自己的力氣深具信心。也許那就是問題所在。他並不瞭解自己多麼疲累。一會兒之後，他便筋疲力盡，不得不游回其他人身邊，緊緊抓住船隻殘骸。幾個小時過去了，索羅門遲遲沒有帶著空船回來。弟兄們一邊等待，一邊唱唱歌、聊聊陳年往事；克勞斯頓不斷表示援救已近在眼前，企圖以善意的謊言來鼓舞士氣。不過，他們逐漸失溫，一個接著一個消失在水面上，最後連克勞斯頓也殉難了。等到一艘路過的驅逐艦前來搭救時，只剩下空軍士兵卡馬翰一個人還活著。

這段期間，索羅門中尉確實游到了空船旁邊。但他為了爬上船而掙扎許久，這時也已筋疲力盡。他盡了最大力氣設法把船划回遇難現場，但是船上只有一根槳。一小時後，他放棄了：這艘船太大、距離太遠，而且天已經黑了。

他整夜在水面上漂流，即將破曉之際才被法國漁船瑪麗亞號救起。他喝了酒，休息一下，換上乾的法國水兵制服，被帶回多佛，送上法軍指揮艦德布拉柴號（Savorgnan de Brazza）。他的故事聽來過於離奇，暫時無法洗刷身為德軍間諜的嫌疑。這回他的流利法語完全幫不上忙。「他聲稱是英國人」（*Il pretend être anglais,*）法國軍官評論，「但我認為他是德國人，因為他法語說得太好了。」（*mais moi je crois qu'il est allemande parce qu'il parle français trop bien.*）一言以蔽之，他的法語太過流利，不可能是英國人。

六月二日下午，克勞斯頓的先遣小組離開多佛一個半小時後，拉姆齊的救援船隊展開了敦克爾克的「聚集撤離」行動。一切照計畫進行；速度最慢的船隻在下午五點率先出發。它們多半是小型漁船——例如比利時拖網船寇吉蘇號、法國的珍妮安托萬號，以及色彩鮮豔的小船法國天空號。

接著是六艘斯固特，然後是陣容龐大的近海商船、拖吊船、汽艇、艙式遊艇、觀光蒸汽船和渡輪；這群聲勢浩大的船隊，如今已成了海峽上的熟悉畫面。緊接著出動大型郵船、掃雷艦和法國的魚雷艇。最後，四十艘驅逐艦中僅剩的十一艘劃破海面，激起驚天波浪。

南方鐵路公司的汽車渡輪是新添的生力軍。它轟隆隆前進，成了萬眾矚目的焦點，因為跨海汽車渡輪在一九四〇年還是個新鮮玩意兒。來自曼島的汀瓦爾號郵船並不新穎，但它以自己的方式引人注目。在福克斯通，船員們拒絕再次出海，鬧得滿城風雨。然而現在它破浪前進，彷彿什麼事都沒發生過一樣。

這其中費了一番周章。拉姆齊得知汀瓦爾號滋事，便派出麾下最擅長解決問題的蒲謝爾中校。中校抵達的時候，看見汀瓦爾號綁在碼頭上，船員正群起造反。多佛下達的指令是一套運用了實用心理學的絕妙方法：蒲謝爾絕不可親自接管船隻，而是要做出一切必要改變，促使它前往敦克爾克。於是大副取代了船長、二副接任大副、找到新的二副人選，其餘替代人員則搭乘巴士從倫敦趕來，讓海軍及陸軍的砲手上船支援。晚上九點十五分，汀瓦爾號啟程行動。

救援船隊上的工作人員，往往是臨時拼湊出來的大雜燴。陸軍總部工作艇馬爾堡號的船組人員，就是由四名中尉、四名司爐、兩名空軍上士，以及兩名趁著休假自願南下幫忙的財政部公務員組成。

熱愛航海的記者迪凡恩拋下在沙洲上擱淺的小安號，路上攔了便車回家，然後到拉姆斯蓋特四處挑選船隻，發現三十呎長的白翼號汽艇還有空位。

「你以為你這是要上哪兒去啊？」白翼號開船之際，一位打著官腔、看起來非常專業的海軍軍官問道。

「去敦克爾克，」迪凡恩回答。

「不，你不行，」軍官說。迪凡恩納悶自己是否觸犯了什麼規矩；對於這類事情，他畢竟還是個生手。不過軍官說明的理由跟迪凡恩個人完全無關。誰想得到，白翼號竟被選為一位海軍將軍的旗艦了。

希爾尼斯造船廠的維修官泰勒少將，目前已替發電機計畫完成一百艘小型船隻的維修、人員配置與調度了。他是一位退役將領，在倫敦有一份體面的辦公室工作，頗有理由覺得自己已經善盡本分——於是他前往拉姆斯蓋特，想法子投入跨海行動。

傳言仍有英軍滯留瑪洛海灘，因為他們通往防波堤的道路被封鎖住了。泰勒立刻說服拉姆齊讓他帶領幾艘斯固特和小型汽艇，前往瑪洛營救他們。他為自己挑選了白翼號；所以迪凡恩莫名其妙躍升為臨時海軍副官，替一位如假包換的將軍服務。

晚上九點半，坦納特上校的最大助手孟德中校拿起擴音器，穩穩站在東面防波堤靠海的尾端。當船隻逐漸抵達，他成了某種「交通警察」，指揮它們前往有需要的地方。泰勒將軍的船隊受命前往瑪洛海灘，但是那裡空無一人。將軍的船隊隨後加入以防波堤為中心的一般救援任務。正如丹尼推斷的，多佛根本不可能勾勒詳盡藍圖；孟德在指揮船隻流向時，靠得是自己的判斷。

防波堤本身有優先權。孟德在驅逐艦和海峽輪船從昏暗中赫然聳現時，分派停泊任務。潮水強勁地向西撲打，船隻特別難以靠岸。韋克沃克將軍搭乘 MA/SB 10 號快艇四處巡邏，扮演拖船的角色，推走被木樁卡住的驅逐艦。在防波堤底座，賈鐸中校和永遠沉著冷靜的帕門蒂爾准將負責管制步道上的士兵流量。依照計畫，綠霍華軍拿起刺刀形成一條警戒線，維持隊伍秩序。仍在燃燒的城市，為大夥兒帶來足夠的光線。

剛過九點，最後一批遠征軍走上了防波堤。最後一支防空分遣隊的指揮官圖利爾中校，摧毀他的七門火砲，然後指引弟兄登上獵人號（Shikari）驅逐艦。冷溪衛隊第二營排成一列走上軍刀號驅逐艦，仍然驕傲地扛著他們的勃輪機槍。只剩下寥寥可數的士兵，綠霍華軍解散了警戒線，加入登船的人群。最後登船的小隊，或許是國王薩羅普輕步兵團第一營。

最後幾支分遣隊違抗了留下傷員的命令。軍刀號只有十四張擔架床，但是有超過五十名傷員被同袍抬上船。軍刀號艦長迪恩中校沒聽到半句怨言，「而且幾乎沒聽到任何呻吟。」

在防波堤上川流不息的人潮中，有兩名軍官聯手抬著一只箱子。其中一人是一名參謀官，身上衣服又破又皺，就跟其他人一樣。另一人則神采奕奕，穿著無懈可擊的軍服。亞歷山大將軍正帶著指揮部剩餘的人員離開，沉著冷靜一如既往。依據事先安排，MA/SB 10 號已在等待，韋克沃克上將在船上迎接將軍。他們檢查一下海灘，確定所有英軍都離開了，然後朝仍然在防波堤接運士兵的毒液號驅逐艦靠近。

毒液號的馬克白中校站在艦橋上，這時，黑暗中傳來一聲吆喝，高聲問他能否應付「幾名高階軍官跟參謀」。馬克白於是叫他們從船尾右側上船。

「來了幾個將軍，說是叫做亞歷山大和帕希瓦，」麥肯利上尉幾分鐘後報告。他補充說，他把將軍和幾名助手安頓到馬克白的艙房，「但是我很抱歉，一名上校全身髒兮兮地跳上了你的床。」

毒液號在晚上十點左右出發，船上擠滿了人，差一點翻船。馬克白停下來調整船隻，然後火速啟程。十點三十分，溫切爾西號驅逐艦開始接運。部隊湧上船後，孟德注意到這群人不是英軍——只剩下法軍。對孟德而言，這意味著任務結束，他要求溫切爾西號的船長順道帶他返回多佛。

坦納特上校也覺得大功告成。十點五十分，他把最後一批岸勤小隊送上MTB102號快艇，然後自己也跳上船，返回英國。離開之前，他對拉姆齊發送最後的無線電信號：「行動完畢，準備返回多佛。」某位天才譯寫員把訊息濃縮成：「遠征軍撤離完畢，」坦納特的訊息從此被譽為簡潔而戲劇性的經典之作。

現在，魏克中尉是防波堤上僅剩的英國海軍軍官了。由於坦納特、孟德和其他幾位老手都已離開，而克勞斯頓在途中殉職；於是魏克順理成章當上防波堤指揮官。這並非一項令人羨慕的工作，人手不足再加上他只是個中尉，遇到危機時沒辦法以位階服眾。

不過此刻已無所謂了。防波堤上空空蕩蕩。英軍都走了，也沒看到法軍。「有許多船隻，不過找不到部隊，」韋克沃克凌晨一點十五分向多佛發送信號。再過兩小時就是六月三日的白天了，所有接運行動都必須停下來。時間飛逝，但是超過半打船隻無所事事地停在空無一人的步道旁。

「聽著，中尉，我要七百人，去把人找來。」金鷹號艦長戴維斯上尉指示克羅斯比中尉；當時他們一起站在防波堤上，納悶人都跑哪兒去了。克羅斯比往岸邊走去，每當砲彈聲接近，便停下來閃躲。最後，他在防波堤底座遇到一群法國大兵。現場沒有指揮登船的軍官，於是他用小時候在學校學的法語召集部隊。「過來這裡，所有人！」（*Venez ici, tout le monde!*）他喊著，同時打手勢讓大夥兒跟他走。

一行人在回去的路上經過另一艘停泊船隻，船上人員想方設法引誘這群人上他們的船，彷彿園遊會上的叫賣攤位。規則是「先載先走」，沒有人想在敦克爾克多加逗留。克羅斯比確保他的人不脫隊——就讓另一艘船的船員自己去想辦法找法國大兵吧。

他們試了。汀瓦爾號的代理艦長尼克森上校往岸邊走去，高喊著他的船可以載好幾千人。奧爾伯里號（Albury）也派出使者，拿大型掃雷艦的優勢當賣點，最後兜來了兩百人左右。

不過其他船隻找不到人。汽車渡輪在猛烈砲火下等了將近一個鐘頭，然後奉命回航，碩大的船艙仍然空空蕩蕩。快遞號、科德林頓號（Codrington）和麥爾坎號驅逐艦的狀況也一樣。韋克沃克讓這些船留在岸邊，直到實在無法繼續耽擱為止；但是由於天將破曉，而法軍不見人影，它們最後也空船而歸。

法軍究竟在什麼地方？某種程度而言，這是船隻與部隊出現在不同地點的老故事。韋克沃克搭乘MA/SB 10巡視各地時，看見菲利福爾碼頭（Quai Félix Faure）以及西面的其他碼頭有許多法國大兵，但是很少船隻。他試著指揮幾艘大型運兵船前來，但拉姆齊的船隊對港口的這個角落非常陌生。魯昂號蒸汽船嚴重擱淺以後，將軍不敢繼續冒險。

還有許多小船，韋克沃克決定調度它們馳援。約克夏少女號漁船進入港口，鑽進船隻所能抵達的內港深處。艦長霍吉科中尉前一天晚上損壞了他的船隻，但是並未因此變得更加謹慎。約克夏少女號停靠在擠滿法軍的碼頭邊時，到處都是濃煙與火焰：建築物爆炸、曳光彈劃過天際。霍吉科召喚部隊，大約一百人跳上船，接著是三個不知怎麼落了隊的英國大兵，然後當約克夏少女號正要開船時，一名皇家海軍少校（顯然是岸勤大隊的一員）也上了船。

在稍遠的地方，特魯普中校把陸軍總部的海格號快艇停到另一個碼頭邊。特魯普是泰勒將軍在希爾尼斯的維修官之一，但是在這個重大的夜晚，他也想辦法上了船。他接起四十名法國大兵、送到在外港等候的運兵船，然後回來接走另外三十九人。

此時有各式各樣的船隻在港口進進出出，設法接運各個碼頭和埠口上的部隊。衝撞和擦撞在所難免。海格號要出港時，一艘法國拖吊船狠狠撞上了它。破洞在水線以上，所以特魯普繼續行動。走出兩百碼外，海格號再度被另一艘拖吊船撞上。當特魯普把部隊轉運到韋斯特沃德霍號掃雷艦時，掃雷艦為了躲避另一艘船的衝撞而突然倒退，反而撞翻了海格號。特魯普如今只好爬上韋斯特沃德霍號，留下海格號成為敦克爾克港的另一艘廢船。

這裡四十人、那裡一百人，碼頭上的士兵被接光了，但是絕大多數法軍根本還沒抵達敦克爾克。他們還在周邊防線上抵抗區希勒爾將軍的「系統化攻擊」。在東邊，第十二師奮戰了一整天，把德軍阻擋在布雷沙丘之外；顏森將軍在傍晚左右遭炸彈炸死，但是弟兄們繼續作戰。在東南邊，淹水的田野讓德軍止步於吉費爾德（Ghyvelde）。在中路，梅儂上校的第一三七步兵團死守著泰泰蓋姆（Teteghem）。在西南邊的斯皮凱，兩名膽氣十足的海軍上尉操作三門一五五毫米火砲，連續幾小時封鎖道路。在最西邊，第六十八師持續壓制胡比齊將軍（von Hubicki）的裝甲部隊。一名法軍觀測員坐在馬爾蒂克的教堂塔樓上，德軍的任何風吹草動都逃不過他的法眼。

德軍一〇二砲兵團第二連的無線電操作員維茲柏中士氣炸了。連上答應中午吃維也納炸牛排（Wiener schnitzel）的，但是他們如今陷在這裡，被教堂塔樓上一個眼尖的傢伙逼得動彈不得。

身為優秀維也納人的維茲柏不打算輕易放棄。在葛爾通中尉允許下，他往後狂奔，跳過一條條壕溝，回到連上的廚房，然後雙手捧著一鍋小牛肉，一瓶紅酒插在褲袋裡，夾克兩邊口袋各塞了半條白麵包，急急忙忙地趕回來。砲彈和機關槍子彈一路打在他的腳跟後頭，但是他安全返回，跟連上弟兄分享佳餚。葛爾通中尉的唯一評語是，「算你好運。」

區希勒爾的部隊在東西兩面受到壓制。大軍前進的關鍵地點，顯然坐落在法軍防線中央的中世紀古城貝爾格。一旦拿下貝爾格，就有兩條良好道路直通北邊的敦克爾克，路程只有五英里。

但是要如何拿下？這座小鎮被厚重的城牆和護城河環繞，設計者是偉大的軍事工程師沃邦。以誕生於十七世紀的防禦工事來說，它在二十世紀仍發揮令人嘆為觀止的功用。一千名守軍挖好壕溝嚴陣以待，並由強大的火砲以及敦克爾克的海軍砲彈作為奧援。英國皇家空軍也從空中予以協助。

區希勒爾連續兩天企圖攻占這塊地方，然而戰局依舊膠著。六月二日下午，他決定從第十八工兵團調派一支受過特訓的突擊部隊，配合斯圖卡展開聯合攻擊。

下午三點，斯圖卡出動，火力集中在似乎比其他地方薄弱的城牆；附近的工兵蹲伏在火焰噴射器和攻擊梯底下。三點十五分，轟炸機減緩攻勢，工兵在指揮官福格特中尉帶領之下大舉湧上城牆。守軍受到斯圖卡震攝，幾乎立刻棄械投降。

德軍攻克貝爾格之後，繼續往北朝敦克爾克步步進逼，傍晚奪下了瓦利耶堡（Fort Vallières），離港口只有三英里了。然而此時，法國的法加爾德將軍召集剩餘的士兵展開反擊。這次行動付出了慘痛代價，但是成功阻擋德軍前進。接近午夜時分，疲憊不堪的法國大兵開始撤出戰場、前往港口，但願救援船隊還在等候他們。

區希勒爾並未繼續進逼。為了實行他的「系統化攻擊」，他絕不冒多餘的危險，而且德軍本來就不習慣夜間作戰。除此之外，空氣中瀰漫著戰爭已經結束的氛圍。在德軍占領的貝爾格城外，第十八師的一支小隊坐在一棟民宅花園裡，「唱著古老的民謠、軍歌，以及有關愛情與家鄉的歌曲。」哈爾德將軍花了許多時間頒發鐵十字勳章（Iron Cross），授予立下戰功的參謀官。

所有目光全都轉向南方。對德國空軍而言，敦克爾克如今是一篇已完結的故事。隔天早上（六月三日），他們將對巴黎展開第一波大規模轟炸。維克斯中尉是英國皇家空軍颶風式戰鬥機飛行員，他被擊落後偽裝成比利時農夫設法朝海岸走去，途中發現幾條長長的德軍縱隊——全都往南朝索姆前進。

第一批從反擊行動退下的法國守軍，大約在三日凌晨兩點半走上防波堤。此時，大多數船隻都已返回多佛，不過有幾艘船還留在那裡。魏克中尉努力維持秩序。他或許沒有顯赫的軍銜，但他有一項不尋常的裝備——一支狩獵用的號角。

這沒什麼用。法國人似乎有上千種方法來拖慢登船速度。他們想要帶走全部的裝備、私人物品，甚至他們的愛犬。許多人脖子上掛著輪胎內胎——想湊合著當救生圈使用——而這笨重的添加物甚至更拖累進度。他們無不試著擠上他們碰到的第一艘船，而不是分散開來善加利用整條防波堤。他們堅持維持部隊完整，似乎從沒想過到了英國可以重新整編，而當下最重要的事情莫過於在天亮前離開。

魏克和他的幾名水兵盡力了，但是他小時候學的法語在關鍵時刻發揮不了作用。他真正需要的，是像克勞斯頓的助手索羅門中尉那樣的人，既說得一口流利法語，又懂得如何跟法國軍官打交道。可惜沒有這樣的人，不論高喊「趕快走」（Allez vite）或猛吹狩獵號角都沒有用。當某個「該死的法國佬」

（魏克的原話）踩碎號角、讓它永遠退出任務時，簡直傳達出了某種象徵意義。

隨著東方逐漸發白，仍然乘著MA/SB 10四處巡邏的韋克沃克將軍下令剩餘船隻立刻離開。婆婆納號掃雷艦解開纜繩；它在防波堤邊停靠了一個小時，卻只接了三百名法國士兵。魏克中尉搭上一艘小型的法國漁船，被接駁到港外的一艘大型海峽輪船。希爾達號斯固特繼續逗留，到瑪洛海灘進行最後巡視——但是沒有人在那裡。

三點十分，當最後一批船隻撤離，三艘新來的船隻悄悄溜進港口。它們是堵塞船，預備在丹杰菲爾德上校的號令之下，在海港入口處被擊沉。當然，用意是要阻止德軍日後使用這座港口。但在這令人挫折的一夜，似乎什麼事情都不對勁。在鑿沉行動中，海流捲動了其中一艘堵塞船，把它推向海峽的平行方向，以至於最後留下許多進出空間。

「這真是最沮喪的一晚，」韋克沃克將軍一早回到多佛後這麼說。他原本希望接回三萬七千人以上，結果只撤離了兩萬四千人。至少還有兩萬五千名法軍（也有人說是四萬名）被拋在後頭。韋克沃克覺得法國自己難辭其咎，誰叫他們不派出自己的岸勤小隊。不過，防波堤是歸英國人管的，在五月三十一日，坦納特上校受艾博利亞將軍所託，負責指揮英軍與法軍的登船行動。如今期望法軍在當下接管局面，實在說不過去。

對坐鎮巴黎的魏剛將軍來說，事態的發展無非老調重彈。「背信棄義的英國佬」再度一走了之，留下法國人自求多福。即便在今晚的災難之前，他就發電報給倫敦的法軍代表，強烈要求撤退行動延長一個晚上，以便讓負責阻擋德軍的兩萬五千名法軍登船。「特別強調兩軍之間的團結，有賴於不得犧牲法軍後衛部隊。」

邱吉爾無需被說服。他發電給魏剛和雷諾：

我們今晚會為了你們的人回去。請確保部隊正確使用一切措施。昨天夜裡三個鐘頭，許多船隻冒著極大的風險等待，卻無功而返。

在多佛，六月三日早上十點零九分，拉姆齊將軍向手下表示任務還沒完成：

我原本希望、也相信行動會在昨夜結束。然而掩護英國後衛部隊撤退的法軍必須阻擋德軍的強力攻勢，因此無法及時抵達碼頭登船。我們不能對盟友見死不救。因此，我號召全體將士挺身參加今晚的另一趟撤退行動，向全世界證明我們不會棄盟友於不顧。

麥爾坎號驅逐艦的早晨在歡欣鼓舞中展開。它剛剛從敦克爾克回來，完成了七趟任務仍舊安然無恙。最後一批遠征軍已經撤離了，所有人莫不假設行動已經結束。在軍官室裡，早餐會的氣氛歡樂。梅里斯上尉倒在床鋪上，打算好好補眠。他累得連衣服都懶得脫下。幾小時後，他被上層甲板的腳步聲吵醒，得知船員正在集合聽取剛從拉姆齊指揮部回來的哈爾希上校的重要宣布。哈爾希開門見山地說，「最後一批遠征軍得以撤離，是因為法軍昨晚接手防禦周邊的防線。現在法國要求我們去接他們，我們別無選擇，不是嗎？」

的確如此，但這項消息猶如晴天霹靂。對梅里斯而言，這是整起行動最痛苦的一刻。先讓你享受休息與放鬆的美妙滋味，再猝不及防地奪走——他簡直無法承受。船上原本計畫當天晚上在軍官室開慶祝會，弟兄們說好想辦法穿得喜氣一點；當麥爾坎號在六月三日晚上九點零八分展開第八趟敦克爾克之行，船上的軍官都還打著領結、穿著他們的緊身夾克。

8 Iron Duke，第一任威靈頓公爵的綽號。

14 THE MIRACLE OF DUNKIRK

最後一夜

「假如你沒看過德國人，現在機會來了。」在敦克爾克低階公務員艾德蒙・貝洪的耳中，這句宣告聽起來冷靜超然得奇怪。貝洪帶著家人逃離陷入火海的城市，往南走了幾英里，在大卡佩勒（Cappelle-la-Grande）的瓦希爾農場找到庇護。隨著戰火逐漸蔓延，瓦希爾一家和他們的客人躲進馬廄，希望多一層保護。現在是六月三日下午三點，瓦希爾透過馬廄門縫往外窺探，不時發布實況報導。

貝洪也來窺探。穿著綠色制服的士兵覆蓋著南方的原野：奔跑、伏下、起身、屈膝，不斷挺進。但是他們沒有衝進瓦希爾農場。部隊抵達農場邊緣後猛然左轉，避開一條淹水的壕溝，繼續朝北邊的敦克爾克前進。

漢森中將（Christian Hansen）的X軍團由南邊包抄，下午三點半，第六十一師經過瓦希爾農場，直接占領卡佩勒城。到了晚上，來自東南方的第十八師奪下港口以南一英里處的一座古老地標路易斯堡（Fort Louis）。另外，斯圖卡也幫忙削弱了東邊兩英里處的另一座小堡壘。

更東邊的法軍也逐漸瓦解。梅儂上校的第一三七步兵團終於在泰泰蓋姆敗下陣來。到了此時，第一營只剩下五十名弟兄了。一名機關槍手同時操作兩把槍，甚至從地上撿起廢棄的彈藥充填。被阻攔了幾乎整整兩天之後，疲憊的勝利者如今加入其他德軍部隊，往港口匯聚。

法加爾德將軍投入一切剩餘力量：三十二師僅剩的弟兄、佛蘭德斯強化部隊的海岸防衛隊、二十一師訓練中心的留置人員，以及他自己的流動工作隊。無論如何，他成功阻擋了德軍，不過敵軍的機關槍子彈如今已啪啪地打在羅桑達埃勒郊區的樹上。

對皇家工兵團的奈特上士來說，命運似乎即將走到終點；不知怎麼的，他錯過了跟最後一批遠征軍一起撤離的機會。現在，他跟同隊另外四名弟兄躲在羅桑達埃勒的一座地窖。他們有卡車、武器和許多食物，但是德軍砲火猛烈，奈特覺得就算撤退計畫還沒結束，他們也永遠到不了港口。

正當這一小群人準備認命投降時，同樣躲在地窖的兩個比利時平民開始討論要偷偷越過防線，溜回他們在斯皮凱附近村莊的農場。奈特聽著他們說話，腦子裡突然蹦出一個想法：通往港口的道路也許被阻斷了，但是何不換個方向走？何不溜出德國陸軍的包圍圈、到索姆跟盟軍會合呢？

雙方很快達成協議。如果比利時人能帶他們走羊腸小徑、順利溜出敵軍陣線而不被發現，奈特就載他們一程。奈特相信德軍只會走大馬路。一旦穿越封鎖線，要到索姆就不會太難。

他們在六月三日黃昏出發，在往西南方向出城的小路上顛簸前行。他們連夜趕路，靠比利時人以及從路過的修車廠取得的地圖指引方向。

四日黎明他們抵達斯皮凱附近。他們讓兩名比利時人在此下車，得到最後的指點後，繼續往西南方向行駛。他們還是走鄉間小路，而當小路似乎也危機四伏時，就暫且躲進田野裡避避風頭。接近傍晚，他們突然交上好運。路上出現一支德國車隊，陣中車輛全是德軍繳獲的戰利品。他們跟在後頭，成了車隊尾端的最後一輛。

他們就這樣開了二十到二十五英里，途中只出現一次驚險狀況。一名騎摩托車的德軍負責護送車隊，他一度逆行，確保沒有丟失任何一輛卡車。奈特覺得多一輛車也同樣令人起疑，於是減速慢行，遠遠落在後頭，讓自己看起來不屬於車隊。等到摩托車回到正常的領隊位置，奈特再度跟上。

六月五日的周三，卡車終於抵達索姆省的阿伊（Ailly）。英國大兵又碰上一次好運：一條小橋依舊完整無缺。儘管這不是公路橋樑，只是牲口的過道，但這就足夠了。奈特用力踩下油門，高速衝進盟軍陣地。

在敦克爾克，沒有其他人如此勇於冒險犯難。所有人都相信六月三日會是最後一夜，三十二號稜堡的氣氛陰鬱而沉重。已經沒有飲用水，醫療隊的繃帶也用光了，而且通訊時常故障。「敵軍抵達市郊，」艾博利亞在下午三點二十五分發出最後一段訊息，「除了M碼之外，我預備燒掉所有密碼本。」

下午四點，拉姆齊將軍的救援船隊再度出動。和往常一樣，大型船艦——驅逐艦、海峽輪船、最大型的明輪蒸汽船——集中在東面防波堤。但是這一次將大幅強化海軍岸勤小隊。布坎南中校負責指揮，他的手下有四名軍官、五十名水兵，以及好幾位信號員，外加四名法軍軍官協助溝通。幸運的話，拉姆齊希望在晚上十點半到凌晨兩點半之間，從防波堤撤走一萬四千名部隊。

掃雷艦、斯固特和小型明輪蒸汽船則集中在防波堤對面的西岸碼頭：大批法國士兵前一天晚上就是在這裡空等了一夜。這支小型船隊可以接走五千人。還有二十幾艘工作艇、汽艇，以及其他各式小艇將再度深入港口，抵達大船到不了的地方，把找到的士兵接駁到停在港口外的蝗蟲號（Locust）砲艇上。

陣容日益龐大的法國漁船船隊將負責菲利福爾碼頭，以及一直到最西端的整段外海防波堤，並且最後巡視瑪洛海灘。這些法國船隻很晚才加入行動，但是現在似乎無所不在。

所有人都相信今晚必定是最後一夜；拉姆齊為了確保沒有意外轉折，向海軍總部發了一封措辭強烈的電報：

在這場史無前例的海軍作戰任務中，歷經兩周的強大壓力與九天的行動之後，全體指揮官、軍官以及船東都在崩潰邊緣……因此，假使任務必須延長到今夜以後，我在此鄭重強調，行動必須由全新的人力執行，而因換手而導致的延誤必須予以理解。

所言屬實，但是很難從再度浩浩蕩蕩穿越海峽的船隊看出端倪。惠特樹號驅逐艦出發了，船上的口琴樂隊在前甲板上吹奏樂曲。美人魚號艙式遊艇的船組人員，包括了一名中尉、一名司爐、一位休假中的空軍砲手，以及一位滿頭白髮的老先生；後者平常在樸茨茅斯港幫忙照料納爾遜將軍（Horation Nelson）的總司令旗艦勝利號（Victory）。馬爾堡號汽艇少了兩名志願工作者（他們只有周末有空）但是來了兩位同樣俐落的替補人手：一名退役上校，以及一位據說開槍百發百中、目前負傷的陸軍軍官。

麥爾坎號驅逐艦看來尤其光鮮亮麗；為了那場從沒開成的慶祝晚會，船上軍官還穿著他們的緊身夾克。拖著十四艘小艇的太陽四號拖吊船，仍由拖船公司老闆亞歷山大負責指揮。再度載著韋克沃克將軍的 MTB102 號魚雷艇，則插上由紅條紋桌巾做成的少將旗幟。

韋克沃克在晚上十點抵達東面防波堤，發現今晚有許多法軍在那裡等待，總算放下了心上的大石。

不過，風向和海潮又來作對，他無法停靠防波堤邊。十點二十分，惠特榭號載著布坎南中校的岸勤小隊出現時，同樣運氣不佳。其他船隻也無法靠岸，海上交通在港口入口處嚴重堵塞。

將近一小時過去後，韋克沃克成功在岸邊綁上繩索，讓岸勤小隊開始行動。十一點半，登船作業終於順利展開，不過已整整浪費一個小時。原本計畫四小時內完成的工作，必須壓縮成三個小時。

幸好德國空軍已把注意力轉向巴黎。今晚砲火微弱。許多火砲也已轉移到南方；區希勒爾的先遣部隊太接近岸邊，他的砲彈部隊擔心擊中自家的步兵。防波堤上的英軍岸勤小隊可以聽見城裡的機關槍砲火聲。「快點，快點，」當法國大兵笨手笨腳的登上麥爾坎號時，一名水兵吼叫著，「快點，該死的，動作快點！」

泰勒將軍的小型船隻艦隊鑽進港口深處，抵達菲利福爾碼頭。將軍本人搭乘陸軍總部的馬爾堡號快艇率先到達，以便安排士兵的登船行動。他以為有好幾千名法軍在那裡等待，但是到了之後卻發現碼頭空無一人。最後出現三百到四百名法國水兵，他們表示碼頭一帶已經沒有其他人了。

不過，由於泰勒率領的是小型船隻，這些水兵就已足夠。絕大多數小船只能容納四十人以下。美人魚號人滿為患，舵手被擠得看不清東南西北，必須有人拉開嗓門，壓過鼎沸的法語交談聲來為他指引方向。

泰勒指揮最後一批水兵登船時，不到半英里外開始傳來德軍機關槍的答答聲。沒時間耽擱了。他把最後一批人員塞進馬爾堡號，在四日凌晨兩點左右開船。為了閃躲在港口內疾駛的眾多小船之一，馬爾堡號擦過一塊倒下的大石，兩組推進器和船舵全都撞壞了，最後被一艘由多明尼加修道士駕駛的古勒札爾號大型遊艇拖回英國。

意外事故層出不窮。沒有人熟悉這座港口，而唯一的光源是此刻吞噬著濱海建築的火焰。樸茨茅斯海軍司令的駁船撞上一堆碎石瓦礫，被船員棄置；翠鳥號拖網船遭到一艘法國漁船衝撞；凱利特號掃雷艦在西面防波堤擱淺，後來被拖吊船拖走，不過它受損嚴重，無法繼續使用。韋克沃克決定讓它空船回家——在這人仰馬翻的夜晚，它是唯一沒有派上用場的兩條船之一。

將軍本人搭乘 MTB102 在港口四處穿梭，忙著調度船隊。菲利福爾碼頭清空了、東面防波堤也在掌控之下，但是防波堤以西的短碼頭出現狀況：法軍的三十二步兵師似乎全擠在這裡。凌晨一點四十五分，韋克沃克指引一艘大型運輸艦、以及隨後的君主號郵輪，過來幫忙接運人群。

在短碼頭上，特魯普中校搭乘陸軍總部的燕子號小艇上岸，看著眼前的混亂，立刻任命自己為碼頭指揮官。他最大的麻煩是個老問題：法軍拒絕與自己的小隊分開。在一名法軍參謀官薩多米上尉的幫忙下，特魯普強烈要求法國大兵暫時忘記自己的編隊；兩個小時後，所有人會在英國碰面，所以現在隨便上哪艘船都好。他們似乎聽懂了：大型的汀瓦爾號靠岸，半小時內接走四千名大兵。

六月四日凌晨兩點，兩艘小型的法國魚雷艇 VTB21 及 VTB26 轟隆隆出港。艾博利亞上將及法加爾德將軍正帶著參謀人員離開。在他們身後，三十二號稜堡的巨大鐵門敞開，無人看守。裡頭只剩下一堆被砸爛的密碼機和燒光的蠟燭。

兩點二十五分，停在港口外的蝗蟲號砲艇從泰勒將軍的小船接過最後一批部隊。艦長考斯托巴迪少校已完成任務，想必很想立刻衝回多佛。但是船上還有空間，於是他轉往東面防波堤，又接了另外一百名士兵。蝗蟲號客滿了，他終於滿意地返回英國。

兩點三十分，最後一批法國船隻——由波堤少尉指揮的拖網船隊——從港口最深處冒了出來，船隊塞滿剛從戰場退下來的部隊，朝多佛出發。

兩點四十分，「在風笛聲的鼓舞下，」麥爾坎號驅逐艦鬆開了繫在東面防波堤的纜繩。二十分鐘後，最後一艘驅逐艦快遞號滿載離開，乘客包括布坎南中校的岸勤人員。

三點，防波堤西側的短碼頭仍然擠滿了法國大兵；特魯普中校忙了一整夜，但是碼頭上還是不斷湧入新來的士兵。現在，最後一艘大型運輸艦已經走了，特魯普在等一艘事先安排好的汽艇。這艘汽艇預計三點來接他以及法軍三十二師的盧卡斯將軍（Lucas）和參謀。時間一分一秒過去，完全不見汽艇的蹤跡——這並不讓人意外，在這樣一個夜裡，有上千種事情可能出錯。

三點零五分，特魯普開始擔心了，這時，陸軍總部的工作艇鴿子號恰好路過。奇蹟似地，這是一艘空船，正在港口進行最後巡視。特魯普大聲吆喝，船上的加貝特穆哈倫中尉把船隻靠過來。

當盧卡斯將軍準備離開時，上千名法國士兵排成四列立正站好。他們顯然會被拋下，再無逃脫的機會；但是沒有一個人打亂隊形。他們肅穆地站著，一動不動，鋼盔上映照著閃爍的火光。

盧卡斯和他的參謀走到碼頭邊、向後轉、喀的一聲併攏雙腳，向士兵們最後致敬。然後軍官再度轉身，順著長長的繩梯往下爬，登上等候的船隻。特魯普隨後上船，三點二十分，加貝特穆哈倫中尉發動引擎，迅速駛離港口。

最後一批船隻離開敦克爾克時，一支奇怪的隊伍正準備悄悄溜進港口。獵人號驅逐艦帶頭，後面是三艘古董貨輪，而 MTB107 和 MA/SB10 快艇在兩側照應。丹杰菲爾德上校再度試圖在入口處鑿沉船隻，藉此堵塞港口的出入。這支小型船隊朝指定地點前進時，最後一批救援船隻疾駛而出，激起了強烈渦流，把它們顛得左搖右晃。MTB107 的艦長卡麥隆上尉不禁思索命運的捉弄，讓他——「一名生活穩定的四十歲律師」——在這場曠世大戲中湊上一腳。

突然一聲爆炸。敵機顯然在海峽埋了水雷——這是德國空軍的臨別贈禮。第一枚沒有造成任何損傷，但是第二枚在領頭的古爾科號堵塞船的船底引爆，幾乎立刻將它擊沉。兩艘快艇撈出落海的生還者，其餘的堵塞船繼續前進。不過現在只剩下兩艘船了，任務勢必更難達成。

堵塞船緩緩深入港口時，獵人號最後一次造訪東面防波堤。快遞號離開時，防波堤差不多被清空了，但是如今又開始出現人潮。四百多名法軍跌跌撞撞上船，包括敦克爾克駐防區司令巴泰勒米將軍（Barthélémy）。三點二十分，獵人號終於啟程，它是最後離開敦克爾克的英國戰艦。

但它不是最後離開的英國船隻。當丹杰菲爾德上校的兩艘堵塞船抵達指定地點，還有幾艘汽艇鑽出港口。堵塞船打滿舵，企圖與海峽呈直角排列，但是潮水和洋流同樣太強烈了。和前一晚一樣，這次行動大致上失敗了。在附近逗留的 MA/SB10 接走了船組人員。

如今天將破曉，卡麥隆上尉決定開著 MTB107 繞行港口，看看最後一眼。九天以來，港口遭到炸彈轟炸，槍砲聲震耳欲聾，巨石崩裂，整個亂成一團；現在突然間成了鬼域：沉船的殘骸、被丟棄的槍砲、空蕩蕩的廢墟，以及在碼頭和東岸防波堤上無望地靜靜等待的大批法國士兵。沒有什麼是一艘形單影隻的小汽艇可以幫忙的；卡麥隆哀傷地掉頭回家。「整個場面，」他後來追憶，「瀰漫著一股終結與死亡的氣氛，一場大悲劇正在落幕。」

不過，還有一群英國人留在敦克爾克，其中一些人還活得好好的。因傷患而被拋下的藍里中尉，現在躺在城郊的十二號傷員處理站。這座處理站（其實是個野戰醫院）設置在羅桑達埃勒郊區的一棟維多利亞式大宅院裡。宅院最上方有一座長相奇怪的紅色尖頂砲塔，所以這個地方又被暱稱為「小紅帽」（Chapeau Rouge）。

傷員早就占滿屋裡所有的房間，氾濫到了走廊、甚至雄偉的樓梯上，現在連花園也搭起了帳棚收容傷患。一間法國野戰醫院也設置在庭院裡，擠進更多傷員。總人數每天都有變化，不過在六月三日當天，小紅帽裡總共有大約兩百六十五名英國傷兵。

有幾名醫官和醫務兵負責照顧他們。這群醫護人員之所以留在這裡，是一次古怪而決定性的抽籤造成的結果。即便在上級做出留下傷員的決定之前，有些人顯然就走不了了。他們傷得太重，無法移動。為了照顧他們，上級下令每一百名傷員，就得有一名醫官和十名醫務兵得留下來。由於總共有兩百到三百名傷員，這意味著要留下三位醫官和三十名醫務兵。

怎麼選擇？處理站指揮官潘克上校認為最公平的方法就是抽籤。六月一日下午兩點，全體人員集合參加這場勢必緊張萬分的活動。分別舉行兩場抽籤——一場給十七位醫官，另一場給一百二十名醫務兵。

所有名字放進一頂帽子裡，湊巧的是，他們在地窖找到一頂英國圓頂高帽，正好用來抽籤。規則是「先抽到先走」，最後被抽出名字的人留下來。英國教會牧師替士兵抽籤；天主教神父奧榭替軍官抽籤。

首席外科醫官紐曼少校不發一語，痛苦地聆聽名字一個個被叫出。十個、十二個、十三個，他的名字還在帽子裡。事實證明他害怕得有理：他是十七人當中的第十七個。

當天下午稍晚，帳棚裡舉行了告別儀式。奧榭神父最後執起紐曼的手，把自己的十字架送給他。「這會保佑你回家，」神父說。

有一個留守人員沒參加抽籤；二等兵蓋茲純粹是自願留下來的。蓋茲平時是一名拍賣員兼估價師，在大撤退之前，則在一支汽車保養分隊擔任機關槍手。跟小隊分散之後，他找到一輛被棄置的救護車，於是成了第十二傷員處理站的一份子。其他人或許更懂得行醫用藥，但在這樣的時刻，他自有一套能派上用場的技能。他是個天生的拾荒者，什麼都會修，甚至在小紅帽的水快用完時，在附近找到一口新的水井。紐曼少校把他視為單位的這個「榮譽隊員」，而蓋茲投桃報李——他當然不打算離開。

絕大多數人員在六月一日晚間撤出。二日整天則徒勞無益地在各個碼頭間東奔西跑，因為謠傳有一艘醫護船來了。那天晚上，一名摩托車通信員轟隆隆地捎來訊息：能走的傷員只要被帶到東面防波堤，就可以被撤離。許多正常定義下的重傷員抓住這個最後逃命機會，從病榻起身，一瘸一拐地走著，甚至爬也要爬到等候的卡車上。還有人拿煤鎬和耙子當拐杖。

六月三日是等待的一天。法軍正逐步撤退，紐曼的主要責任是防止他們占據這間房子、將之當成最後一搏的據點。草地上鋪著用布條做成的大型紅十字，德國空軍截至目前為止表示尊重，紐曼希望繼續保持下去。法軍指揮官似乎理解。他沒有占用房子，但持續在周圍土地挖掘戰壕。幾顆零星的砲彈開始落進花園裡。

入夜之後，法軍開始拔營，繼續往敦克爾克撤退。在小紅帽，所有人都知道下一批訪客將是德軍。至於確切時間，每個人看法各異，但是德軍的白色「勝利火箭」已經越來越近。

傷員靜靜躺在病榻和擔架之際，工作人員聚在地下室準備最後一頓晚餐。他們想辦法大飽口福，配上從小紅帽酒窖找到的美酒。有人彈奏著手風琴，但是沒人有心情唱歌。

紐曼少校上樓找一位名叫赫爾穆特的德國飛行員；他幾天前被擊落，因傷而被送到這裡。兩人都知道俘虜人與被俘虜人的角色即將對調，但彼此心照不宣。紐曼想要好好惡補一下德文，以便在敵軍到達時使用。赫爾穆特耐著性子教他說「*Rotes Kreuz*」和「*Nichts Schiessen*」之類的詞彙——意思是「紅十字會」、「別開槍」。

到了六月三日至四日間的午夜，最後一批法國守軍已經往碼頭撤退了。在小紅帽，所有人除了繼續等待之外無事可做。紐曼派兩名醫務兵到柵門門口站崗，權充接待。一名軍官守在大門外的門廊上。他們奉命一看見德軍就立刻通知紐曼。紐曼準備一套投降用的乾淨制服，然後窩在廚房的石頭地板上睡幾個小時。

藍里中尉躺在門前台階的擔架上。天氣又熱又悶，而且蒼蠅鬧得厲害——所以他請人把他抬到屋外。他也在等待，同時開始思索接下來的命運。他是冷溪衛隊的軍官，而在上一場戰爭中，冷溪衛隊是出了名的不留敵人活口。這個名聲是否流傳了下來？若是如此，德軍很可能用同樣的手段對付他，以茲報復。他最後要求兩名醫務兵把他的擔架抬到柵門附近。如果他難逃一死，倒不如早點了結來得痛快。

15 THE MIRACLE OF DUNKIRK 解救

「德國人來了！」一個聲音嚷嚷著。不知哪個人在六月四日清晨六點搖醒了紐曼少校。紐曼累壞了，即便躺在小紅帽廚房的石頭地板，依然睡得非常深沉。他慢慢打起精神，開始穿上之前為了投降而準備的乾淨制服。

在柵門旁，藍里中尉躺在擔架上凝望一小群德國步兵走進庭院。他們或許即將殺了他，不過他們看來就跟英軍一樣疲憊。當他們沿著車道朝他走過來，藍里覺得求生的最佳機會，就是把「受傷戰俘」的角色演到淋漓盡致。他指著帳棚上的紅十字旗幟，氣喘吁吁地跟他們要水和香菸。帶頭的德軍把兩樣東西都給他了。然後藍里略為遲疑地問道，他們對他有什麼要求。

「果醬，」這是他們的答覆。藍里第一次感覺到希望。馬上要動手殺他的人，不會滿腦子想著果醬。

部隊開始湧入庭院了：有些人蓬頭垢面，但絕大多數梳洗乾淨、面容清爽，就像超人該有的模樣。他們在院子裡散開，檢查每一個帳棚和擔架，確保沒有武裝的盟軍士兵仍然蟄伏在某個地方。「你的戰爭結束了，」一名騎兵簡短地對擔架上的衛隊隊員諾爾斯說。

德軍很高興看到小紅帽符合日內瓦公約，因此放鬆戒備，很快跟他們的俘虜打成一片，彼此分享口糧和家庭照片。紐曼少校站在門廊上望著這一幕，身上還穿著光彩奪目的乾淨制服，但是沒有軍官前來接受他的投降。

兩小時後，這群德軍繼續前進，取而代之的是遠不如他們友善的行政人員。存在於前線敵軍之間的奇怪默契，很少發生在後勤人員身上。

「海在哪邊？」（*Wo ist das Meer?*）一名即將出發的步兵詢問仍然躺在擔架上的藍里。藍里毫無頭緒，但是自信地指著他認為的方向。這可不能算「助敵」吧——反正他們遲早會找到的。

法軍的砲火此時已完全平息。德軍進城的時候，大街小巷冒出了一根根白旗。第十八步兵師的赫羅巴克少校感覺城中沒有任何抵抗，因此讓所有士兵坐上卡車，搖搖晃晃地穿過堆滿瓦礫的街道，直抵海岸。「我們的心飛了起來，」平日師部的〈每日情報摘要〉一板一眼，今天卻雀躍地說，「海就在眼前——是大海！」

上午八點，一支德國陸戰隊占領了三十二號稜堡。當然，除了被將軍拋下的幾名總部人員之外，裡頭沒有其他人了。

二十分鐘後，一名德軍上校走進城中心的市政廳紅磚大樓，在這裡與第六十八步兵師指揮官波佛利耶將軍，以及留在城中的其他法軍高階將領會面。波佛利耶已脫掉鋼盔，拿著一片預備在投降典禮上使用的金葉子。大約上午九點到十點之間，他跟德軍第十八師師長克蘭茲中將（Friedrich-Carl Cranz）見面，正式遞交這座城市。

九點半，德軍部隊抵達防波堤底部，在這裡遇到了問題。防波堤上擠著密密麻麻的法軍，根本不可能迅速完成集合。甚至到了十點，一名法國醫官杜茲中尉從防波堤靠海的尾端跳上救生艇逃脫，船上還有另外三十個人

很難指出敦克爾克正式淪陷的確切時間。B集團軍的戰爭日誌寫的是上午九點、X軍團說九點四十、陸軍第十八師則說十點十五分，最適切的答案（至少在象徵意義上），也許是納粹旗幟插上東面防波堤的那一刻——上午十點二十分。

現在是收拾殘局的時候了。正當波佛利耶跟克蘭茲討價還價之際，他的六十八師有一小群人試圖逃往西邊，但很快被擒。阿洛朗將軍（Alaurent）帶領三十二師的一群弟兄企圖從格拉沃利訥突圍，但是在敦克爾克近郊的拉克里朋（Le Clipon）被捕。

十點半傳出最後的槍響，城市終於歸於平靜。在小紅帽，紐曼中校聽見一隻黃鶯在別墅旁的橡樹枝頭高聲歡唱。「今天是牠的好日子。」

不知所措的平民百姓開始鑽出地窖。一名披著一次世界大戰彩帶的警官凝望著焦黑的牆壁和斷垣殘瓦，孩子般地哭了起來。一隻小型獵狐犬坐在克列孟梭路上，守護著一具法軍遺體。瓦礫堆中有一台可攜式收音機奇蹟般地完好無缺，正在播放《風流寡婦圓舞曲》（*The Merry Widow Waltz*）。

聖馬汀教區的副堂神父亨利．勒庫安特小心翼翼地穿過瓦礫堆，走向他的教堂。門被打穿、窗戶破了，但是教堂仍屹立不搖。走進之後，他很驚訝地聽見管風琴正在彈奏巴哈的頌讚曲。兩名德國大兵在試彈——一個人坐在琴座前，另一個人在閣樓鼓動風箱。

總是亦步亦趨報導德國國防軍勝仗的外國通訊記者在斷垣殘壁中四處打探，試著採訪倖存者。警察局副局長安德烈．諾瓦表示他是來自梅斯（Metz）的阿爾薩斯人，一次大戰期間在德國陸軍服役。

「那你現在可以回到老部隊去了，」站在旁邊的一名中校冷言評論。

喬治．施密特是戈培爾[9]手下的一名文宣人員。正當他拍攝畫面時，組長開車過來，提醒他戈培爾要的是英國戰俘的照片——施密特拍到了嗎？

施密特回說英軍全走光了。

「噯，」組長說，「你現在是官方攝影記者。要是沒拿到英國戰俘的照片，你就是前任官方攝影記者了！」

施密特二話不說，立刻趕往戰俘營。他看到三萬到四萬名法軍，卻還是沒見到英國人。他更仔細搜尋，果然得到報償。人群中有二、三十名英國大兵夾雜其間。施密特把他們拉到前排，開始拍照。這天終究化險為夷。

確實，絕大多數英軍都已撤離，但他們同時帶走數量龐大的法軍。超過兩萬六千人擠在最後一批離開敦克爾克的船隻甲板上。梅德韋女王號在清晨濃霧中摸索著前往多佛時，船尾甲板上有一名軍官彈奏曼陀林，想辦法替已經開始思鄉的法國大兵加油打氣。在軍刀號驅逐艦上，狄恩中校用法文對船上乘客發表演說，引來一片歡聲。他拿擁擠的軍刀號跟豪華的諾曼地郵輪比較高下，把大夥兒逗得很樂。

回程通常平靜順利，但並非一概如此。比利時的福熙號拖網船接近英國海岸時，莉達號（Leda）驅逐艦赫然走出濃霧，撞上了它。福熙號立即沉沒，把三百名士兵拋到海中。

艾博利亞上將和其他高階軍官搭乘的法國汽艇VTB25號聽到呼救聲，匆忙趕往現場。但是濃霧對所有船隻一視同仁：VTB25撞上沉船殘骸，推進器損毀，導致它無助地在海上飄飄蕩蕩。

最後，麥爾坎號驅逐艦出現了。海爾賽上校指揮若定，船組人員順利救起一百五十名生還者，並且拋了一根繩索給VTB25。艾博利亞上將終於在上午六點左右，略為不光彩地被拖回了多佛。

大霧差不多在此時退去，但是並未對年輕的特里爾中尉有所幫助。這位法國中尉負責指揮愛蜜莉德尚號疏濬船，他徹底迷路了，而當他跟路過的船隻詢問方向，卻聽不懂對方的回覆。他試著跟船，卻在馬蓋特外海撞上磁性水雷，轟然爆炸。船隻在半分鐘之內帶著五百名士兵沉入海中。

克拉茲上尉設法從沉船的殘骸中脫困。上周他也跟著美洲豹驅逐艦落海，這種事情已經見怪不怪了。現在，他在水中載浮載沉，掙扎著浮出海面，聽到同船的沃克斯上尉在喊他：「哈囉，哈囉！我們來唱歌吧！」

就這樣，沃克斯突然拉開嗓子高唱「出征曲」（*Le Chant du Depart*）——一首著名的法國進行曲[10]。克拉茲沒心情加入，於是漸漂漸遠。等到兩人都獲救以後，沃克斯責怪他沒在海上唱歌，「在那種情況下，每個有情有義的水手都該那麼做。」

他或許是對的。撤退艦隊上的操作人員需要用各種想像得到的方式來鼓舞士氣。愛蜜莉德尚號是第兩百四十三艘折損船隻，絕大多數船員都已瀕臨崩潰邊緣。四日早上，艾博利亞上將在多佛城堡會見拉姆齊，雙方同意是結束「發電機計畫」的時候了。艾博利亞表示德軍正逐漸逼近、法軍已彈盡援絕，而留下的三萬到四萬名人員並非作戰部隊。他只有最後一點說錯了：悲涼地站在敦克爾克碼頭上的部隊當中，包括幾名最傑出的法國戰士。

巴黎在上午十一點給予官方許可，下午兩點二十三分，英國海軍總部正式宣布結束發電機行動。拉姆齊終於從疲憊與壓力中解脫。他開車北上桑威赤（Sandwich），打了一場高爾夫以示慶祝。總桿數七十八——絕對是他一生中的最佳成績。

過去幾天如此勞神費心，他甚至沒有時間寫信給「親愛的瑪格」，但她仍然不斷送蘆筍和薑餅過來。現在六月五日，他再次提筆，「這次援救行動令人驚嘆，成果遠超乎想像。」他試著描述他們的成就，但是聽起來很尷尬，而且充滿自我吹噓。他是個落實行動的人，不擅於寫信。他匆匆寫下結尾：「無盡的愛，親愛的瑪格，妳帶給我無比的慰藉。」

除了解脫之外，拉姆齊也得到深刻的自我證明。他從未走出那段黯然無光的歲月，他跟貝克豪斯上將的決裂把他傷得太深。如今，敦克爾克彌補了一切，如雪片般飛來的感謝信讓他備感窩心。

他珍惜每一封來函，包括他的理髮師寫來的信。不過最感人的，莫過於一封署名「伍德考克太太」的來信。她是英國大兵的母親，與拉姆齊素未謀面：

> 我是《每日快報》的讀者。今天在報上讀到有關敦克爾克的偉大功蹟後，我覺得有必要親自寫信對您，表達感謝之意。我的兒子是成功逃出來的幸運兒之一。我還沒見著他，但他就在英國的某個地方；那樣便已足夠。我的小兒子約翰．伍德考克四月二十六日在挪威傷重不治；所以您可以想像我有多麼感激。

六月四日晚上，邱吉爾前往下議院進行撤退行動報告時，全國上下已洋溢著感恩與解脫的氛圍。議院座無虛席：民眾旁聽席、同儕旁聽席和傑出訪客旁聽席全都萬頭攢動。群眾以雷動的歡聲迎接他，然後心醉神馳地坐下來聆聽這場罕見的演說——一場主要用於傳達壞消息的演說，卻讓人萌生莫大希望與勇氣。

他激昂的結語震動了整個議會——「我們會在海灘奮戰，我們會在登陸場奮戰，我們會在田野和街頭巷尾奮戰。」——然而最讓敏銳的觀察家感動的，是他以坦然的態度面對令人不快的事實。《新聞紀事報》盛讚這篇演說具有「堅定不移的坦承」。愛德華・默羅[11]說它是「一篇誠實、鼓舞人心且莊嚴的傑出演說」。

這正是邱吉爾希望達成的效果。陸軍的獲救，絕不可讓國家陷入欣慰的情緒，從此停滯不前。「我們必須極其小心，」他提出警告，「不要為這次撤退蒙上勝利的色彩。戰爭不是靠撤退取勝的。」

然而此刻，他的警告毫無效果。返鄉士兵出乎他們自己意料之外，被視為凱旋的英雄，受到盛大歡迎。皇家野戰砲兵團第五十八營的陶德上尉，原本以為自己要面對陰沉而慍怒的臉色、可能充滿敵意的群眾，以及永遠洗刷不掉的恥辱。相反的，迎接他的只有歡喜與感恩，彷彿英國遠征軍是勝利者，而不是敗戰之軍。

當部隊在拉姆斯蓋特跌跌撞撞地上岸，城裡的女人拿著熱可可和三明治包圍他們。戲院老闆把他的香菸和巧克力全部發送出去。奧林匹亞舞廳的經理買下全城的襪子和內衣褲，發給有需要的士兵。布羅德斯泰斯（Broadstairs）的一家雜貨店送出店裡所有的茶、湯、餅乾、牛油和乳瑪琳。在聖奧古斯丁（St. Augustines），一位富有的蘇格蘭人買下城裡的每一條毯子，全都運往拉姆斯蓋特和馬蓋特。

返鄉士兵盡速搭上特別列車，前往英格蘭及威爾斯各地的集結地點。各個部隊將在這些集結地點休息、整編。當列車穿越鄉間，民眾聚集在沿線的車站月台上，拿更多香菸和巧克力送給士兵。倫敦郊區的窗戶上懸掛床單做成的條幅，上頭寫著「孩子們，辛苦了，」和「遠征軍，幹得好，」之類的話。

兒童則站在十字路口揮舞著米字旗。

當一列「敦克爾克專車」進站的時候，邱吉爾的軍事顧問伊斯梅將軍的夫人正在牛津車站轉車。在此之前，月台上的群眾百無聊賴，對周圍漠不關心。當他們看見疲憊的臉龐、繃帶以及殘破的制服時，霎時明白這些新來者的身分。群眾爭先恐後衝向車站的小賣部，為精疲力盡的大兵送來大量食物和飲料。那天晚上，伊斯梅將軍跟她說起撤退行動的成果，她回答道，「是的，我已親眼見證了奇蹟。」

「奇蹟」——就是這個詞。似乎沒有別的方法可以形容如此出乎預料、難以解釋的命運逆轉。邱吉爾在國會演說中，把它稱之為「解救的奇蹟」。樸茨茅斯海軍上將威廉．詹姆斯爵士（William James）寫信給海軍同僚時，只能「感謝上帝賜予敦克爾克的奇蹟」。高特將軍的參謀長波納爾將軍在日記中寫道，「敦克爾克撤退行動無疑是一場奇蹟。」

事實上，這段期間出現許多奇蹟。首先是天氣。英吉利海峽通常十分險惡，很少長時間不作怪，而撤退有賴平靜的海象；在敦克爾克的九天裡，海峽一片風平浪靜。老一輩至今仍津津樂道地說，他們從沒見過海峽如此平靜。

暴風雨一度似乎朝海岸直撲而來，最後卻急轉北上愛爾蘭海峽。北風會激起洶湧的波浪，但是海上一開始吹西南風，後來轉為東風。只有一個早上（五月三十一日）出現向岸風，引發了嚴重的問題。六月五日（結束撤退的隔天）風向轉為北風，激起狂暴的碎浪拍打空蕩蕩的海灘。

在天上，雲層、霧氣和雨水似乎總來得恰是時候。德國空軍曾三次集結（五月二十七日、二十九日和六月一日），預備對敦克爾克展開全面轟炸。然而每一回，隔天都出現低矮的雲層，導致德軍無法進行有效的後續行動。德軍過了三天才發現東面防波堤扮演的角色，主要就是因為西南方吹來了煙霧，為防波堤提供空中掩護。

另一項奇蹟是希特勒在五月二十四日下達的休止令，讓坦克部隊在即將一舉殲滅盟軍之際暫停行動。當天，古德里安的裝甲師已經抵達布爾堡，就在敦克爾克西南方十英里外。他們與港口之間毫無屏障；絕大多數英國遠征軍仍然滯留在南方四十三英里外的里爾。等到坦克部隊在五月二十七日拂曉前再度出動，盟軍已鞏固了撤退走廊，遠征軍湧入敦克爾克，而拉姆齊的救援船隊已經開始熱火朝天地行動。

希特勒的「休止令」似乎太過匪夷所思，以至於有人認為他是故意放英國遠征軍一馬。這套理論是這麼說的：只要軍隊依然完好，英國會覺得自己可以更有尊嚴地坐上和平談判桌。

當時置身敦克爾克的人恐怕很難相信這套理論。如果希特勒私心打算放英國遠征軍回家，那麼他做得太不留餘地，計謀差一點失敗，險些逮到全體遠征軍。而且，他沒對德國空軍、砲兵部隊和S艇吐露祕密；他們全都使盡全力阻撓撤退行動，沒有人被指示放水。再說，希特勒本人也提出許多戰術，指導軍隊如何在海灘上肆虐。

證據明確顯示，希特勒確實有心阻止撤退行動，卻不願意冒險折損他的裝甲部隊。反正英軍似乎已插翅難飛：佛蘭德斯地區不適合坦克作戰、部隊已經散得太開、盟軍在阿拉斯發動的小型反攻讓他心煩；據說坦克部隊損失了五成戰力，他需要把裝甲師投入下一階段的戰役，也就是穿越索姆、刺進法國的心臟。

這項決定可以理解，尤其是經歷過一次大戰的德國人更能體會。法國舉足輕重，而巴黎則是關鍵所在。德國上次沒有攻克巴黎，這次絕不能出任何差錯，寧可冒險讓敦克爾克出現奇蹟，也絕不能重新上演「馬恩河奇蹟」。

當赫爾曼・戈林宣稱德國空軍可以獨力拿下敦克爾克，決策變得簡單多了。希勒特並沒有被欺瞞太久——他在戈林顯然無法兌現承諾的好幾天前就撤除了「休止令」，但是空軍元帥吹的牛皮確實影響了戰局。

當坦克車在五月二十七日再度出動，德軍的攻勢已失去原有的節奏，而裝甲師將領的念頭全都轉向南方。曾經慷慨激昂地請命、要求讓他的裝甲部隊進攻敦克爾克的古德里安，現在眼睛裡只有索姆。

還有另一項奇蹟來自於德國空軍本身。戈林也許永遠無法阻止撤退行動，但他大可以造成更多損害。德國軍機鮮少掃射擁擠的海灘、從未使用破裂彈、從不攻擊多佛或拉姆斯蓋特這類誘人的目標。但這並非因為他們不想做，而是因為缺乏訓練。斯圖卡轟炸機是訓練來進行地面支援的，不是用來封鎖。戰鬥機應該留在高空掩護轟炸機，而不是飛下來攪和。不論基於什麼因素，這些疏忽讓盟軍多了好幾千名士兵得以回家。

「假如遠征軍無法回到英國，」布魯克將軍後來寫道：「很難想像陸軍如何從重創中恢復。」這就是敦克爾克的實際意義。英國可以更換兩千四百七十二具折損的火砲，可以重新添購六萬三千八百七十九台棄置的車輛；但是二十二萬四千六百八十六名獲救士兵是無可取代的。一九四〇年夏天，他們是英國僅剩的、受過訓練的部隊。後來，他們將成為盟軍反攻歐陸的核心。幾位將領——布魯克、亞歷山大和蒙哥馬利——都從敦克爾克學到了寶貴經驗。

但是敦克爾克的重要性遠超過這些實際考量。救援行動激勵了英國民眾，讓全國上下團結一心，並且對這場戰爭萌生出前所未有的使命感。盟約的規定當然得遵守，但是盟約無法激起同仇敵愾的決心。而「家鄉」可以——這就是英國人民此刻要奮戰保護的目標。

孤立無援的感受可以振奮力量。曾有一名外國人問他的英國朋友，是否會因為波蘭、丹麥、挪威、荷蘭以及如今法國的相繼失守而灰心喪志。「當然不會，」對方堅定地回答，「我們已進入決戰階段，而且是在家鄉作戰。」

有些人後來認為，這一切是一場精心策畫的大戲，用意在於把全國推上情緒的高峰。不過事情發生得太快、太不受控制，不可能出自幕後推手。這一次反倒是人民走在宣傳人員前面。政府擔心的事情恰恰相反——他們害怕敦克爾克可能讓民眾過於自負。邱吉爾本人就強調這場戰役是一次「巨大的軍事災難」，並且警告「戰爭不是靠撤退取勝」。

諷刺的是，對於邱吉爾亟欲消除的氛圍，他本人就是始作俑者。他的辯才、他的挑釁和他的戰鬥姿態，似乎全都具有某種魔力。正如美國南北戰爭中的亞伯拉罕·林肯，邱吉爾是這場戰役的完美演員。

另一項要素是敦克爾克激發的全國參與感。現代戰爭如此不帶個人色彩，一般百姓很難有機會做出直接貢獻。而在敦克爾克，尋常百姓確實搭乘了小船，前往海峽對岸營救士兵。尋常家庭主婦確實幫助了筋疲力盡的撤退部隊。在歷史上，軍隊趕著營救受困民眾的案例比比皆是；而這次的狀況，卻是民眾趕著搭救受困的部隊。

最重要的是，他們圓滿達成任務。撤退行動剛開始時，邱吉爾認為可以拯救三萬部隊，拉姆齊則估計救回四萬五千人。到最後，超過三十三萬八千名士兵回到英國，另有四千人退到仍在盟軍手上的瑟堡及其他法國港口。「戰爭不是靠撤退取勝的，」但是，至少破天荒頭一遭，不是所有事情都得遵照希特勒的想法進行。這本身就值得慶賀。

有趣的是，德軍也覺得值得慶祝。幾年後，他們的想法將會徹底改觀。許多人甚至認為敦克爾克是整場戰爭的轉捩點：如果遠征軍被擒，英國恐怕會戰敗；若是如此，德國就能集中力量對付俄羅斯；要是這樣，就不會有史達林格勒之役……凡此等等。但在一九四〇年六月四日，上述種種假設狀況都不明朗。或許除了少數幾位怏怏不樂的坦克指揮官，勝利似乎已落入德軍口袋。正如《老鷹》（*Der Adler*）雜誌說的：

> 對德國人而言，「敦克爾克」將永遠象徵我們在史上最偉大的殲滅戰役中獲得的勝利。但是對參與其中的英國人和法國人來說，它代表的是任何一支軍隊前所未有的嚴重挫敗，讓他們一輩子銘刻在心。

至於逃回英國的「少數士兵」，《老鷹》向讀者保證沒必要擔心：「這些士兵全都灰頭土臉，一蹶不振。」《人民觀察家報》（*Völkischer Beobachter*）則記述婦孺看到受創部隊蹣跚回家時失聲痛哭的景象。

而且他們永遠無法反攻。登陸艇、「桑葚臨時港」（mulberries）、戰鬥轟炸機、精密雷達，以及一九四四年反擊行動中的種種設備，當時都還沒發明。從一九四〇年來看，殲滅英國遠征軍與否，其實無關緊要。他們被逼入海裡，那樣便已足夠。

只有法國人心懷不平。不論是在巴黎衝著史畢耶茲將軍打冷槍的魏剛，或者是東面防波堤上心灰意冷的低階大兵，法國人一面倒地覺得自己被英國人遺棄了。就算指出拉姆齊的艦隊救出十二萬三千零九十五名法軍、其中十萬零兩千五百七十人是搭乘英國船艦的事實，也無濟於事。

戈培爾使勁搧風點火，柏林發動了最粗鄙的宣傳活動。在一本名為《地面攻擊報導》（*Blende auf-Tiefangriff*）的小冊子中，通信員漢斯．亨克爾描述在一艘划艇上，逃難的英軍拿槍逼迫幾名法國人跳入海中。生還者如今站在亨克爾面前，咒罵著「齷齪的英國人」。

於是我問，「但是，你們當初為什麼要跟這些『齷齪的英國人』結盟？」

「又不是我們的意思！是我們那個該死的政府幹的，然後還發神經救他們！」

「你們不必守著那個政府！」

「我們能怎麼辦？根本沒有人問我們的意見。」其中一人補充說道，「都是猶太人的錯。」

「哎呀，老兄，我們一起打英國人吧，你看怎樣？」

他們哈哈大笑，熱切地回答，「好啊，我們馬上加入。」

在倫敦，法國海軍代表歐登達爾將軍竭盡所能就事論事。他是個忠誠的法國人，但他必須讓巴黎理解英國的角度。然而儘管費盡力氣，達朗上將仍在回信中質問歐登達爾是否已經「投入英國陣營」。

「我絕對沒有投入英國陣營，」歐登達爾回覆，「如果你真心這麼想，我會非常難過。」為了證明忠心，他一股腦地描述他跟英國人的幾番口角，然後補充說道：

但是，我們是跟德國交戰，不是英國。不論英國人犯了什麼錯，我們不該為了敦克爾克事件而懷恨在心。

法國對他的建議置若罔聞。

在六月初的這幾天，兩國政府間的事務對英國遠征軍的弟兄毫無意義。他們只知道自己難以置信地回到家了。當火車載著皇家砲兵團的陶德上尉緩緩穿過肯特郡鄉間，他凝望窗外的樹林和果園，心裡想著，「這是放置火砲的好地點，那是藏匿車輛的好地方，那座農場很適合紮營。」——然後瞬間明白自己不必再為那些事情擔心了。

在卡塞爾受傷的信號兵查爾斯，搭乘醫護列車前往諾斯菲爾德（Northfield）。車行一整夜後，隔天早晨七點，查爾斯被窗外流瀉進來的明亮綠光喚醒。他看看四周，發現車廂內其他弟兄哭了起來。然後他望向窗外，看見「詩人傳唱了幾世紀」的景色——那是青翠的英國鄉間。歷經塵土、焦黑的斷垣殘壁，以及被夷為廢墟的北法國之後，眼前這片嬌嫩的綠色簡直讓人無法招架，弟兄們瞬間崩潰。

布魯克將軍也感受到這份對比。在多佛上岸後，他先跟拉姆齊報到，然後開著一輛指揮車北上倫敦。那是個風和日麗的早晨，他想起自己剛剛脫離的險境：燃燒的城市、死掉的牛、斷掉的樹、槍砲和炸彈的猛烈攻擊。「在極其痛苦的短短幾小時內，直接從煉獄進入了這樣的天堂，兩者間的對比因而顯得益發美妙。」

他在倫敦和狄爾將軍短暫會晤，然後搭上火車回到位於哈特利溫尼（Hartley Wintney）的家。他現在睏得不得了，於是想盡辦法勉強自己在車廂內走來走去，試圖保持清醒。要是閉上眼睛，他擔心自己恐怕會睡到坐過站了。

他的妻兒在月台等候，簇擁著他回家。他喝了一杯甜甜的奶茶，終於能夠上床睡覺。他總共睡了三十六個小時。

他們全都疲憊不堪。第四師參謀李察森少校兩周以來只睡了十六小時。在一波撤退行動中，他連續六十二個小時未曾闔眼。終於抵達師部在奧爾德蕭特（Aldershot）的集合地點後，他倒在床上睡了三十個鐘頭。畢米慎上尉隸屬於在斯泰貝克反敗為勝的皇家諾森伯蘭燧槍兵團第九營；他最厲害，一覺睡了三十九個鐘頭。

救援人員也同樣疲倦。比爾上尉的掃雷艦連續不斷出勤，兩周以來他只有五個晚上睡在床上。在多佛負責管理部隊上岸的沃辛頓上尉，一天早上搖搖晃晃走進食堂，當培根和雞蛋送到他面前，他不小心睡著了，鬍子都泡進盤子裡了。溫莎號驅逐艦艦長裴利中校發現，船隻在多佛掉頭時是他唯一的休息機會。但是即便那個時候，他也絕不打盹，害怕自己醒來後頭腦不清。相反的，他只是坐在艦橋上，喝一杯摻蘇打水的威士忌。這必定是一帖良方，因為他接連十天完全不必睡覺。

沒有人比平民志願者羅伯・希爾頓更累了。他跟他的夥伴、戲院經理泰德・蕭，連續划船十七個鐘頭，把部隊從防波堤附近海灘接駁到斯固特和其他小型輪船上。就連希爾頓體育老師的訓練，也沒讓他準備好接受這樣的考驗，但是他做到了。如今任務完成，他們雙雙返回拉姆斯蓋特。

他們亟需休息，卻接到指令，要他們幫忙把小船沿泰晤士河帶回倫敦。更糟的是，他們分到萊伊蓋特二號——他們當初開到敦克爾克、最後卻因螺旋槳故障而棄置的大型機動船。他們拖著滿身疲倦出發，繞過北岬（North Foreland）、進入泰晤士河入海口，沿著河道逆流而上。

真正的盛大歡迎，是過了黑衣修士橋（Blackfriars Bridge）才開始的。港口和市中心忙得沒時間觀看這支沾滿塵埃與油汙的艦隊通過。不過，當萊伊蓋特二號越過停在岸邊的發現號培訓船時，培訓船上的海童軍高聲歡呼。船隻持續往上游航行，沿途的喝采聲越來越熱烈。切爾西（Chelsea）、哈默史密斯（Hammersmith）、特威克納姆（Twickenham），每一座橋都擠滿了歡呼的民眾。

希爾頓和蕭終於把萊伊蓋特二號交回它的船塢，然後兩人走到地鐵站，就此分道揚鑣。並肩划船十七個小時後，他們想必成了一輩子的朋友。然而事實是，他們從未再度聚首。

希爾頓搭了地鐵回家。一上車，原先料想自己會被當成英雄對待的念頭立刻煙消雲散。他三天沒刮鬍子，衣服沾滿了油汙，全身臭氣薰天。其他乘客迅速挪到車廂的另一端。

到了家門口，他發現沒帶鑰匙。他按了電鈴，門打開了，妻子潘蜜拉站在門口。她看了一眼這個「流浪漢」，立刻撲上前擁抱他。終究，他是某個人心目中的英雄。

9 Joseph Goebbels：納粹德國時期的國民教育與宣傳部部長。

10 這首曲子是拿破崙時期的法國國歌，傳唱一時。

11 Edward R. Murrow：美國廣播新聞界的宗師，二戰期間曾派駐倫敦。

THE MIRACLE OF DUNKIRK

書面資料來源

「很抱歉，我無法提供最確切的細節與事件，就連剛離開敦克爾克的那幾天也做不到。」皇家野戰工兵連二二三營的工兵柯爾斯在信中寫道，「對此，我只能歸咎於長期疲憊，以及一天二十四小時的持續危機感。」

不只他有這樣的問題。對於絕大多數參與其事的人，那些日子全攪和在一起；而超過四十年的歲月，並不能讓記憶變得更加鮮明。若要捕捉戰爭的氣氛、保留當時發生的許多事件，個人的回憶是不可或缺的，但是過於仰賴人類記憶也有可能非常危險。有鑑於此，我為敦克爾克書面資料投入的心力，更勝過花在跟當事人採訪與聯絡的時間。

倫敦的國家檔案局（Public Record Office）是個起點。關於這場撤退行動，最基本的海軍總部檔案是ADM 199/786-796。這些檔案已被人翻透了，但是其中仍有迷人的金塊留待勤奮的挖掘者。舉例來說，ADM 199/792不僅有韋克沃克將軍如今已為人熟知的十五頁記述，還保存了更早期且更詳盡的四十一頁紀錄，這些年來幾乎沒有人碰過——顯然是因為字跡模糊，難以閱讀。一把高倍數放大鏡就能帶來豐厚的報償。

記載船隻拒絕出航始末的ADM 199/788-B及ADM 199/796-B，至今仍「禁止查閱」。不過有心人可以想出權宜的辦法，透過其他文件拼湊出事件原貌。

其他海軍總部檔案偶爾冒出額外的敦克爾克資料。ADM 199/360 包含了逐日的天氣紀錄。ADM 199/2205-2206 則涵蓋了多佛與敦克爾克、以及船隻與岸上之間的無線電通訊。ADM 116/4504 記載了匪夷所思的「致命風箏防空幕」行動。

皇家空軍在敦克爾克扮演的角色，可以從國家檔案局的行動紀錄簿（Operational Record Books）追溯，不過對大眾而言，其中的內容多半過於瑣碎，只適合最講求精準的學者使用。AIR 20/523 倒是對戰鬥機指揮部的貢獻提供了一份有用的概觀。陸軍總部的紀錄往往讓讀者埋在有關整場戰役的大量資料中，不過偶有幾份文件是特別針對撤退行動的。WO 197/119 詳盡敘述克里夫頓准將在紐港展開的隨機防禦行動；另外，區指揮官懷特菲爾德上校所寫的一篇報告，則描述了敦克爾克在坦納特上校抵達之前的混亂狀況。

就某方面而言，直到一九七七年才發布的戰爭內閣歷史系列紀錄 CAB44/60-61 及 CAB44/67-69，是國家檔案局裡最珍貴的史料。在敦克爾克行動的決策過程中，電話扮演了非常重大的角色，而這些 CAB 檔案包含了許多電話的詳盡紀錄，以及相關信件與電報的內文。

國家檔案局並非所有問題的解答。關於這場撤退行動，最有用的單一資料來源或許是國防部海軍歷史局長達三冊、有關參與船舶的註釋索引。這些名為「依字母順序列表之參與船舶及其出勤紀錄」的卷宗，偶爾仍因陸續湧現的資訊而進行更新，其中包含法國海軍歷史學家埃爾維・卡拉斯（Hervé Cras）貢獻的、有關法國船舶的珍貴資料。

另一個極有幫助的資料來源，是空軍歷史局的歷史學家丹尼斯・李察斯（Denis Richards）撰寫的皇家空軍行動紀錄。這部標題為〈皇家空軍紀實：法國與低地國家戰役，一九三九年九月至一九四〇年六月〉的卷冊，記錄了撤退過程中的逐日行動。

然後還有英國各個著名兵團精心保存的紀錄，裡頭往往包含部隊的戰爭日誌及個人描述。最有收穫的旅行，要屬拜訪冷溪衛隊、擲彈兵衛隊、維多利亞女王步兵團、格洛斯特衛隊以及達勒姆輕步兵團等各兵團的團本部。

高特勛爵和拉姆齊將軍的正式電文，總結了敦克爾克事件的官方說詞。高特的緊急文件出現在一九四一年十月十七日《倫敦憲報》（*London Gazette*）的增刊；拉姆齊的文件則列在一九四七年七月十七日的《憲報》增刊。它們有助於修正日期與地點，但兩者都算不上傑出的戰爭文獻。

敦克爾克的非官方資料則多到說不完。帝國戰爭博物館（Imperial War Museum）是個豐富的寶庫，藏有大量未出版的日記、流水紀錄、信件、回憶錄和錄音帶。我覺得下列幾項特別珍貴：雅克雷中士記錄的、有關敦克爾克岸邊初期的混亂狀況；二等兵蓋茲關於十二號傷員處理站的回憶；科爾中校寫給妻子的信，描述了瑪洛和布雷沙丘的情形；摩根將軍身為拉姆齊參謀長的經歷；紐康姆以牧師身分參與大撤退的印象；以及信號兵萊特的手稿——〈捍衛加萊的個人經驗〉。

提供了船隻的船運公司，沒有幾家還保留紀錄（許多都在閃電戰期間被摧毀了）。不過蒂爾伯里承包集團還保有三位艦長留下的文件。塔夫造船廠有一疊有用的文件與剪報，描述了該公司所做的貢獻。

許多事件參與者及家屬為我提供了無數未曾發表的描述，其中光是日記就不下十四本。當代書信是另一項重要來源，尤其是拉姆齊將軍對其夫人從不間斷的家書。

有關敦克爾克的大量資料，甚至在撤退行動結束以前就開始出現了。《泰晤士報》及其他倫敦報紙的報導乏味得奇怪，不過南部及西南部沿海的地方報就不同了。即便到了今天，它們的描述仍顯得生動而逼真，讀來津津有味。最精采的是：六月五日的《*Evening Argus*》（布萊頓）；六月十四日的《*Bournemouth Times and Directorys*》；六月五日的《*East Kent Times*》（拉姆斯蓋特）；六月八日的《*Kentish Gazette and Canterbury Presss*》；六月八日的《*Folkestone, Hythe and District Heralds*》；六月七日的《Isle of Thanet Gazettes》（馬蓋特）；六月七日的《*Sheerness Times and Guardians*》。當然，那段期間的《*Express*》絕對是「必讀」刊物。

當年許多期刊也刊登了目擊者描述，例如：一九四〇年九月至十一月份《*Architectural Association Journal*》的〈我們去了敦克爾克〉（作者不詳）；《*Blackwood's*》雜誌一九四〇年八月由伊恩・史考特（Ian Scott）發表的〈敦克爾克序幕〉，以及一九四〇年十一月由亨尼克爾（M.C.A. Henniker）發表的〈敦克爾克的小改變〉；《*Fortnightly Review*》在一九四〇年七月刊登的〈敦克爾克〉，作者是菲力普斯（E.H. Phillips）；一九四〇年的《*King's Royal Rifle Corps Chronicle*》刊載了魏克中尉的一封重要信函，在六月二日到三日間的晚上，魏克中尉是東面防波堤的代理指揮官。

戰爭期間在倫敦印行的盟軍文宣刊物《*Belgium*》雜誌，偶爾會刊登參與敦克爾克的比利時人撰寫的文章。喬治・楚浮（Georges Truffant）在一九四一年七月三十一日發表的文章特別值得一提。

這麼多年來，報紙經常以新鮮資料來慶祝敦克爾克的周年紀念。舉例來說，《*Scarborough Evening News*》在一九五〇年四月二十四日、二十六日及五月一日發表一系列由「一名綠霍華軍」撰寫的精采文章，藉以紀念敦克爾克十周年。全英國的報社幾乎沒有一家錯過了四十周年。最引人注目的是《*Manchester Evening News*》在一九八〇年三月十日、十一日、十二日、十三日及十四日發表的系列報導。

雜誌及軍事期刊是另一個源源不斷的資料來源。許多文章分析了希特勒在事件中的角色，例如哈特上尉（B. H. Liddell Hart）一九五五年一月在《*Army Quarterly*》發表的〈敦克爾克休止令——深入評析〉，以及阿斯普雷上尉（Robert B. Asprey）一九五八年四月同樣發表於《*Army Quarterly*》的〈希特勒與敦克爾克〉。一九八〇年二月，馬歇爾康沃（James Marshall-Cornwall）在《*History Today*》雜誌發表〈利奧波德三世的悲劇〉，分析比利時的投降。摩根將軍（Sir William Morgan）撰寫的〈與亞歷山大共赴敦克爾克〉，刊登於一九七二年四月的《*Army Quarterly*》，追述了亞歷山大將軍接任指揮官的那段最後期間。不過請注意，摩根將軍指出艾博利亞上將直到五月三十一日都還不打算撤軍，亞歷山大本人後來發文駁斥這個論述。

多年來，許多船隻在大量報導中獲得應有的榮耀：麥爾坎號，在梅里斯上校（David B.N. Mellis）撰寫的〈艦橋評述〉，發表於一九七六年十月的《*Naval Review*》；收割機號，在休・霍金森（Hugh Hodgkinson）撰寫的〈驅逐艦的洗禮〉，發表於一九八〇年六月的《布萊克伍德》；瑪西蕭號，在《*Lloyd's Log*》一九八一年十月刊登的〈挽救倫敦消防船的新嘗試〉；斜杠帆駁船，在惠特摩爾（J.O. Whitmore）一九五〇年七月發表於《*East Anglian Magazine*》雜誌的〈伊普斯威奇的小船〉。至於長期處於恐懼與疲憊對生理的影響，詹姆斯・道伊（James Dow）在一九七八年春季號的《*Journal of the Royal Naval Medical Service*》中有精彩的論述。

說到期刊，絕對免不了提起《*Dunkirk Veterans Association Journal*》。這份小小的季刊不僅讓協會成員得以保持聯繫，也是有關撤退行動各種問題與解答的集中點。好比說，百折不撓的山姆・洛夫（Sam Love）就是透過季刊中的專欄，追蹤到赫德號沒有停靠多佛讓英軍下船，就直接返回法國的故事。

有關敦克爾克的書籍可以填滿一整個倉庫。至少有十五本著作專門探討這場撤退行動，或者撤退之前的幾起事件。從約翰・梅斯菲爾德（John Masefield）的《*Nine Days Wonder*》（一九四一年出版），到尼可拉斯・哈曼（Nicholas Harman）的《*Dunkirk: The Necessary Myth*》（一九八〇年出版），我全都受益匪淺。其中兩本書特別突出：迪凡恩（A.D. Divine）的《*Dunkirk*》（一九四四年），以及格雷戈里・布萊克斯蘭（Gregory Blaxland）的《*Destination Dunkirk*》（一九七三年）。迪凡恩先生親身參與了小船行動，而布萊克斯蘭先生則為戰役歷史的書寫樹立了典範——清晰、生動而完整。

兩部官方的歷史紀錄並不局限於敦克爾克，而是詳實記載了整場戰役：羅斯基爾上校（S.W. Roskill）的《戰爭中的海軍，一九三九至四五年》（一九六〇年出版）；以及埃里斯少校（L.F. Ellis）的《法國與佛蘭德斯戰役，一九三九至一九四〇年》（一九五三年出版）。埃里斯的地圖會讓每一位軍事歷史學家感到羨慕。

已出版的回憶錄和日記不勝枚舉，有些作者赫赫有名，有些作者則不見經傳。其中翹楚包括：克萊門・阿克里（Clement R. Attlee）的《*As It Happened*》（一九五四年）；達夫・古柏（Duff Cooper）的《*Old Men Forget*》（一九五三年）；休・道爾頓（Hugh Dalton）的《*The Fateful Years*》（一九五七年）；安東尼・艾登的《*The Reckoning*》（一九六五年）；伊斯梅將軍的《*Memoirs*》（一九六〇年）；麥克里奧（R. MacLeod）等人的《*The Ironside Diaries*》（一九六二年）；陸軍元帥蒙哥馬利子爵的《*Memoirs*》（一九五八年）；陸軍中將波納爾爵士的《*Diaries*》（一九七二年）；陸軍少將史畢耶茲爵士的《*Assignment to Catastrophe*》（一九五四年）；亞瑟・布萊恩特爵士（Arthur Bryant）根據陸軍元帥艾倫布魯克勛爵的日記改寫的《*The Turn of the Tide*》（一九五七年）。其中有一本獨樹一格：

邱吉爾的《*Their Finest Hour*》（一九四九年）。

其他著作知名度較低，但有時更富啟發性：巴特萊特爵士（Sir Basil Barlett）的《*My First War*》（一九四〇年）；艾瑞克·布希（Eric Bush）的《*Bless Our Ship*》（一九五八年）；富蘭克林爵士（Sir H.E. Franklyn）的《*The Story of One Green Howard in the Dunkirk Campaign*》（一九六六年）；巴斯特（Gun Buster，筆名）的《*Return via Dunkirk*》，（一九四〇年）；霍利斯爵士（Sir Leslie Hollis）的《*One Marine's Tale*》，（一九五六年）；藍里（J. M. Langley）的《*Fight Another Day*》，（一九七四年）；羅茲（A.R.E. Rhodes）的《*Sword of Bone*》，（一九四二年）；史密斯將軍（General Sir John G. Smyth）的《*Before the Dawn*》，（一九五七年）；衛斯托洛普上校（L.H.M. Westropp）的《*Memoirs*》，（一九七〇年）。

某些有用的傳記記載了幾位將領的事蹟。有關拉姆齊將軍，請見伍德沃德（David Woodward）的《*Ramsay at War*》（一九五七年），以及查默斯（W.S. Chalmers）的《*Full Cycle*》（一九五八年）。考維爾爵士（Sir John Colville）的《*Man of Valour*》（一九七二年）約略提到了高特勛爵。弗雷澤爵士（Sir David Fraser）的《*Alanbrooke*》（一九八二年）則對布魯克勛爵做了一番檢驗。漢默頓（Nigel Hamilton）的《*Monty: The Making of a General*》（一九八一年）鉅細靡遺地描述了蒙哥馬利元帥的生平。布雷克（George Blake）的《*John Rutherford Crosby*》（一九四六年）則是一本私人印行的動人傳記，悼念一位沒沒無聞的年輕中尉（後來陣亡）；不知為什麼，這本書似乎比其他許多更具企圖心的作品更能捕捉敦克爾克的光輝。

然後還有小隊與團部的歷史紀錄。我好好閱讀了五十四大冊，對這些史料的精心製作與保存滿懷感恩。我特別倚重丹尼爾（D.S. Daniell）的《*Cap of Honour*》（格洛斯特軍團），一九五一年；富比斯（Patrick Forbes）和尼可森（Nigel Nicolson）的《*The Grenadier Guards in the War of 1939-1945*》，一九四九年；泰勒（Jeremy L. Taylor）的《*Record of a Reconnaissance Regiment*》，其中由史考特（Anothony Scott）所寫、標題為〈The Fifth Glosters〉的一節，一九五○年；奎爾特（David Quilter）的《*No Dishonourable Name*》（冷溪衛隊第二營），一九四七年；羅西克（David Russik）的《*The DLI at War*》，一九五二年；懷特（W. Whyte）的《*Roll of the Drum*》（國王皇家步兵團），一九四一年；以及麥克尼希（Robin McNish）的《*Iron Division: The History of the 3rd Division*》，一九七八年。

其他書籍對故事特定層面提供了重要訊息。有關加萊的防禦：尼夫（Airey Neave）的《*The Flames of Calais*》，一九七二年。有關鐵路的角色：克朗普（Norman Crump）的《*By Rail to Victory*》（一九四七年），以及達爾溫（B. Darwin）的《*War on the Line*》（一九四六年）。關於東南沿海的反應：弗斯特（Reginald Foster）的《*Dover Front*》，一九四一年。關於空中作戰：貝德（Douglas Bader）的《*Fight for the Sky*》（一九七三年）、佛洛斯特（Larry Forrester）的《*Fly for Your Life*》（一九五六年）、艾倫（B.J. Ellan；筆名）的《*Spitfire!*》（一九四二年），以及李察斯（Denis Richards）的《*The Royal Air Force, 1939-1945*》（一九五三年）。

以下書籍以救援船隊為主題。有關小型船隻：德魯（筆名 Nicholas Drew）的《*The Amateur Sailor*》（一九四六年），以及霍靈（A.A. Hoehling）的《*Epics of the Sea*》（一九七七年）。有關皇家救生艇學會：凡斯（Charles Vince）的《*Storm on the Waters*》，一九四六年。有關 MTB 和 MA/SB：史考特（Peter Scott）的《*The Battle of the Narrow Seas*》，一九四五年。有關瑪西蕭號：英格翰（H.S.

Ingham）的《*Fire and Water*》，一九四二年。有關梅德韋女王號：明輪蒸汽船保存學會的《*The Story of the Medway Queen*》，一九七五年。有關麥卡利斯特氏族號：霍曼（G. Holman）的《*In Danger's Hour*》，一九四八年。

關於敦克爾克行動的法國面，我覺得官方的法國海軍研究——埃爾維．卡拉斯博士所著的《*Les Forces Maritime du Nord*》特別有用。這套研究一般不開放給民眾閱讀，但我有幸獲准借閱，也得以一睹法國海軍駐倫敦使節團代表歐登達爾將軍寫給巴黎高層的幾封重要書信。

法國領袖發表的回憶錄不盡理想。雷諾總理的《*In the Thick of the Fight*》（一九五五年）既沉重又自以為是（他甚至稱這本書是他的「證詞」）。魏剛將軍的《*Recalled to Service*》（一九五二年）顯然是一個心懷怨恨的人在吐苦水。默戴爾（Jacques Mordal）的《*Dunkerque*》（一九六八年）企圖結合回憶錄與真實的歷史；「默戴爾」恰巧是歷史學家埃爾維．卡拉斯的筆名。貝洪（Edmond Perron）的《*Journal d'un Dunkerquois*》（一九七七年）描述了敦克爾克百姓飽受戰爭之苦的經歷。

傑出的一般史料包括奧方少將（與默戴爾合著）的《*The French Navy in World War II*》，一九五七年；薄富爾將軍（André Beaufre）的《*1940: The Fall of France*》，一九六七年；查普曼（Guy Chapman）的《*Why France Collapsed*》，一九六八年；以及夏勒（William L. Shirer）的《*The Collapse of the Third Republic*》，一九六九年。

德國的檔案資料完整得令人驚訝。很難想像在德意志第三帝國大廈將傾之際，那麼多史料究竟是如何保存下來的。不過帝國的迅速崩解，讓盟軍得以繳獲大量完整無缺的紀錄供人研究，並在日後交還原主。

如今，這些資料全都精心保存於弗萊堡（Freiburg）的德國聯邦軍事檔案庫（Bundesarchiv/Militärarchiv），可以輕易從中找到有關敦克爾克的材料。我覺得最有用的是各部隊的戰爭日誌和戰情報告，包括A與B集團軍；第六與第十八軍；第九、十、十四與十九軍；第十八步兵師；第一、二與十裝甲師；德國第二航空大隊；第八航空隊；第一海軍作戰指揮部；S30魚雷艇；以及U62潛艇。

聯邦檔案館還珍藏了有關敦克爾克戰役、未公開的第一手資料。檔案Z A3/50包含了凱瑟林空軍元帥，以及柴德曼（Hans Seidemann）與施密特（Josef Schmidt）等空軍將領的回憶錄。檔案RH37/6335則包含第十四軍一位不具名士兵的生動敘述，內容涵蓋從五月二十日往海岸長驅直入、到六月二日攻克貝爾格的整段過程。檔案Z305則是漢斯．維茲柏（Hans Waitzbauer）的公開日記；他是一〇二砲兵團一位觀察力敏銳的年輕無線電操作員。

最重要的一部，則是時任德國陸軍參謀長的哈爾德將軍所寫的日記。它不僅每小時逐條記錄事件發展，更坦率地評論了陸軍總司令部及國防軍最高統帥部裡的眾多人物。我使用的是檔案的英文翻譯版，藏於斯圖加特（Stuttgart）的當代史圖書館。

當代發行的史料沿用納粹的說詞，但媒體卻呈現出一九四〇年五月到六月間德國上下彌漫的歡欣氣氛。以下是三個好例子：《老鷹》（*Der Adler*），六月十一日及二十五日；《國防軍》（*Die Wehrmacht*），六月十九日；以及幾乎任何一天的《人民觀察家報》（*Völkischer Beobachter*）。

這段期間的德文書籍也同樣偏頗，不過偶爾會出現有用的資料。布許（Fritz Otto Busch）的《*Unsere Schnellboote im Kanal*》（無出版日期）詳細說明了S艇的行動。博爾歇特（Herbert W. Borchert）的《*Panzerkampf im Westen*》（一九四〇年）提供了有關裝甲部隊挺進時的軼聞趣事。古德里安的《*Mit den Panzern in Ost und West*》（一九四二年）其實是以古德里安之名彙集的目擊者故事，不過其中由費雪上校身歷其境撰寫的、關於加萊的內容，確實是一篇好文章。亨克爾的《地面攻擊報導》（一九四一年）中，有關敦克爾克的章節生動描繪出德軍進城時的滿目瘡痍。

戰後至今，德國湧出大量有關敦克爾克的文章與著作。宣傳性的部分消失了，繼之而起的往往是妄想、揣測和推諉。某些資料已被翻譯成英文：布魯蒙特利（Guenther Blumentritt）的《*Von Runstedt: The Soldier and the Man*》，一九五二年；嘉蘭德（Adolf Galland）的《*The First and the Last*》，一九五四年；古德里安的《*Panzer Leader*》，一九五二年；傑考布森（Hans-Adolf Jacobsen）的《*Decisive Battles of World War II*》，一九六五年；凱瑟林的《*Memoirs*》，一九五三年；卡爾波（Werner Kreipe）的《*The Fatal Decisions*》，一九五六年；瓦利蒙特（Walter Warlimont）的《*Inside Hitler's Headquarters*》，一九六四年。相關訪談可以從哈特（B.H. Liddell Hart）的《*The German Generals*》中找到。

希特勒的「休止令」受到以下權威人士嚴厲批評：阿肯（Wolf von Aaken）的《*Inferno im Westen*》，一九六四年；波爾（Peter Bor）的《*Gespräche mil Halder*》，一九五〇年；布克海特（Gert Buchheit）的《*Hitler der Feldherr; die Zerstörung einst Légende*》，一九五八年；英格爾（Gerhard Engel）的《*Heeres-Adjutant bei Hitler, 1938-1943*》，一九七四年；李斯（Ulrich Liss）的《*Westfront 1939-1940*》，一九五九年。此外，還有其他批評出自較不知名的作者，尚未被翻譯成英文。

至於一般性的背景材料，我往往倚重戴頓（Len Deighton）的《*Blitzkrieg: From the Rise of Hilter to the Fall of Dunkirk*》，一九八〇年；夏勒的經典作品《*The Rise and Fall of the Third Reich*》；泰勒（Telford Taylor）的《*The March of Conquest*》，一九五八年；以及托藍（John Toland）極其曉銷的《*Adolf Hitler*》，一九七八年。這些書籍在在幫助我理解事件脈絡，其中，泰勒的附錄更具有不可或缺的價值。

THE MIRACLE OF DUNKIRK

謝誌

「我個人覺得相當不齒，」皇家野戰砲兵團第六十七營的一名成員寫道，「我看見軍官扔掉他們的左輪手槍，我看見士兵射殺爭先恐後上船的懦夫。」

「他們的勇氣讓我們的工作變得容易，」海軍岸勤大隊的一名信號兵追述同一片海灘上的同一群人，「能認識他們，並且和他們生在同一個時代，我與有榮焉。」

對第十一旅總部的文書員來說，這場撤退行動是「徹頭徹尾的混亂」。第三軍團的總部人員則覺得是一次「潰逃」、是一項「恥辱」。但在第四師一名摩托車通信員眼中，這次行動證明了「英國人是一支打不倒的民族」。

他們說的有可能是同一場戰役嗎？在我嘗試拼湊事件始末的過程中，偶爾覺得敦克爾克當事人之間，唯一的共通之處就是非常熱心幫忙。超過五千人回應了我的「戰鬥號令」，而他們願意付出的時間與心力似乎沒有極限。

藍里中校（James M. Langley）花了三天帶我走訪周邊防線，並且特別介紹了冷溪衛隊第二營負責據守的區段。敦克爾克退伍軍人協會的羅賓森（Harold Robinson）榮譽會長安排我參加協會的一九七八年年度朝聖之旅。這是一次絕佳的機會，我得以親身接觸這些老兵、聆聽他們的回憶、感受將他們凝聚在一起的向心力。我尤其感激艾特肯牧師（Leslie Aitken）、巴特森（Fred Batson）和埃爾金（Arthur Elkin）為我花的時間。

位於里茲（Leeds）的敦克爾克退伍軍人協會總部，不厭其煩地為我接洽該組織廣布全世界的分會，正因如此，我得到來自世界各地的寶貴協助，例如賽普勒斯、辛巴威、馬爾他、利比亞、義大利、加拿大、澳大利亞和紐西蘭。倫敦分會特別出力，為此，我必須額外感謝艾倫（Stan Allen）、拉比茲（Ted Rabbets）和史蒂芬斯（Bob Stephens）。我同時得感謝協會的雜誌編輯克森上尉（L.A. Jackson，綽號「Jacko」）替我宣傳我的初衷。

我受到所有人的幫助，但在寫作過程中，我發現自己越來越仰賴幾位特定人士，漸漸把他們視為「我的」特定領域專家。其中包括英軍總司令部議題的布里奇曼子爵、皇家海軍議題的布希上校（Eric Bush）、皇家空軍議題的林恩少將（Michael Lyne）、發電機室議題的羅斯基爾上校（Stephen Roskill）、擲彈兵衛隊議題的布里吉斯（John Bridges）、赫德號議題的洛夫（Sam Love）、小型船隻局議題的貝瑞（W. Stanley Berry），以及船務部議題的貝勒米（Basil Bellamy）。杭特將軍（Sir Peter Hunt）替我惡補英國軍團的結構，我確實是個幸運的美國人，在這項錯綜複雜的議題上，有卸任的帝國總參謀長來當我的家教。

參與者不僅知無不言、言無不盡，他們還興致勃勃地在行李箱和閣樓裡翻箱倒櫃，尋找或許可以進一步說明那段經歷的、被湮沒已久的文件。鮑德溫（A. Baldwin）、陶德（J.S. Dodd）、法爾利（F.R. Farley）、賈貝茲史密斯（A.R. Jabez-Smith）、奈特（W.P. Knight）、藍里、李（R.W. Lee）、拉姆齊和華金（N. Watkin）撢去了舊日記上的灰塵。其他人寄來他們趁著記憶猶新時寫下的詳盡紀錄——例如瓊斯（G.W. Jones）、韋伯（W.C. Webb）和柴高維奇（R.M. Zakovitch）。關於加萊，華特（Fred

Walter）貢獻了非凡的三十一頁手稿，讓我看清那段頗富爭議的歷史，得到其他地方看不到的內幕。

某些已過世的當事人，家屬慨然協助。巴爾克太太寄來父親吉普森少校（J.W. Gibson）的日記；羅伊・弗萊徹則對他的父親——一等水兵弗萊徹（C.L. Fletcher）做了一番精彩描述。佛沃德太太挑出哥哥麥特卡夫（Syd Metcalf）的一封有趣書信。貢獻良多的遺孀包括了考頓太太和史邁利太太。

兩個案例值得特別一提。首先，大衛・拉姆齊提供了他傑出的父親——拉姆齊上將——的個人信件，包括一疊寄給拉姆齊夫人的家書，生動描繪了瀰漫在發電機室的那股孤注一擲的決心。其次，透過我的朋友普特曼（Sharon Putman）的接洽，史提爾太太貢獻了她勇敢的叔父——賴特勒中校（Charles Herbert Lightoller）——的一封書信。信中反映出小型船隻人員的精神，並且顯示賴特勒中校從未喪失他在鐵達尼號擔任二副時幫助他度過險境的熱忱。

敦克爾克退伍軍人協會各個分會替我收集了許多第一手資料，為此，我特別感謝格拉斯哥分會的瑋柏（W.C. Webb），以及斯托克分會的霍德爾（A. Hordell）。我也要對我的朋友古魯特（Edward de Groot）致謝，他讓我注意到了凡漢默上尉（Lodo van Hamel）；後者是拉姆齊救援船隊中唯一舉著荷蘭國旗的艦長。有關凡漢默的詳細資料，則由荷蘭皇家海軍部海軍歷史局卸任局長范奧斯唐中校（F.C. van Oosten）慨然提供。

在法國，我很幸運得到海洋博物館（Musée de la Marine）副館長埃爾維・卡拉斯的全力協助。卡拉斯是美洲豹號驅逐艦和愛蜜莉德尚號掃雷艦的倖存者；這兩艘船雙雙在敦克爾克沉沒。除了親身幫忙，卡拉斯博士還借給我重要的法國檔案，並且安排了兩場關鍵訪談：一場跟奧方少將，他說明了達朗總部的想法；另一場則跟土魯斯羅特列克中將，後者描述了熱風號驅逐艦被擊沉的過程。我真希望卡拉斯還在世，能讀到我寫給他的衷心謝辭。

桑默斯（F. Summers，當時叫做費爾南・史奈德）讓我得以一窺法國拖網掃雷艦上另一個層面的有趣生活。桑默斯先生是敦克爾克本地人，格外與眾不同。他一開始加入法國海軍參戰，最後從英國皇家海軍退役——總而言之，他提供了一個非常獨特的觀點。

在德國，我專注於訪談老飛行員，因為德國空軍的成敗攸關了敦克爾克的命運。我覺得我的問題得到坦承的答覆，為此，我深深感謝法爾克（Wolfgang Falck）、嘉蘭德和曼奈特（Hans Mahnert）。埃勒曼上校（Rudi Erlemann）在一九四〇年還是個小男孩，但是等到我逼著他幫忙時，他已經是德國駐華盛頓大使館的空軍隨員。他對德國空軍的表現充滿了精闢見解。

至於德國的其他面向，我受惠於五十六步兵師的信號員費格納（Willy Felgner）；盧格海軍中將（Friedrich Ruge）是一名睿智的老水手，對德國海軍的表現有深刻評論；戈培爾宣傳隊的攝影師施密特（Georg Smidt）；以及曾經跟希特勒親口談論敦克爾克事件的斯皮爾（Albert Spper）。斯皮爾不經意地提起，任何人若是以為希特勒有意「放英國人一馬」，那就太不瞭解元首了。

有關敦克爾克的書面資料浩如煙海，幸運的是，有一大群工作認真的檔案管理員和圖書館員隨時準備好協助有心研究的學者。在倫敦的帝國戰爭博物館，福朗克蘭博士（Noble Frankland）的熱心員工讓我覺得自己是他們的一份子。特殊藏品管理員蘿絲・庫姆斯（Rose Coombs）是無數美國研究員的女英雄，我也不例外。

海軍歷史分會的主管大衛・布朗（David Brown）熱忱歡迎我；他的助手瑟爾凱托小姐（M. Thirkettle）對於哪些船隻參與或沒參與敦克爾克行動，具備了淵博的知識。皇家聯合軍種研究所

（Royal United Services Institute）的圖書館員安德魯・奈勒（Andrew Naylor），以及皇家空軍博物館的李察・布萊奇（Richard Brech）都給了我許多有用的建議。

全英國各地各個軍團司令部的祕書都非常樂於幫忙。我尤其感謝冷溪衛隊的貝茨中校（F.A.D. Betts）、擲彈兵衛隊的林賽少校（Oliver Lindsay）、達勒姆輕步兵團的漢佛瑞中校（R.E. Humphreys）、格洛斯特軍團的雷迪斯中校（H.L.T. Radice），以及皇家愛爾蘭遊騎兵團的查爾利中校（W.R.H. Charley）。維多利亞女王步兵團協會的金恩小姐（E.M. Keen）不僅提供資料，還幫忙安排一場會議，讓我跟許多加萊老兵見面會談。

在航海方面，敦克爾克小型船隻協會一直很幫忙辨認各種船隻。這個組織必定是全世界最不尋常的遊艇俱樂部：取得會員身分的是船，不是船主。透過協會的努力，一百二十六艘敦克爾克小型船隻受到精心保存。協會的檔案管理員約翰・奈特（John Knight）對這些船隻瞭若指掌，並且大方分享他的知識。在此特別向布雷馬爾號（Braymar）的船主哈利・摩斯（Harry Moss）致意；他招待我參加了一九七八年的試航晚宴。

我從塔夫造船廠之行得到了豐碩成果，得知這些小船是如何集結和分派人手。這間家族企業目前的老闆，羅伯特・塔夫（Robert O. Tough）百忙之中抽空翻出造船廠中有關撤退行動的檔案。我無法前往蒂爾伯里，但那並不妨礙蒂爾伯里承包集團的祕書塞吉維克（C.E. Sedgwick）幫忙；該公司有三艘疏濬船前往敦克爾克，他大方地為我影印三位船長當年遞交的報告。

德國檔案管理員跟他們的英國同行一樣有耐心且樂於助人。他們似乎怎樣都不嫌麻煩，毫不厭倦地找書和紀錄供我閱讀。衷心感謝弗萊堡的德國聯邦軍事檔案庫、斯圖加特的當代史圖書館，以及慕尼黑的當代歷史研究所（Institut für Zeitgeschichte）等地方的傑出館員。科布倫茲（Koblenz）的聯邦檔案館擁有豐富的照片館藏，我也十分感激這裡的館員為我提供一切所需。

作家永遠用得著有幫助的線索，幸運的是，大西洋兩岸有許多知情人士願意為我指點迷津。在英國，這支忠實的樂隊包括庫柏（Leo Cooper）、科爾林（David Curling）、迪凡恩（David Divine）、霍夫（Dick Hough）、肯普（Peter Kemp）、勒溫（Ronald Lewin）、梅契爾（Roger Machell）、米德布魯克（Martin Middlebrook）、李察斯（Denis Richards）、羅斯基爾（Stephen Roskill）和索隆（Dan Solon）。在美國則有霍靈（Dolph Hoehling）、馬洪尼（Tom Mahoney）、米克（Sam Meek）、米德爾頓（Drew Middleton）、皮諾（Roger Pineau）、謝弗（Ed Schaefer）、希布魯克（Jack Seabrook）、斯坦普（Bill Stump）和托藍（John Toland）。有些人（例如勒溫和托藍）中斷自己的寫作來幫助我——或許只有另一個寫作之人才能真正體會這是多大的犧牲。

有一項極不尋常的饋禮，值得在此特別一提。一九七〇年，已故的羅伯特·卡爾斯（Robert Carse）寫了《*Dunkirk—1940*》——一本包含許多第一手描述的有趣作品。讓我又驚又喜的是，十年後，卡爾斯先生的女兒珍妮·米契爾（Jean Mitchell）及一位家族朋友——退役的美國海軍中將高登·麥克林托克（Gordon McLintock），把卡爾斯先生的筆記以及他跟許多敦克爾克參與者往來的書信轉交給我。雖然這些資料最後沒有出現在這本書中，但卻提供了極其珍貴的事件背景，並有助於核實我自己的資料來源。我深深感激米契爾小姐和麥克林托克將軍的細心周到。

還剩下長期直接參與這項寫作計畫的人。瑪莉耶爾·霍夫曼（Marielle Hoffman）擔任我的法文翻譯，完成了種種壯舉。德文翻譯卡蘿拉·吉利許（Karola Gillich）也是一樣。我還虧欠我的朋友羅蘭·

豪瑟（Roland Hauser）許多；他替我掃描德國媒體在一九四〇年的敦克爾克報導，並且承擔多項特別研究任務。

在英國，卡洛琳・拉肯（Caroline Larken）非常擅於安排訪問、進行查核，並且幫助我篩選媒體。亞歷山大・彼得斯（Alexander Peters）幫忙在國家檔案局蒐羅資料。蘇珊・查德維克（Susan Chadwick）有效率地處理湧進企鵝出版集團（Penguin）的資料。我在那裡的編輯——艾里歐・高登（Eleo Gordon）——則不斷提供超出他責任範圍的服務。

在紐約，史考特・薩普利（Scott Supplee）原本前來此處是打算寫一部短篇小說集的——後來卻成了這座城市中、對於英國軍團歷史的最高權威。普雷斯頓・布魯克斯（Preston Brooks）的父親曾在一九六〇年替我進行研究工作，如今他克紹箕裘；他的流利法語偶爾也在關鍵時刻派上用場。派翠西亞・希斯坦（Patricia Heestand）不僅完成她負責的研究工作，還擔起了彙編貢獻者名錄與索引的重責。科林・道金斯（Colin Dawkins）提供他的銳利眼光，幫忙遴選和安排插圖。而我在維京出版社（Viking）的編輯艾倫・威廉斯（Alan Williams）則始終保持耐心，他的意見永遠鞭辟入裡。

最後，有一些人幾乎成天與這本書為伍。桃樂絲・赫芙琳（Dorothy Hefferline）負責處理大量的書信往來，並且幫忙應付各式各樣可怕的緊急狀況。長期受苦受難的佛蘿倫絲・加拉格爾（Florence Gallagher）負責破譯我難辨的字跡，她已有三十四年的資歷，有資格贏得一枚獎章。

儘管這些人貢獻卓著，但若非後面這份名錄中的參與者予以配合，這本書就不會存在。他們不需要為我的錯誤負責，然而對於敦克爾克在那難忘的一九四〇年春天展開的事件，不論這本書提出了怎樣的新觀點，功勞全歸於他們。

貢獻者名錄

敦克爾克的奇蹟，大體上是由英國軍人、水手、飛行員和平民百姓攜手締造出來的；因此，這本書也仰賴同樣的組合才得以完成。所有貢獻者依字母順序排列，不論軍階或頭銜。如果我們曾收到資料，也會列出人物的退役軍階與榮銜。

我們在每一個名字的後面列出參與者的小隊或軍種，以便理解人物的觀點，適當時候也會列出船舶名稱。少數幾位參與者已不在人世，其敘述是由家屬提供；我們在這些名字上打星號以茲辨別。

Lt.-Col. G. S. Abbott, TD, JP—BEF, Royal Artillery, 57th Anti-Tank Regiment

Douglas Ackerley—BEF, The King's Own Scottish Borderers

E. Acklam—BEF, Royal Artillery, 63rd Medium Regiment

L.J. Affleck—BEF, 2nd Division, Signals

Lt.-Cdr. J. L. Aldridge, MBE—HMS *Express*

Andrew Alexander—BEF, GHQ Signals; HMS *Calcutta*

P. D. Allan—BEF, Royal Artillery; HMS *Vimy*

George Allen—BEF

Stanley V. Allen—RN, HMS *Windsor*

H. G. Amphlett—BEF, 14th City of London Royal Fusiliers

Michael Anthony—RNVR, Aura, *Yorkshire Lass*

G. W. Arnold—BEF, Royal Engineers, 573rd Field Squadron

E.W. Arthur—RN, HMS *Calcutta*

Jean Gardiner Ashenhurst—nurse, Royal Victoria Hospital, Folkestone

C.J. Atkinson—RN, HMS *Basilisk*

Thomas Atkinson—BEF, RASC, 159th Welsh Field Ambulance Mrs. M. Austin—Red Cross nurse, southern England

William H. Bacchus—BEF, RAMC, 13th Field Ambulance

Lt.-Col. L.J.W. Bailey—BEF, Royal Artillery, 1st Heavy Anti-Aircraft Regiment

Alfred Baldwin—BEF, Royal Artillery; *Maid of Orleans*

Brigadier D. W. Bannister—BEF, Royal Artillery, 56th Medium Regiment

R. H. Barlow—BEF, RAOC, 11th Infantry Brigade; HMS *Sandown*

Oliver D. Barnard—BEF, 131st Brigade, Signals; *Dorrien Rose*

A. F. Barnes, MSM—BEF

Douglas Barnes—BEF, Royal Artillery, 1st Heavy Anti-Aircraft Regiment; HMS *Javelin*

S. Barnes—RN, HMS *Widgeon*

A. F. Barnett—BEF

R. Bartlett—personnel ships, detached duty from Royal Artillery, 64th Regiment, *Queen of the Channel*

D. F. Batson—BEF, RASC

R. Batten—BEF, 48th Division, Royal Engineers

F.A. Baxter—BEF, RAOC, No. 2 Ordnance Field Park; *Bullfinch*

H.J. Baxter, BEM—RN, HMS Sandhurst

Ernest E. Bayley—BEF, 3rd Division, Signals; HMS *Mosquito*

J. Bayliff—BEF, 2nd Division, RASC; HMS *Mosquito*

C. E. Beard—BEF, RASC; *Bullfinch*

J. Beardsley—BEF, Royal Engineers

L. C. Beech—BEF, 3rd Division, Signals

Basil E. Bellamy, CB—civilian, Ministry of Shipping

R. Bellamy—BEF, Middlesex Regiment

C. N. Bennett—BEF, 5th Northamptonshire Regiment; HMS *Ivanhoe*

Lt.-Col. John S. W. Bennett—BEF, Royal Engineers, 250th Field Company

Lt.-Cdr. the Rev. Peter H. E. Bennett—RN, *New Prince of Wales, Triton*, HMS *Mosquito*

Myrette Bennington—WRNS, Naval HQ, Dover

W. S. Berry—civilian, Admiralty, Small Vessels Pool

Herbert V. Betts—Constable, Police War Reserve, Ramsgate

Cdr. Robert Bill, DSO, FRICS, FRGS—RN, Naval HQ, Dover; HMS *Fyldea*

Tom Billson—BEF, RASC; *Royal Daffodil*

R. H. Blackburn—BEF, CMP; *Hird*

L. Blackman—BEF, Royal Artillery, 1st Light Anti-Aircraft Battery

Robert Blamire—BEF, Infantry

R.J. Blencowe—BEF, Royal Artillery

G. Bollington—BEF, RASC, 3rd Division

Capt. L.A.A. Border—BEF, RASC, 44th Division; *Prudential*

George Boston—BEF, 143rd Infantry Brigade

Frank H. Bound—BEF, 2nd Cameronians

D.Bourne—BEF, RASC; HMS *Beatrice*

Eric Bowman—BEF, 7th Green Howards

Cdr. V.A.L. Bradyll-Johnson—RN, Eastern Arm, Dover breakwater

E.P. Brett—BEF, Signals; HMS *Calcutta*

Maj. Anthony V. N. Bridge—BEF, 2nd Dorset Regiment Viscount Robert Clive Bridgeman, KBE, CB, DSO, MD, JP—BEF, GHQ acting Operations Officer; HMS *Keith, Vivian*

John Bridges—BEF, 1st Grenadier Guards; HMS *Ivanhoe*, HMS

Speedwell Maj.-Gen. P.H.W. Brind—BEF, 2nd Dorset Regiment; HMS

Javelin W. Brown—RN, HMS *Grenade, Fenella*, HMS *Crested Eagle* D. A. Buckland—BEF, Royal Artillery, 54th Light Anti-Aircraft

Regiment K. S. Burford—BEF, 1/7th Middlesex Regiment

Frederick J. Burgin—BEF, Royal Engineers Lord Burnham, JP, DL—BEF, 2nd Division, Royal Artillery; HMS *Worcester*

G. H. Burt—BEF, 2nd Dorset Regiment

Capt. Eric Bush—RN, Adm. Ramsay's staff, Dunkirk beaches; HMS *Hebe*

Charles K. Bushe, SJAB—BEF, Royal Artillery, 52nd Field Regiment

R. G. Butcher—BEF, 1st Division

George H. Butler—BEF, Royal Artillery, 2nd Field Regiment; HMS *Worcester*

Olive M. Butler—civilian, Basingstoke, return of troops

Charles V. Butt—BEF, RASC

Capt. J.S.S. Buxey—BEF, Royal Artillery, 139th Field Regiment; *Lady of Mann*

Maj. Donald F. Callander, MC—BEF, 1st Queen's Own Cameron Highlanders

Lord Cameron, Kt, DSC, LLD, FRSE, HRSA, FRSGS, DI—RNVR, *MTB 107*

Lt.-Col. T.S.A. Campbell—BEF, 3rd Division, Signals

Moran Capiat—RNVR, *Freshwater*

David H. Caple—BEF, RASC, 3rd Division, 23rd Ammunition Company

Maj. B. G. Carew Hunt, MBE, TD—BEF, 1/5th Queen's Royal Regiment

D. C. Carter—BEF, 2nd Division, 208th Field Company; *Fisher Boy*

Robert Carter—BEF, 48th Division, Signals

P. Cavanagh—RN, HMS *Grenade*

P. C. Chambers—BEF, Royal Engineers

Mowbray Chandler—BEF, Royal Artillery, 57th Field Regiment; *Fenella,* HMS *Crested Eagle*

R. Chapman—BEF

Percy H. Charles—BEF, 44th Division, Signals; *Canterbury*

J. Cheek—BEF, RASC, 44th Division; HMS *Sabre*

Lord Chelwood, MC, DL—BEF, 9th Royal Northumberland Fusiliers; HMS *Malcolm*

Col. J.M.T.F. Churchill, DSO, MC—BEF, 2nd Manchester Regiment; HMS *Leda*

J. B. Claridge—BEF, 4th Division, 12th Field Ambulance; HMS I*vanhoe*

Charles Clark—BEF, 4th Royal Sussex Regiment

E.Clements—RN, HMS *Gossamer*

D.J. Coles—BEF, Royal Engineers, 223rd Field Park Company

Col. J.J. Collins, MC, TD—BEF, GHQ, Signals

Sir John Colville, CB, CVO—Assistant Private Secretary to Winston Churchill

A. Cordery—BEF, RASC; HMS *Icarus*

W. F. Cordrey—BEF, 2nd Royal Warwick Regiment

Henry J. Cornwell—BEF, Royal Engineers, 250th Field Company

Walter Eric Cotton—BEF, Signals

L.H.T. Court—BEF, 2nd Coldstream Guards

David F. Cowie—BEF, 1st Fife and Forfar Yeomanry

Lt.-Cdr. I.N.D. Cox, DSC—RN, HMS *Malcolm*

F.J. Crampton, RSM—BEF, II Corps, Signals, attached to 51st Heavy Regiment, RA

George Crane—BEF, 12th Royal Lancers

Joyce Crawford-Stuart—VAD Guildford, Surrey

Maj. H. M. Croome—BEF, 5th Division, Field Security

Thomas Henry Cullen—BEF, RAOC, 19th HQ, Field Workshops, attached to 1st Division

Frank Curry—BEF, 1st East Lancashire Regiment

R. G. Cutting—BEF, 44th Division, Signals

Maj. F. H. Danielli—BEF, RASC, 3rd GHQ, Company

George David Davies—RNR, *Jacinta, Thetis*

F.Davis—BEF, Royal Artillery, 4th Heavy Anti-Aircraft

John Dawes—RN, Naval Shore Party; HMS *Wolfhound*

H. Delve—BEF, RASC, II Corps; *Westwood*

Raphael de Sola—civilian, ship's lifeboat

Charles James Dewey—BEF, 4th Royal Sussex Regiment

C.C.H. Diaper—RN, HMS *Sandown*

Harold J. Dibbens—BEF, I Corps, 102nd Provost Company;

HMS *Windsor* Robert Francis Dickman—BEF, 4th Division, Signals; *Ben-My-Chree*

G.W. Dimond—BEF, Royal Artillery, Brigade Anti-Tank Company

A. D. Divine—civilian, *Little Ann, White Wing*

K. Dobson—Infantry, Suffolk coast defense

John S. Dodd, TD—BEF, Royal Artillery, 58th Field Regiment; HMS *Sabre*

A. H. Dodge—BEF, Royal Artillery, 13th Anti-Tank Regiment

Harry Donohoe—BEF, 1st Division, Signals

Maj.-Gen. Arthur J. H. Dove—GHQ; HMS *Wolfhound*

James Dow—Royal Naval Medical Service; HMS *Gossamer,* HMS *Mosquito*

James F. Duffy—BEF, Royal Artillery, 52nd Heavy Regiment

F.G. Dukes—BEF, Signals, Division HQ HMS *Shikari*

Reginald E. Dunstan—BEF, RAMC, 186th Field Ambulance

Col. L. C. East, DSO, OBE—BEF, 1/5th Queen's Royal Regiment

R. G. Eastwell—BEF, 5th Northamptonshire Regiment; HMS *Niger*

G.Edkins—civilian, Surrey, return of troops

R. Edwards—BEF, RASC, ambulance driver

R. Eggerton—BEF; HMS *Esk*

A. L. Eldridge, RMPA, RMH—BEF, 3rd Grenadier Guards

Arthur Elkin, MM—BEF, 3rd Division, Military Police, General Montgomery's bodyguard

A. W. Elliott—civilian, *Warrior*

C. W. Elmer—BEF, 2nd Coldstream Guards

Charles J. Emblin—RN, HMS *Basilisk*

Lt.-Col. H. M. Ervine-Andrews, VC—BEF, 1st East Lancashire Regiment

Alwyne Evans—BEF, 5th Gloucestershire Regiment; hospital carrier *Paris*

Col. H. V. Ewbank—BEF, 50th Division, Signals; HMS *Sutton*

Cdr. R. G. Eyre—RN *MA/SB* 10

Julian Fane—BEF, 2nd Gloucestershire Regiment

F. R. Farley—BEF, RAOC, 1/7thMiddlesex Regiment; HMS *Halcyon*

F. A. Faulkner—BEF, 1st Division, Signals

H. W. Fawkes—BEF, RAOC, electrician

Rosemary Keyes Fellowes—WRNS, Naval HQ, Dover

F. Felstead—BEF, Signals; HMS *Royal Eagle*

John Fernald—civilian, ship's lifeboat

Col. John H. Fielden—BEF, 5th Lancashire Fusiliers

Maj. Geoffrey H. Fisher—BEF, RASC

Rear-Adm. R. L. Fisher, CB, DSO, OBE, DSC—HMS *Wakeful, Comfort, Hird*

Carl Leonard Fletcher, DSM—RN, HMS *Wolfhound*, HMS *Crested Eagle*, *Fenella,* HMS *Whitehall*

B.G.W. Flight—BEF, RASC, No. 1 Troop Carrying Company

E. H. Foard, MM—BEF, Royal Engineers, No. 2 Bridge Company, RASC

Capt. R. D. Franks, CBE, DSO, DSC—RN, HMS *Scimitar*

K. G. Fraser—Merchant Navy, *Northern Prince,* London docks

Brig. A. F. Freeman, MC—BEF, Signals, HQ, II Corps

W. C. Frost—BEF, RAMC, 11th Casualty Clearing Station

Mrs. D. M. Fugeman—civilian, Wales, return of troops

Ronald Wilfred Furneaux—BEF, 1/5th Queen's Royal Regiment

H. E. Gentry—BEF, Royal Artillery, 32nd Field Regiment; HMS *Malcolm*

Lottie Germain—refugee; *Sutton*

*Maj. J. W. Gibson, MBE—BEF, 2nd East Yorkshire Regiment; HMS *Lord Howe*

Alfred P. Gill—BEF, RASC, 44th Division, 132nd Field Ambulance; *Hird*

Air Marshal Sir Victor Goddard, KCB, CBE, MA—RAF, Air Adviser to Lord Gort

Eric V. Goodbody—RN, Yeoman of Signals, GHO; HMS *Westward Ho*

Mark Goodfellow—BEF, RASC, 55th West Lancashire Division

Thomas A. Gore Browne—BEF, 1st Grenadier Guards

Bessie Gornall—civilian, London, return of troops

S. E. Gouge—BEF, RASC; HMS *Intrepid*

William Douglas Gough—BEF, Royal Artillery, 1st Medium Regiment

Captain J. R. Gower, DSC—RN, HMS *Albury*

Air Vice-Marshal S. B. Grant, CB, DFC—RAF, 65 Squadron, Hornchurch

Col. J.S.S. Gratton, OBE, DL—BEF, 2nd Hampshire Regiment

D.K.G. Gray—BEF, RAMC, 12th Casualty Clearing Station

A. H. Greenfield—BEF, Royal Artillery, Anti-Tank Regiment G. A. Griffin—BEF, RASC, driver

E. N. Grimmer—BEF, Royal Engineers, 216th Field Company; HMS *Malcolm*

Bob Hadnett, MM—BEF, 48th Division, Signals, Dispatch Rider

E. A. Haines—BEF, 1st Grenadier Guards; HMS *Speedwell*

David Halton—BEF, 1st Division, Signals

V. Hambly—civilian, Ashford, Kent, return of troops

M. M. Hammond—BEF, RAMC, 1st Field Ambulance

Lt.-Col. C. L. Hanbury, MBE, TD, DL—BEF, Royal Artillery, 99th Field Regiment

E. S. Hannant—BEF, Infantry, Machine-Gunner

W. Harbord—BEF, RASC

George Hare—BEF, I Corps, 102nd Provost Company; HMS *Windsor*

S. Harland—BEF, 2nd Welsh Guards

R. A. Harper—BEF, RAF, Lysander spotter plane, attached to 56th Highland Medium Artillery; HMS *Grafton*

K.E.C. Harrington—BEF, 48th Division, RAMC, 143rd Field Ambulance

E.Harris—BEF, Royal Engineers, 135th Excavator Company; HMS *Calcutta*

F.H. Harris—BEF, 4/7th Royal Dragoons

Leslie F. Harris—BEF, RAMC, 7th Field Ambulance

Tom Harris—BEF, Royal Engineers, I Corps, 13th Field Survey Company; hospital *carrier Paris*

Thomas Collingwood Harris—BEF, RAOC, No. 1 Recovery Section

Ted Harvey—civilian, Moss Rose, Cockle Boats, *Letitia*

Jeffrey Haward, MM—BEF, 3rd Division, Machine Gun Battalion

Maj. S. S. Hawes—BEF, RASC, 1st Division; HMS *Grafton,* HMS *Wakeful*

E. A. Hearl—BEF, RAMC, 132nd Field Ambulance

Ernest A. Heming—BEF, RAOC, Field Rank Unit

Oliver Henry—BEF, Infantry, Machine Gun Battalion

Col. J. Henton Wright, OBE, TD, DL—BEF, Royal Artillery, 60th Field Regiment; *Royal Sovereign*

Sam H. Henwood—BEF, 3rd Division, Signals; HMS *Sandown*

Maj. John Heron, MC, TD—BEF, 2nd Dorset Regiment

Thomas Hewson—BEF, RAOC, attached to Field Artillery Unit

Col. Peter R. Hill, OBE, TD—BEF, RAOC, II Corps, 2nd Ordnance Field Park

C.F.R. Hilton, DSC—civilian, *Ryegate II*

Michael Joseph Hodgkinson—BEF, RAOC, 14th Army Field Workshop

William Holden—BEF, 3rd Division, Signals; HMS *Sandown*

Robert Walker Holding—BEF, Royal Sussex Regiment; HMS *Codrington*

F. Hollis—BEF, 7th Green Howards

Brig. A. Eric Holt—BEF, 2nd Manchester Regiment

C. G. Hook—BEF, RASC; *Tynwald*

Alan Hope—BEF, Royal Artillery, 58th Field Regiment

R. Hope—BEF, 2nd Manchester Regiment

Ronald Jeffrey Hopper—BEF, RASC, 50th Division

Richard Hoskins—BEF, RASC, driver

Brig. D.J.B. Houchin, DSO, MC—BEF, 5th Division

H. Howard—BEF, RASC, 4th Division

Jeffrey Howard, MM—BEF, 1/7th Middlesex Regiment

Dennis S. Hudson—RN, signalman, HMS *Scimitar*

Mrs. Pat Hunt—civilian, Portland and Weymouth, return of troops

Gen. Sir Peter Hunt, GCB, DSO, OBE—BEF, 1st Cameron Highlanders

Major Frank V. Hurrell—BEF, RASC

Freddie Hutch—RAF, 4th Army Cooperation Squadron; *Maid of Orleans*

L. S. Hutchinson—BEF, Royal Artillery, Medium Regiment

W.J. Ingham—BEF, Field Security Police; HMS *Sabre*

A. R. Isitt—BEF, 2nd Coldstream Guards; HMS *Vimy*

Byron E.J. Iveson-Watt—BEF, Royal Artillery, 1st Anti-Aircraft Regiment; HMS *Worcester*

A. R. Jabez-Smith—BEF, 1st Queen Victoria's Rifles

Albert John Jackson—Army sergeant attached to HMS *Golden Eagle*

Evelyn Jakes—civilian, return of troops

Maj. H. N. Jarvis, TD—BEF, Royal Artillery, 53rd Medium Regiment

Alec Jay—BEF, 1st Queen Victoria's Rifles

E. Johnson—BEF, Royal Artillery

Walton Ronald William Johnson—RN, HMS *Scimitar*

Gen. Sir Charles Jones, GCB, CBE, MC—BEF, 42nd Division, 127th Brigade

George W. Jones—BEF, 1st Grenadier Guards

Dr. Adrian Kanaar—BEF, RAMC, Field Ambulance; HMS *Calcutta*

R. Kay—BEF, GHQ, Signals

Maj. E. E. Kennington—BEF, Royal Engineers, 203rd Field Park Company; HMS *Wolsey*

Professor W. E. Kershaw, CMG, VRD, MD, DSC-RNVR, HMS *Harvester*

A. P. Kerstin—BEF, RASC, 1st Division

A. King—BEF, III Corps HQ; HMS *Impulsive*

Major H. P. King-Frettš—BEF, 2nd Dorsetshire Regiment

John F. Kingshott—BEF, RAOC, First A.A. Brigade Workshop

F. W. Kitchener—BEF, Royal Artillery

Jack Kitchener—BEF, RASC; *Isle of Gurnsey*

William P. Knight—BEF, Royal Engineers, No. 1 General Base Depot

Arthur Knowles—BEF, 2nd Grenadier Guards, 12th Casualty Clearing Station

George A. Kyle—BEF, 1st Fife and Forfar Yeomanry; *Killarney*

A. E. Lambert—BEF, Royal Artillery, 5th Heavy Regiment

Col. C. R. Lane—BEF, 3rd Division, Signals

Lt.-Col. J. M. Langley—BEF, 2nd Coldstream Guards, 12th Casualty Clearing Station

A. Lavis—BEF, Royal Artillery, Anti-Tank Regiment

George Lawrence—BEF, Middlesex Regiment

John Lawrence—BEF, 42nd Division, 126th Brigade

W. G. Lawrence—BEF, Royal Artillery; HMS *Vivacious*

W. Lawson—RNVR, HMS *Codrington*, LDG Signalman

A. E. Lear—BEF, 2nd North Staffordshire Regiment; HMS *Codrington*

David Learmouth—BEF, RASC, Ammunition Company

Robert Lee—BEF, Royal Artillery, 57th Field Regiment; HMS *Worcester*

Robert W. Lee—BEF, RASC, 44th Division; *Mersey Queen*

T.J. Lee—BEF, 3rd Division, Royal Artillery, 7th Field Regiment; *Isle of Thanet*

Ron Lenthal—civilian, Tough's Boatyard, Teddington

A. E. Lewin—BEF, 2nd Middlesex Regiment

W. C. Lewington—BEF, RASC, 2nd Corps

Cyril Lewis—BEF, Royal Artillery, 139th Anti-Tank Brigade, attached to Northamptonshire Regiment

G. E. Lille—RAF, 264th Fighter Squadron

Thomas H. Lilley—BEF, Royal Engineers, 242nd Field Company

Lt.-Col. S.J. Linden-Kelly, DSO—BEF, 2nd Lancashire Fusiliers; HMS Shikari

Maj. A. E. Lindley, RCT—BEF, 11th Infantry Brigade; Pangbourne

Margaret Loat—civilian, Warrington, Lancashire, return of troops

Reginald Lockerby, TD, Dip. MA, Inst. M—BEF, RAOC, 2nd Ordnance Field Park; HMS *Venomous*

Frederick Louch—BEF, RAMC, 13th Ambulance Train

S. V. Love—BEF, RAMC, 12th Field Ambulance; *Hird*

R.J. Lovejoy—BEF, RASC, 2nd Buffs

G. E. Lucas—BEF, Royal Artillery, 2nd Anti-Aircraft Battery

D. L. Lumley—BEF, 2nd Northamptonshire Regiment; Motor Torpedo Boat

Air Vice-Marshal Michael D. Lyne, CB, AFC, MBIM, DL—RAF, 19th Fighter Squadron

George M. McClorry, MM—RNR, Whale Island

Ivan McGowan—BEF, 57th Medium Regiment, Royal Artillery; HMS *Express*

Capt. B.D.O. Maclntyre, DSC—RN, HMS *Excellent*

Capt. A. M. McKillop, DSC—RN, Block Ships, *Westcove*

W. McLean—BEF, 1st Queen's Own Cameron Highlanders; *St. Andrew*

A. A. McNair—BEF, Royal Artillery, 5th Division

H. P. Mack—RN, HMS *Gossamer, Comfort*

Brig. P.E.S. Mansergh, OBE—BEF, 3rd Division, Signais

A.N.T. Marjoram—RAF, 220th Bomber Squadron

Frederick William Marlow—BEF, 44th Division, Signals; *Royal Daffodil*

Douglas J. W. Marr—BEF; HMS *Venomous*

R. W. Marsh—BEF, Royal Engineers, 698th General Construction Company

Arthur Marshall—BEF, 2nd Corps, Internal Security Unit

J. W. Martin—RN, HMS *Saladin*

A. J. Maskell—BEF, The Buffs

R. T. Mason—BEF, Signals, attached to 2nd Medium Regiment, Royal Artillery

Lt.-Cdr. W.J. Matthews—RN, Secretary to Commander of Minesweepers, Dover

Arthur May—BEF, Royal Artillery, 3rd Medium Regiment

H. T. May—BEF, 1st Oxfordshire and Buckinghamshire Light Infantry

Pip Megrath—civilian, village near Guildford, return of troops

Kenneth W. Meiklejohn—BEF, Royal Artillery, 58th Field Regiment, and 65th Field Regiment, Chaplain;*Isle of Man*

Capt. D.B.N. Mellis, DSC—RN, HMS *Malcolm*

Harold Meredith—BEF, RASC, with Royal Engineers at Maginot Line

*Syd Metcalfe—BEF, Signals

N. F. Minter—BEF, RAMC, 4th Division, 12th Field Ambulance

Wilfrid L. Miron—BEF, 9th Sherwood Foresters

E. Montague—civilian, return of troops

Philip Moore—BEF, RASC, 50th Division, 11th Troop Carrying Company

Maj. S.T. Moore, TD—BEF, RASC, attached to 32nd Field Regiment; HMS *Oriole,* HMS *Lord Collingwood*

R. W. Morford—Merchant Navy, captain of *Hythe*

T.J. Morgan—civilian, *Gallions Reach*

Maj.-Gen. James L. Moulton, CB, DSO, OBE—Royal Marines, Staff officer, GHQ,

W. Murphy—civilian, Dover, return of troops

R. A. Murray Scott, MD—BEF, RAMC, 1st Field Ambulance, 1st Guards Brigade

Arthur Myers—BEF, RASC, Mobile Workshop

F. Myers—BEF, Royal Artillery, attached to 2nd Grenadier Guards

Lt.-Col. E. R. Nanney Wynn—BEF, 3rd Division, Signals; HMS *Sandown*

John W. Neeves—RN, HMS C*alcutta*

Eddie Newbould—BEF, 1st King's Own Scottish Borderers

Philip Newman, MD—BEF, RAMC, 12th Casualty Clearing Station

R. Nicholson—BEF, GDSM Company Runner

G.F. Nixon—RN, naval shore party; *Lord Southborough*

F. Noon—BEF, Royal Artillery, 53rd Field Regiment, 126th Brigade; HMS *Whitshed* W.C.P. Nye—BEF,

4th Royal Sussex Regiment

W. Oakes—BEF, 7th Cheshire Regiment

W. H. Osborne, C. Eng., FRI, NA—civilian, William Osborne Ltd., boatyard, Littlehampton

George Paddon—BEF, 2nd Dorset Regiment; HMS *Anthony*

Leslie R. Page—BEF, RAOC, 44th Division

T. Page—BEF, RASC, II Corps

Mary Palmer—civilian, Ramsgate, return of troops

James V. Parker—RN, 2nd Chatham Naval Barracks, beaches; HMS *Grenade*

Maj. C. G. Payne—BEF, Royal Artillery, 69th Medium Regiment; *Tynwald*

Thomas F. Payne—BEF, 4th Royal Sussex Regiment; HMS *Medway Queen*

Grace Pearson—civilian, GPO, Bournemouth, return of troops

L. A. Pell—BEF, Royal Engineers

Rear-Adm. Pelly, CB, DSO—RN, HMS *Windsor*

N.J. Pemberton—BEF, 2nd Middlesex Regiment

Brig. G.W.H. Peters—BEF, 2nd Bedfordshire and Hertfordshire Regiment

Pamela Phillimore—WRNS, naval headquarters, Dover

Lt.-Col. John W. Place—BEF, 2nd North Staffordshire Regiment

H. Playford—civilian, Naval Store House of H. M. Dockyard, Sheerness

T. J. Port—RN, HMS *Anthony*

F.J. Potticary—BEF, 1st/5th Queen's Royal Regiment; *Royal Daffodil*

J. W. Poulton—BEF, Royal Artillery, 65th Heavy And-Aircraft Regiment

Lt.-Cdr. H. B. Poustie, DSC—RN, HMS *Keith, St. Abbs*

Stan Priest—BEF, RAMC, III *Corps; Mona's Isle*

Kathleen M. Prince—civilian, Bournemouth, return of troops

David W. Pugh, DSO, MD, FRCP—RNVR, HMS *Whitshed*, HMS *Hebe*

M. F. Purdy—civilian, London, return of troops

Edgar G. A. Rabbets—BEF, 5th Northamptonshire Regiment

Mrs. R. L. Raft—civilian, Ramsgate, return of troops

Maj. I.F.R. Ramsay—BEF, 2nd Dorset Regiment

R.R.C. Rankin—BEF, GHQ, Signals

Maj.-Gen. R. St. G. T. Ransome, CB, CBE, MC—BEF, I Corps HQ.

Col. M. A. Rea, OBE, MB—BEF, RAMC, Embarkation Medical Officer

Eric Reader—BEF, Royal Engineers, 293rd Field Park Company, III Corps; HMS *Brighton Belle*, HMS *Gracie Fields*

Edith A. Reed—ATS, BEF, GHQ, 2nd Echelon, Margate

James Reeves—BEF, 2nd Essex Regiment

A. G. Rennie—BEF, Royal Artillery, 140th Army Field Regiment; *Côte d'Argent*

Walter G. Richards—BEF, RASC, No. 2 L of C Railhead Company, based at Albert (Somme)

Gen. Sir Charles Richardson, GCB, CBE, DSO—BEF, 4th Division, Deputy Assistant Quartermaster General

D. G. Riddall—BEF, Royal Artillery, Heavy Anti-Aircraft Regiment

C. A. Riley—BEF, Royal Engineers; HMS *Codrington*

H.J. Risbridger—BEF, RASC; HMS *Icarus*

George A. Robb—RN, *Isle of Thanet*

Kenneth Roberts—BEF, RAMC, 141st Field Ambulance; HMS *Worcester*

W. Roberts, MM—BEF, 1st East Lancashire Regiment

Maj. R. C. Robinson—BEF, Royal Artillery, 85th Heavy Anti-Aircraft Regiment

H. Rogers—BEF, Royal Artillery, Signals

Alfred Rose—BEF, Royal Artillery, 63rd Medium Regiment

Capt. Stephen Roskill—RN, Dynamo Room, Dover

Tom Roslyn—BEF

P. H. Rowley—BEF, 4th Division, Signals

R. L. Rylands—BEF, HQ, 12th Infantry Brigade

F. C. Sage—BEF, RASC, I Corps, Petrol Company

E. A. Salisbury—BEF, 4th Division, Signals

Dr. Ian Samuel, OBE—BEF, RAMC, 6th Field Ambulance

A. D. Saunders, BEM—RN, HMS *Jaguar*

Frank Saville—BEF, 2nd Cameronians

Maj. Ronald G. H. Savory—RASC, Ramsgate, Dunkirk beaches; *Foremost 101*

W.J.U. Sayers—BEF, Royal Sussex Regiment; HMS *Wolsey*

E.A.G. Scott—BEF, Royal Engineers

Guy Scoular, OBE, MBChB, DPH—BEF, RAMC, 2nd North Staffordshire Regiment; HMS *Codrington*

Maj. M.C.P. Scratchley—BEF, RAOC, 3rd Army Field Workshop

Lt.-Col. W. H. Scriven—BEF, RAMC; HMS *Shikari*

Robert Seviour—BEF, 2nd Dorset Regiment

Herbert G. Sexon—BEF, RAOC, 1st East Surrey Regiment

R. Shattock—BEF, Royal Artillery, 32nd Field

Regiment Reginald B. Short—BEF, Royal Artillery, 57th Field Regiment

Leslie R. Sidwell—civilian, Cotswolds, return of troops

A. E. Sleight—BEF, Royal Artillery, 60th Army Field Regiment; HMS *Salamander*

Maj. A. D. Slyfield, MSM—BEF, Royal Artillery, 20th Anti-Tank Regiment; *Hythe*

B. Smales—BEF, headquarters clerk, Signals

Douglas H. Smith—BEF, 5th Northamptonshire Regiment

Evan T. Smith—BEF, RASC; HMS *Jaguar*

Leslie M. Smith—BEF, Royal Artillery, 58th Field Regiment; *Beagle*

Capt. George G. H. Snelgar—BEF, RASC, motor transport company

Col. D. C. Snowdon, TD—BEF, 1stQueen's Royal Regiment; *Mona 's Isle*

Mrs. Gwen Sorrill—Red Cross nurse, Birmingham, return of troops

Christopher D. South—BEF, Hopkinson British Military Mission, Belgium; HMS *Worcester*

E.J. Spinks—BEF, Royal Artillery, gunner

H. Spinks—BEF, 1st King's Own Scottish Borderers

James Spirritt—BEF, RASC, 4th Division; HMS *Abel Tasman*

Kenneth Spraggs—BEF, Royal Artillery, 92nd Field Regiment

Raie Springate—civilian, Ramsgate; *Fervant*

J. S. Stacey—RNR, HMS *Brighton Belle*

John W. Stacey—BEF, Signals, No. 1 HQ, Signals; HMS *Javelin*

A. Staines—RN, HMS *Hebe*

Wing Commander Robert Stanford-Tuck, DSO, DFC—RAF, 92nd Fighter Squadron

Jeanne Michez Stanley—French civilian married to BEF S/Sgt. Gordon Stanley

R.J. Stephens—BEF, Royal Artillery, 2nd Searchlight Regiment

Charles Stewart—BEF, Royal Engineers, 209th Field Company

Rowland Stimpson—civilian, Burgess Hill, return of troops

G. S. Stone—RAF, Lysander spotter plane W. Stone—BEF, 5th Royal Sussex Regiment

H.W. Stowell, DSC, VRD—RNVR, HMS *Wolfhound*

William Stratton—BEF, RASC, troop carrier; HMS *Harvester*

Samuel Sugar—BEF, RASC, 50th Division; HMS *Grafton*

F. Summers—French Navy, *St. Cyr;* Dunkirk itself

Mrs. E.J. Sumner—civilian, Kent, return of troops

S. Sumner—BEF, Royal Fusiliers

Lt.-Col. G. S. Sutcliff, OBE, TD—BEF, 46th Division, 139th Brigade; HMS *Windsor*

John Tandy—BEF, 1st Grenadier Guards

John Tarry—Merchant Navy, *Lady Southborough*

Lt.-Cdr. Arthur C. Taylor, MM, Chevalier de l'Or—RNR, Calais

Billy Taylor—BEF, Royal Artillery, Heavy Anti-Aircraft

Gordon A. Taylor—BEF, RASC, 1st Division

L. Taylor—civilian, Local Defence Volunteer Force, Isle of Sheppey

Maj. R. C. Taylor—BEF, ist East Surrey Regiment, Signals; *St. Andrew*

James E. Taziker—BEF, Royal Artillery, 42nd Division

Col. N.B.C. Teacher, MC—BEF, Royal Artillery, 5th Regiment Royal Horse Artillery

A. H. Tebby—BEF, 1st King's Shropshire Light Infantry

Dora Thorn—civilian, Margate, return of troops

J. P. Theobald—BEF, Royal Artillery, 58th Medium Regiment

Syd Thomas—BEF, I Corp, 102nd Provost Company

S. V. Holmes Thompson—BEF, Royal Artillery, 3rd Searchlight Regiment; *Queen of the Channel*

D. Thorogood—BEF, 2nd Coldstream Guards

W. H. Thorpe—RNR, HMS *Calvi*

H. S. Thuillier, DSO—BEF, Royal Artillery, 1st Anti-Aircraft Regiment; HMS *Shikari*

F. Tidey—BEF, 2nd Royal Norfolk Regiment

S. V. Titchener—BEF, RASC

Col. Robert P. Tong—BEF, Staff officer, GHQ

C. W. Trowbridge—BEF, Royal Artillery, 1st Medium Regiment

Joseph Tyldesley—BEF, RASC, attached to No. 2 Artillery Company GHQ,

Derek Guy Vardy—BEF, Royal Artillery; HMS *Dundalk*

W. R. Voysey—BEF, 3rd Division, Signals

Maj.-Gen. D.A.L. Wade—BEF, GHQ, Signals

C. Wagstaff—BEF, Royal Artillery, searchlight detachment

Dr. David M. Walker—BEF, RAMC, 102nd Casualty Clearing Station; *Prague*

George Walker—RN, HMS *Havant*

William S. Walker—BEF, Royal Artillery, 5th Medium Regiment

Fred E. Walter—BEF, 1st Queen Victoria's Rifles

Rupert Warburton—BEF, 48th Division, Provost Company

Alwyn Ward—BEF, RAOC, 9th Army Field Workshop

W.J. Warner—BEF, Royal Artillery, 60th Heavy Anti-Aircraft Regiment

Noel Watkin—BEF, Royal Artillery, 67th Field Regiment; *Prague*

J. T. Watson—BEF, RAMC, General Hospital No. 6

Maj. Alan G. Watts—BEF, 2nd Dorset Regiment

Capt. O. M. Watts—civilian, London, recruiting for Little Ships

E. C. Webb—BEF, Royal Artillery, 99th Field Regiment; HMS *Vrede,* HMS *Winchelsea*

S. G. Webb—BEF, Royal Artillery, 52nd Anti-Tank Regiment

Frank S. Westley—BEF, Signals

F.G.A. Weston—BEF, RASC; *Maid of Orleans*

George White—BEF, 7th Green Howards

Sir Meredith Whittaker—BEF, 5th Green Howards